高速铁路桥梁与隧道施工技术概述

胡　刚　刘广利　简发良◎主编

黑龙江朝鲜民族出版社

图书在版编目（CIP）数据

高速铁路桥梁与隧道施工技术概述 / 胡刚, 刘广利,
简发良主编. -- 哈尔滨 : 黑龙江朝鲜民族出版社,
2024. -- ISBN 978-7-5389-2886-0

Ⅰ. U448.13；U459.1

中国国家版本馆CIP数据核字第2025HL1020号

GAOSU TIELU QIAOLIANG YU SUIDAO SHIGONG JISHU GAISHU

书　　名	高速铁路桥梁与隧道施工技术概述
主　　编	胡　刚　刘广利　简发良
责任编辑	朱英华
责任校对	李昌林
装帧设计	李光吉
出版发行	黑龙江朝鲜民族出版社
发行电话	0451-57364224
电子信箱	hcxmz@126.com
印　　刷	黑龙江天宇印务有限公司
开　　本	787mm×1092mm　1/16
印　　张	18
字　　数	350千字
版　　次	2024年12月第1版
印　　次	2025年4月第1次印刷
书　　号	ISBN 978-7-5389-2886-0
定　　价	72.00元

编 委 会

主　编

胡　刚　中铁北京工程局集团有限公司

刘广利　中铁北京工程局集团有限公司

简发良　中铁北京工程局集团第一工程有限公司

副主编

薛金海　中铁北京工程局集团有限公司

胡康泰　中铁北京工程局集团有限公司

杨棚涛　中铁北京工程局集团第一工程有限公司

鲁鹏辉　中铁北京工程局集团第一工程有限公司

司英红　中铁北京工程局集团有限公司

范少辉　中铁北京工程局集团有限公司

前　言

　　高铁作为现代社会中重要的交通工具，对人们的生活和经济活动具有重要意义，而高铁线路的建设是高铁运行的基础，其中桥梁作为线路建设中的重要组成部分，对于高铁的安全和效率具有重要作用。

　　首先，高铁线路需要跨越不同的地形和地貌，包括平原、丘陵、山区等，而桥梁是一种非常有效的跨越方式。通过建设桥梁，可以避免地面上的复杂地形的影响，保证高铁线路的平直和稳定，从而提高高铁的运行速度和安全性。

　　其次，高铁线路需要满足高速运行的要求。为了减少空气阻力和噪声干扰，高铁线路需要尽可能地保持平直，而桥梁可以提供这样的条件，通过桥梁的建设，可以避免地面上的障碍物和地形起伏的影响，保持线路的平直，从而满足高速运行的要求。

　　最后，高铁线路的建设需要考虑到环保和景观保护的问题。在一些地区，特别是山区和风景区等，建设高铁线路需要尽可能减少对自然环境和景观的影响。通过建设桥梁，可以避免地面上的施工对周边环境的影响。同时，也可以减少对当地土地资源的占用，保护当地的生态环境和景观。

　　本书是高速铁路桥梁与隧道施工方向的书籍，主要围绕桥梁与隧道施工技术展开论述。本书首先对高速铁路桥梁基础以及桩基工程进行了详细的阐述；其次对桥涵与桥墩施工以及桥位制梁与预制梁架设、高速铁路预应力混凝土连续梁（刚构）桥进行了全面的分析研究；最后剖析了隧道施工准备、隧道开挖技术、隧道支护与排水施工和轨道施工技术等内容。

　　本书突出了结构性与实践性，使读者能够系统地了解高速铁路桥梁与隧道施工技术的相关内容。另外，本书通俗易懂，结构层次严谨，条理清晰分明，内容翔实丰富，努力使理论上有创新，建立有效、全面、科学的研究机制。

目 录

第一章 高速铁路桥梁基础 1

　　第一节 高速铁路桥梁的组成分类及结构体系 1

　　第二节 高速铁路桥梁设计技术标准 10

第二章 桩基工程 21

　　第一节 冲击钻施工 21

　　第二节 旋挖钻施工与回旋钻施工 35

第三章 桥涵与桥墩施工 44

　　第一节 桥涵工程施工准备 44

　　第二节 沉井基础的构造施工 55

　　第三节 桥墩台构造与施工 61

第四章 桥位制梁与预制梁架设 77

　　第一节 桥位制梁 77

　　第二节 预制梁架设 106

　　第三节 桥梁支座及附属工程 115

第五章 高速铁路预应力混凝土连续梁（刚构）桥 120

　　第一节 高速铁路常用跨度混凝土连续梁基本类型 120

　　第二节 钢筋混凝土刚构连续梁 126

　　第三节 高速铁路连续梁（刚构）桥施工 134

第六章　隧道施工准备 151

第一节　隧道基本知识 151

第二节　隧道工程施工准备 162

第三节　洞口工程施工 169

第七章　隧道开挖技术 180

第一节　开挖方法 180

第二节　钻爆开挖 188

第三节　隧道超欠挖与塌方 203

第八章　隧道支护与排水施工 210

第一节　隧道支护结构施工 210

第二节　隧道衬砌与排水施工 219

第三节　隧道病害及整治措施 226

第九章　轨道施工技术 240

第一节　无砟轨道施工 240

第二节　无缝线路铺设 253

第三节　高铁道岔施工 261

第四节　轨道维护作业 268

参考文献 279

第一章 高速铁路桥梁基础

第一节 高速铁路桥梁的组成分类及结构体系

一、高速铁路的定义

早先，国际铁路联盟 UIC（英文全称是 International Union of Railways，UIC 是法文全称的缩写）对高速铁路的定义是：允许速度至少达到 250km/h 的专线或允许速度达到 200km/h 的既有线。新建高速铁路的速度目标值是 320 ~ 350km/h。

根据使用功能和时代背景的不同，我国高速铁路分为客运专线、城际铁路、客货共线铁路等，但至今对准确的高速铁路定义仍然没有一个统一的、明确的说法。

（一）客运专线

顾名思义，客运专线就是以客运为主的快速铁路，且主要是长途的大城市之间的高速铁路。客运专线运量大、效能高，社会经济效益显著，列车密度可达每小时 20 对，列车定员可达 3200 ~ 3600 人 / 对，理论上每小时最大运输能力可达 6.4 万 ~ 7.2 万人，能够实现大量、快速和高密度的运输，如北京—石家庄—武汉—广州、哈尔滨—大连，大都以客车运行速度 350km/h 为设计速度目标。

（二）城际铁路

城际铁路主要是短途且沿线都是人口密集的城市的客运专线，如珠江三角洲中的广州—东莞—深圳、环渤海的北京—天津，以客车运行速度 250 ~ 350km/h 为设计速度目标。

（三）客货共线铁路

对于开发地区和以扩展完善路网为目的建设的高速铁路，高速运行客车的同时还要兼顾货物列车的运行，采用中国普通铁路客货混运标准进行检算设计，如石家庄—太原、宁波—台州—温州、温州—福州、福州—厦门、厦门—深圳、合肥—南京等，以客车运行速度近期 200km/h、预留 250km/h 为设计速度目标。

二、高速铁路桥梁的组成分类及结构体系分析

（一）桥梁的组成

桥梁组成部分的划分与桥梁结构体系有关。

1. 上部结构

上部结构指桥梁位于支座以上的部分。它包括桥跨结构和桥面构造两部分，前者指桥梁中直接承受桥上交通荷载的、架空的主体结构部分；后者则指为保证桥跨结构能正常使用而建造的桥上各种附属结构或设施。

桥跨结构的形式多样。对梁桥而言，其主体结构是梁；对拱桥而言，其主体结构是拱；对悬索桥而言，其主体结构是主索，也称为大缆。桥面构造是指公路桥的行车道铺装，铁路桥的道砟、枕木、铁轨，伸缩装置，排水防水系统，人行道，安全带（护栏），路缘石，栏杆，照明等。

2. 下部结构

下部结构指桥梁位于支座以下的部分，也叫支承结构。它包括桥墩、桥台及墩台的基础，是支承上部结构、向下传递荷载的结构物。桥梁墩台的布置是与桥跨结构相对应的。桥台设在桥跨结构的两端，桥墩则分设在两桥台之间。桥台除起到支承和传力作用外，还起到与路堤衔接、防止路堤滑塌的作用。为此，通常需在桥台周围设置锥体护坡。墩台基础是承受由上至下的全部荷载（包括交通荷载和结构重力）并将其传递给地基的结构物。它通常埋入土层之中或建筑在基岩之上，有时需要在水中施工。

3. 支座

在桥跨结构与桥梁墩/台之间，还需设置支座，以连接桥跨结构与桥梁墩/台，提供荷载传递途径，适应结构变位要求。支座提供的约束影响上部结构的受力行为，因此，可视支座为上部结构的一部分。

4.其他结构及相关术语解释

除此之外，根据具体情况，与桥梁配套建造的附属结构物可能有挡土墙、护坡、导流堤、检查设备、台阶扶梯、导航装置等。

对桥梁工程常用的专有名词和技术术语阐述如下：

（1）正桥与引桥：规模较大的桥梁工程，通常包含正桥与引桥两部分。正桥指桥梁跨越主要障碍物（如通航河道）的结构部分。它一般采用跨越能力较大的结构体系，需要深基础，是整个桥梁工程中的重点。引桥指连接正桥和路的桥梁区段，其跨度一般较小，基础一般较浅。在正桥和引桥的分界处，有时还会设置桥头建筑（桥头堡）。

（2）跨度：也称跨径，表示桥梁的跨越能力。多跨桥梁的最大跨度称为主跨。一般而言，跨度是表征桥梁技术水平的重要指标。桥跨结构相邻两支座间的距离 L，称为计算跨径。桥梁结构的分析计算以计算跨径为准。

（3）孔径：梁式桥设计洪水位线上相邻两桥墩（或桥台）间的水平净距 L_0，称为桥梁的净孔径。各孔净孔径之和，称为总孔径，它反映出桥位处排泄洪水能力的大小。

（4）跨径：公路梁桥两桥墩中线间的距离或桥墩中线与台背前缘（胸墙）的间距，称为标准跨径 Lx（也称为单孔跨径）。当跨径在 50m 以下时，通常采用标准跨径（从 0.75m 到 50m，共 21 级，常用 10m、16m、20m、40m 等）设计。对铁路梁桥，则以计算跨径作为标准跨径（从 4m 到 168m，共 18 级，常用 20m、24m、32m、48m、64m、96m 等）。采用标准跨径设计，有利于桥梁制造和施工的机械化，也有利于桥梁养护维修和战备需要。

（5）桥长：梁桥两桥台侧墙或八字墙尾端之间的距离 Lr，称为桥梁全长。它标志桥梁工程的规模。两桥台台背前缘（对铁路桥，指桥台挡砟前墙）之间的距离 L，称为多孔跨径总长（公路）或桥长（铁路）。

（6）桥下净空高度：设计洪水位或设计通航水位与桥跨结构最下缘标高的高差 H，称为桥下净空高度。桥下净空高度应大于通航及排洪要求所规定的净空高度。

（7）桥梁建筑高度与容许建筑高度：桥面（或铁路桥梁的轨底）到桥跨结构最下缘的高度 h，称为桥梁建筑高度。公路或铁路桥定线中所确定的桥面（或轨底）标高与通航及排洪要求所规定的净空高度之差，为容许建筑高度。显然，桥梁建筑高度不得大于容许建筑高度。

（二）桥梁的分类

桥梁有各种不同的分类方式，每一种分类方式均反映出桥梁在某一方面的特征。按桥梁用途划分，有铁路桥、公路桥、公铁两用桥、人行桥等。铁路桥专供铁路列车行驶，桥的宽度和跨度有限，其所承受的车辆活载相对较大。由于铁路迂回运输不易实现，桥必须结实耐用且易于修复。与铁路桥相比，公路桥的车辆活载相对较小，桥的宽度和跨度相对较大。公铁两用桥指能同时承受公路和铁路车辆活载的桥。我国长江上的主要特大桥都是如此。一般认为：在增加费用不多的情况下（桥梁墩／台和基础可以共用），将公路、铁路桥合建，就可把专为公路建桥的时间大为提前。随着经济的发展，公路交通量剧增，专为公路修建特大桥的事现已屡见不鲜。人行桥指专供行人（有时包括非机动车）使用的桥。它跨越城市繁忙街道处（也叫天桥）或市区内河流、封闭的高速公路，为行人（及非机动车）提供方便。除高速公（铁）路上的桥梁外，其他桥梁通常提供行人过桥的通道。

相对于公路桥和铁路桥而言，在城市范围内的桥梁（包括立交桥及人行桥，但不包括铁路桥）也被称为城市桥，其设计荷载标准与公路桥有所差别，桥梁的造型和景观也需适当考虑城市环境因素。

按桥跨结构所用的材料来划分，有钢桥，钢筋混凝土桥，预应力混凝土桥，结合梁桥，用砖、石、混凝土块等砌体材料（习称圬工）建造的拱桥，木桥等。由于钢材具有匀质性好、强度高、自重小等优点，钢桥具有较大的跨越能力，在跨度上一直处于领先地位。在我国，传统上铁路桥采用钢桥（钢板梁桥、钢桁梁桥）较多。近年来，随着大跨度公路悬索桥和斜拉桥的发展，公路钢桥也越来越多。钢筋混凝土桥和预应力混凝土桥的建造费用较少，养护维修方便，是目前应用最为广泛的桥梁，在中、小跨度内已逐步取代钢桥，在大跨度范围内也具有较强的竞争力。结合梁桥主要指钢梁与混凝土桥面板组合成的梁桥或加劲梁。圬工桥主要指石拱桥，其取材方便，构造简单，适用于跨度不大、取材方便的山区拱桥。

按结构体系划分，桥梁可分为梁桥、拱桥、悬索桥三种基本体系，以及由两种基本体系或一种基本体系与梁、柱、塔及索等构件形成的组合体系。

按桥跨结构与桥面的相对位置划分，有上承式、下承式和中承式桥。对梁桥和拱桥，桥面布置在桥跨结构顶面的，为上承式桥；相应地，布置在底面的称为下承式桥；布置在中间的称为中承式桥。桥面位置的选择与容许建筑高度和实际需要有关。上承式桥被广泛采用，适用于容许建筑高度较大的情况，其特点是上部结构的宽度较小，墩台的圬工数量有所节省，桥面视野开阔等。在容许建筑高度很小、布置上承式桥困难时，可采用下承式桥。由于桥跨结构在桥面之上且需要满足桥上净空的要求，故结构横向宽度相对较大，墩/台尺寸也相应有所增加。有时因地形限制或结构造型需要把桥面布置在桥跨结构高度的中间部位，形成中承式桥。因承重结构有一部分位于桥面之上，占用了桥面宽度，为使桥面宽度满足要求，必须加宽两片拱肋或桁梁的中心距，这将使横梁跨度增加，用料偏多。在同一座桥中，桥跨结构与桥面的相对位置可有所变化。

按桥梁所跨越的对象划分，有跨河桥、跨谷桥、跨线桥、立交桥、地道桥、旱桥、跨海桥等。大部分桥梁是跨越河流的。修建跨河桥，不可使河流功能受到损害。为此，必须遵循桥渡勘测设计规范的要求，使桥的孔径、跨度、桥面高程、基础埋深等既能保证桥在排洪和通航时的安全，又不碍及河流的功能。跨谷桥指跨越谷地的桥梁。谷地的特点是地形变化大、地质变化大、水流变化大，谷底至桥面较高，不适于采用跨度小、跨数多、桥墩高的结构形式。通常，对于较窄的河谷，可考虑采用一跨结构（如拱或斜腿刚架）作为正桥越过，避免修建高桥墩；对于较为开阔的河谷，可考虑采用跨度较大的多跨连续梁（刚构）桥。直接跨越其他线路（公路、铁路、城市道路等）的桥梁称为跨线桥。当跨线桥还需要与其所跨越的线路互通时，就形成立交桥。跨线桥和立交桥多建于城区，囿于桥下净空和桥面高程的要求，容许建筑高度有限，需考虑采用建筑高度小的桥跨结构。当桥梁采用下降方式（而不是架空方式），从被跨越线路的下方穿过时，因其主要部分位于地下，便称为地道桥。旱桥指建在无水地面的桥。其跨度一般不大，其桥墩截面形状不需要适应水流需要。对于引桥的不过水区段，有时用此名称。跨海桥泛指跨越海峡、海湾或为连接近海岛屿而向海上建造的桥。在通航频繁的海峡或海上航道处，多采用特大跨度的悬索桥或斜拉桥作为正桥；对水域相对宽阔的海面，引桥可采用多跨的预应力混凝土梁。跨海桥的长度，从几千米到几十千米，需在自然条件复杂的海洋环境中施工，对质量（尤其对材料耐久性和防腐蚀性）的要求高，应采用以大吨位预制浮运架设为主的施工方法，尽量减少在海上作业量及对海洋环境的影响。

按桥梁的平面形状划分，有直桥、斜桥、弯桥等。绝大部分桥梁为直桥或正交桥，其纵轴线方向与水流方向或所跨越的线路方向正交（严格讲，应是桥梁纵轴线方向与支承边方向正交）。斜桥指桥梁纵轴线方向与水流方向或所跨越的线路方向斜交的桥（严格讲，应是桥梁纵轴线方向与支承边方向斜交）。由于斜桥所提供的桥下净空的有效宽度比直桥小，为提供同样的桥下有效宽度，斜桥的跨度就需加大，因此，不宜使桥梁斜交过甚。在水平面上呈曲线状的桥，称为弯桥或曲线桥。当桥位于线路曲线区段、桥跨不大时，可将多跨直线梁按折线布置，仅让桥面适应曲线要求；若跨度较大，便应改变梁的平面形状，使桥跨结构本身呈曲线状。

（三）桥梁的结构体系

按结构体系及其受力特点，桥梁可划分为梁、拱、索三种基本体系和组合体系。不同的结构体系具有不同的结构形式和受力特点。

1. 梁桥

梁桥是古老的结构体系之一。梁作为承重结构，主要是以其抗弯能力来承受荷载的。在竖向荷载作用下，其支承反力也是竖直的；简支梁桥的梁部结构只受弯、剪，不承受轴向力。

常用的简支梁的跨越能力有限，跨度通常不超过 40m，为加大跨度，悬臂梁和连续梁得到发展。它们都是利用增加中间支承以减少跨中正弯矩，更合理地利用材料并分配内力，提升跨越能力。悬臂梁采用铰接或一简支跨（称为挂孔）来连接其两个端头，其为静定结构，受力明确，计算简便；但因结构变形在连接处不连续而对行车和桥面养护产生不利影响，近年来已很少采用。连续梁因桥跨结构连续，克服了悬臂梁的不足，是目前采用较多的梁式桥型。

梁式体系分实腹式和空腹式。实腹梁的横截面形式多为 T 形、I 形和箱形等，空腹梁主要指桁架式桥跨结构。梁的高度和截面尺寸可在桥长方向保持一致或随之变化。对中小跨度的实腹梁桥，常采用等高度 T 形梁（混凝土）或 I 形梁（钢）；跨度较大时，可采用变高度（在中间支承处增大梁高）的箱形截面预应力混凝土连续梁（刚构）桥或钢桁架梁，并配合悬臂方法施工。

2. 拱桥

拱桥的主要承重结构是具有曲线外形的拱圈。在竖向荷载作用下，拱圈主要承受轴向压力，但也受弯、受剪。拱脚处的支承反力除了竖向反力外，还有较大的水平推力。

根据拱的受力特点，多采用抗压能力较强且经济合算的砌体材料（石材等）和钢筋混凝土来修建拱桥。也因拱是有推力的结构，对地基的要求较高，故一般宜建于地基良好之处。按照静力学划分，拱分成单铰拱、两铰拱、三铰拱和无铰拱。因铰的构造较为复杂，通常采用无铰拱体系。

随着施工方法的进步，除了传统的满堂支架施工法或拱架施工方法外，现可采用缆索吊装施工法、悬臂施工法、转体施工法和劲性骨架施工法等新技术。这对拱桥在更大跨度范围内的应用，起到了重要的促进作用。

3. 悬索桥

悬索桥主要由缆（又称索）、塔、锚碇、加劲梁等组成。对跨度较小（通常小于300m）、活载较大且加劲梁较刚劲的悬索桥，可以视其为缆与梁的组合体系。但大跨度悬索桥的主要承重结构为缆，组合体系的效应可以忽略。在竖向荷载作用下，其索受拉，锚碇处会承受较大的竖向（向上）和水平（向河心）力。索通常用高强度钢丝制成圆形大缆，加劲梁多采用钢桁架或扁平箱梁，桥塔可采用钢筋混凝土或钢。因大缆的抗拉性能得以充分发挥且尺寸基本上不受限制，故悬索桥的跨越能力一直在各种桥型中名列前茅。不过，由于结构较柔，悬索桥较难满足当代铁路桥的要求。

在修建跨度相对较小（通常不大于300m）的悬索桥时，如果两岸用地受到限制而无法布置锚碇或出于景观需要，可采用自锚式悬索桥。其特点是：将大缆的两端固定在加劲梁的两端，省略了大体积的锚碇，但导致了梁的材料用量的增加，也增加了施工难度。

4. 组合体系

组合体系桥指承重结构采用两种基本体系，或一种基本体系与某些构件（梁、塔、柱、斜索等）组合在一起的桥。在两种结构系统中，梁经常是其中一种，与梁组合的，则可以是柱、拱、缆或塔及斜索。代表性的组合体系有以下几种：

（1）刚架桥

刚架桥是梁与立柱（或称为墩柱）的组合体系。刚架桥中的梁与立柱刚性连接，形成刚架。其主要特点是：立柱具有相当的抗弯刚度，故可分担梁部跨中正弯矩，达到降低梁高、增大桥下净空的目的。在竖向荷载作用下，主梁与立柱的连接处会产生负弯矩；主梁、立柱承受弯矩，也承受轴力和剪力；柱底约束处既有竖直反力，也有水平反力。刚架桥的形式多半是立柱直立的、单跨或多跨的门形框架，柱底约束处可以是铰接或固结。

钢筋混凝土刚架桥适用于中小跨度的、建筑高度要求较严的城市或公路跨线桥。立柱斜向布置的刚架桥称为斜腿刚架桥，其受力特点与刚架桥大致相同。

在竖向荷载作用下，斜腿以承压为主，两斜腿之间的梁部受到一定的轴向力。

斜腿底部可采用铰接或固结形式，并受到较大的水平推力。对跨越深沟峡谷、两侧地形不宜建造直立式墩柱的情况，斜腿刚架桥表现出其独特之处。另外，墩柱在立面上呈 V 形并与梁部固结的桥梁，称为 V 形刚架桥，其在受力上具有连续梁和斜腿刚架的特点。由于 V 形支撑的作用，支点负弯矩及梁高可适当减小，跨度可适当加大，外形也较美观。

（2）T 形刚构桥和连续刚构桥

随着预应力技术和对称悬臂施工方法的发展，具有刚架形式和特点的桥梁可用于跨径更大的情况，如 T 形刚构桥（简称"T 构"）。预应力混凝土 T 形刚构桥是因悬臂施工方法的发展而衍生出来的一种桥型。其桥墩的尺寸及刚度较大，墩顶与梁部固结，墩底与基础固结；仍在跨中设铰或挂孔来连接邻近 T 构。它融合了悬臂梁桥和刚架桥的部分特点：因是静定结构，能减少次内力、简化主梁配筋；T 构有利于对称悬臂施工，但粗大的桥墩因承受弯矩较大而费料；桥面线形不连续而影响行车。目前，已很少采用这种桥式。

在连续梁桥的基础上，把主跨内较柔细的桥墩与梁部固结起来，就形成所谓的连续刚构桥。其特点是：桥墩（为单壁或双薄壁墩）较为纤细，以受轴向力（而不是弯矩）为主，表现出柔性墩的特性，这使得梁部受力仍然体现出连续梁的受力特点（主跨梁部仅受到较小轴向力作用）。这种桥式除保持了连续梁的受力优点外，还节省了大型支座的费用，减少了桥墩及基础的工程量，改善了结构在水平荷载下的受力性能，有利于简化施工工序，适用于需要布置大跨、高墩的桥位。

为突出结构造型上的不同，将 T 形刚构桥和连续刚构桥划归为组合体系。但从主要受力特点上看，T 形刚构桥和连续刚构桥仍主要表现出梁的受力特点。字面上，"刚构"一词可以理解为墩梁刚性连接形成的桥跨结构。

（3）斜拉桥

斜拉桥是梁与塔、斜索组成的组合体系，结构形式多样，造型优美壮观。在竖向荷载作用下，梁以受弯为主，塔以受压为主，斜索则承受拉力。梁体被斜索多点扣住，表现出弹性支承连续梁的特点。这样，梁所承受的恒载弯矩减小，梁体高度可以降低，结构自重可以减轻，跨度可以增加。另外，塔和斜索的材料性能也能得到较充分的发挥。因此，斜拉桥的跨越能力仅次于悬索桥，是近几十年来发展很快的一种桥式。由于刚度问题，斜拉桥在铁路桥梁上的应用有限。

（4）梁、拱组合体系

梁、拱组合体系同时具备梁的受弯和拱的承压特点。组合形式可以是刚性拱及柔性系杆（称为系杆拱），也可以是柔性拱及刚性梁，铁路桥因刚度要求大，多采用刚性拱及刚性梁的组合形式。这类结构的主要优点是：利用系杆或梁部受拉（若是混凝土梁则对其施加预应力）来承受和抵消拱在竖直荷载下产生的水平推力。这样，桥跨结构既具有拱的外形和承压特点，又不存在大的水平推力，可在一般地基条件下修建。相对而言，梁、拱组合体系的施工较为复杂。

（5）其他组合体系

其他组合体系主要包括斜拉体系（塔及斜索）与梁、拱、索的组合。

①矮塔、斜索与变截面预应力混凝土连续梁或连续刚构形成的组合体系（国内称为矮塔斜拉桥或部分斜拉桥）。这种桥型将原来置于梁体内的一部分预应力钢筋外置，以便提高预应力效率；外形上与斜拉桥相近，但受力上介于传统梁桥和斜拉桥之间。典型的桥例有：瑞士的甘特桥，日本的揖斐川桥，中国的柳州三门江大桥。斜拉体系也可以与大跨度钢桁架梁组合。在这种体系中，主要承重构件是钢桁架梁，斜拉体系只起到辅助施工和分担荷载的"加劲"作用，如芜湖长江大桥。

②斜拉体系与拱的组合，形成斜拉拱桥。在这种桥式中，将斜索下端锚于桥面以分担荷载，如马来西亚的斯里绍嘉娜大桥。

③将斜索布置在悬索桥桥塔两侧，形成斜拉—悬索组合体系。这一桥式主要用于悬索桥加固，也曾作为一些跨海峡特大桥（如直布罗陀大桥、印度尼西亚的爪哇—巴厘桥等）方案。

对结构体系的分类，无一定之规，上述分类也不可能涵盖式样繁多的桥型。需要强调的是，仅仅对桥梁的结构体系有所了解，还远不能完全把握住桥梁的结构特点。在结合桥位情况选择某种结构体系的同时，还需要对与这一结构体系相适应的建桥材料（钢、混凝土或两者）、结构横截面形状及布置（或多主梁，或箱梁，或桁架梁）、结构的横向和立面布置（如斜拉桥和索面的布置和造型）、重要构造细节（如预应力配筋方式、节点处理）、施工方法（如浮运、顶推、悬臂施工等）等进行比较、分析和选择。这样，才能建造出符合工程规律、具有经济效益的桥梁。

第二节　高速铁路桥梁设计技术标准

一、高速铁路桥梁设计的一般规定

（1）桥涵的洪水频率标准，应符合现行《铁路桥涵设计规范》中Ⅰ级铁路干线的规定。

（2）桥涵结构应构造简洁、美观，力求标准化，便于施工和养护维修，结构应具有足够的竖向刚度、横向刚度和抗扭刚度，并应具有足够的耐久性和良好的动力特性，满足轨道稳定性、平顺性的要求，满足高速列车安全运行和旅客乘坐舒适度的要求。

（3）桥涵主体结构设计使用寿命应达到100年。

（4）桥涵结构所用工程材料应符合现行国家及行业标准的规定。

（5）桥梁上部结构形式的选择，应根据桥梁的使用功能、河流水文条件、工程地质情况、轨道类型及施工设备等因素综合考虑。桥梁上部结构宜采用预应力混凝土结构，也可采用钢筋混凝土结构、钢结构和钢—混凝土结合结构。预应力混凝土简支梁结构，宜选用箱形截面梁，也可根据具体情况选用整体性好、结构刚度大的其他截面形式。

（6）桥梁结构应设计为正交。当斜交不可避免时，桥梁轴线与支承线的夹角不宜小于60º，斜交桥台的台尾边线应与线路中线垂直，否则应采取特殊的与路基过渡措施。

（7）桥面布置应满足轨道类型、桥面设施的设置及其养护维修的要求。

（8）涵洞宜采用钢筋混凝土矩形框架涵。

（9）相邻桥涵之间路堤的距离，要综合考虑高速列车行车的平顺性要求及路桥（涵）过渡段的施工工艺要求及经济造价等因素合理确定。两桥台尾之间的路堤长度不宜小于150m，两涵（框构）之间及桥台尾与涵（框构）之间的净距离不宜小于30m。对于特殊情况路堤长度不满足上述长度要求时，路基应特殊处理。

（10）无砟轨道桥涵变形及基础沉降应设立观测基准点进行系统观测与分析，

其观测点布置、观测频次、观测周期应符合《客运专线铁路无砟轨道铺设条件评估指南》的有关规定。

（11）桥涵混凝土结构应符合现行《铁路混凝土结构耐久性设计暂行规定》的有关规定。

二、刚度

桥涵设备要求具有足够的刚度、良好的动力性能及耐久性，满足轨道稳定性、平顺性要求，满足高速列车安全运行和旅客乘坐舒适度的要求。本部分规定的桥梁梁部及墩台刚度的限值，仅适用于跨度小于96m的结构。

（一）梁体竖向挠度变形限值

挠度是衡量桥跨结构竖向刚度的标志，限制挠度的主要原因：一是挠度大引起桥跨结构端部转角大，各跨相邻处线路不能成为连续的平顺曲线，使此处受到冲击力而产生病害，还会引起车辆振动加大，影响行车安全及旅客舒适度；二是挠度大引起桁梁杆件次应力也大。活载作用下，梁体竖向挠度限值主要根据乘坐舒适度来确定。旅客的乘坐舒适度评定的最基本指标是车体的竖、横向振动加速度。

梁体竖向变形、变位限值应符合以下规定要求：

1. 梁部结构在ZK竖向静活载作用下，梁体的竖向挠度不应大于表1-1的数值。

表1-1　梁体的竖向挠度限值

速度（km/h）	跨度/m		
	$L \leqslant 40m$	$40m \approx L \leqslant 80m$	$80m \approx L \leqslant 96m$
250	$L/1400$	$L/1400$	$L/1000$
300	$L/1500$	$L/1600$	$L/1100$
350	$L/1600$	$L/1900$	$L/1500$

注：①表中限值适用于3跨及以上的双线简支梁，对3跨及以上一联的连续梁，梁体竖向挠度限值按表中数值的1.1倍取用；对2跨一联的连续梁、2跨及以下的双线简支梁，梁体竖向挠度限值按表中数值的1.4倍取用。

②对单线简支或连续梁，梁体竖向挠度限值按相应双线桥限值的0.6倍取用。

③表中的L为简支梁或连续梁检算跨的跨度。

2. 拱桥、刚架及连续梁桥的竖向挠度，除考虑列车竖向静活载作用外，尚应计入温度的影响。梁体竖向挠度按下列情况之不利者取值，并应满足表 1-1 的限值要求：

①列车竖向静活载作用下产生的挠度值与 0.5 倍温度引起的挠度值之和。

② 0.63 倍列车竖向静活载作用下产生的挠度值与全部温度引起的挠度值之和。

3. 桥面附属设施宜尽量在轨道铺设前完成。轨道铺设完成后，预应力混凝土梁的竖向残余徐变变形应符合以下规定：

有砟桥面：梁体的竖向变形不应大于 20mm。

无砟桥面：$L \leq 50m$ 时，竖向变形不应大于 10mm；$L > 50m$ 时，竖向变形不应大于 $L/5000$ 且不大于 20mm。

4. 对于设有纵向坡度的无砟轨道桥梁，应考虑梁体纵向伸缩引起的梁缝两侧钢轨支承点竖向相对位移对轨道结构的影响。

（二）梁体横向变形限值

控制梁体横向挠度和梁端横向折角，主要是为了保证轨道的方向性。梁体横向变形的限值应符合以下规定：

1. 在列车横向摇摆力、离心力、风力和温度的作用下，梁体的水平挠度应小于或等于梁体计算跨度的 1/4000。

2. 无砟轨道桥梁相邻梁端两侧的钢轨支点横向相对位移不应大于 1mm。

（三）梁体扭曲变形限值

桥面过大扭曲会产生较大的轮重减载，影响行车安全。ZK 静活载作用下梁体扭曲引起的轨面不平顺限值，以一段 3m 长的线路为基准，一线两根钢轨的竖向相对变形量 t 不大于 1.5mm。

（四）梁端竖向转角限值

梁端竖向转角是桥上列车运行安全性和平稳性的控制因素之一。在 ZK 竖向静活载作用下，有砟轨道和无砟轨道桥梁梁端竖向转角限值要求符合表 1-2 所规定的限值。

表 1-2 梁端转角限值

桥上轨道类型	位置	限值/rad	备注
有砟轨道	桥台与桥梁之间	$\theta \leq 2.0‰$	
	相邻两孔梁之间	$\theta_1 + \theta_2 \leq 4.0‰$	
无砟轨道	桥台与桥梁之间	$\theta \leq 1.5‰$	梁端悬出长度≤0.55m
		$\theta \leq 1.0‰$	0.55m<梁端悬出长度≤0.75m
	相邻两孔梁之间	$\theta_1 + \theta_2 \leq 3.0‰$	梁端悬出长度≤0.55m
		$\theta_1 + \theta_2 \leq 2.0‰$	0.55m<梁端悬出长度≤0.75m

注：① θ 为梁体的梁端竖向转角，θ_1、θ_2 分别为相邻梁跨梁体各自的梁端竖向转角。

②对于大跨度无砟轨道桥梁，当梁端转角不满足上述要求时，应检算梁端转角变形对轨道结构的影响，并采取相应措施。

（五）梁端水平折角限值

对于高速铁路，满足高速运行时列车安全性和旅客乘坐舒适度要求的桥墩台横向刚度的要求应更高。桥梁下部结构的横向刚度对车桥耦合振动体系的影响是较为明显的，尤其是对横向动位移的影响更大。在 ZK 活载、横向摇摆力、离心力、风力和温度力的作用下，墩顶横向水平位移引起的桥面处梁端水平折角不大于 1.0‰的弧度。

（六）墩台顶纵向水平线刚度限值

我国高速铁路采用跨区间无缝线路，为保证桥上无缝线路的稳定性和安全性，必须检算由于温度变化、列车制动（起动）等产生的钢轨附加应力。同时为了保证桥梁的受力安全，检算相应墩台附加力。位于有砟轨道无缝线路固定区的混凝土简支梁，墩台顶纵向水平线刚度应符合表 1-3 的限值要求。非纵联型无砟轨道亦可采用该限值。

表1-3　墩台顶纵向水平线刚度限值

墩台顶	跨度/m	纵向水平线刚度/（kN/cm）	
		双线墩台	单线墩台
桥墩	≤12	100	60
	16	160	100
	20	190	120
	24	270	170
	32	350	220
	40	550	340
	48	720	450
桥台		3000	1500

注：高架车站到发线有效长度范围内双线墩台的纵向水平线刚度限值按表内单线墩台的 2.0 倍取值。

（七）简支梁竖向自振频率限值

影响高速铁路桥梁动力作用的因素有桥梁结构的竖向固有频率（自振频率）、列车轮对的间距、列车通过桥梁的运行速度、桥梁结构的重量和阻尼、桥梁及桥面系均匀分布的支撑和结构（如横梁、轨枕）、车轮的缺陷（轮缘扁疤）、轨道的垂直缺陷等。其中桥梁的竖向固有频率（自振频率）是促使桥梁动力系数出现峰值的根本原因。

1. 简支梁竖向自振频率不应低于以下限值：

$$\begin{cases} n_0 = 80/L, & L = 20\text{m} \\ n_0 = 23.58L^{-0.592}, & 20 < L \leqslant 96 \end{cases}$$

式中 n_0 ——简支梁竖向自振频率限值（Hz）；

L ——简支梁跨度（m）。

2. 对于运行车长 24 ~ 26m 的动车组、$L \leqslant 32$m 混凝土及预应力混凝土双线简支梁，当梁体自振频率不低于表 1-4 的限值要求时，梁部结构设计可不再进行车桥耦合动力响应分析。

表1-4　常用跨度双线简支梁不需进行动力检算的竖向自振频率限值

跨度/m	设计速度		
	250km/h	300km/h	350km/h
12	100/L	100/L	120/L
16	100/L	100/L	120/L
20	100/L	100/L	120/L
24	100/L	120/L	140/L
32	120/L	130/L	150/L

（八）脱轨系数、轮重减载率、轮对横向水平力及构架横向加速度

列车运行安全性主要涉及车辆在桥上是否会出现脱轨及对轨道产生过大横向力的问题。对于不满足表1-4要求的简支梁及其他桥梁，结构设计除进行静力分析外，尚应按实际运营客车通过桥梁情况进行车桥耦合动力响应分析（最大检算速度应按1.2倍设计速度取值），并符合下列规定：

1. 脱轨系数、轮重减载率、轮对横向水平力、车体竖向和横向振动加速度、旅客乘坐舒适度指标：

脱轨系数 $Q/P \leqslant 0.8$

轮重减载率 $\triangle P \leqslant 0.6$

轮对横向水平力 $Q \leqslant 10 + P_0/3$

式中 P_0——静轴重（kN）。

2. 桥面竖向振动加速度指标：

桥面在20Hz及以下强振频率的竖向振动加速度限值：

有砟桥面 $\leqslant 0.35g$

无砟桥面 $\leqslant 0.50g$

车体竖向振动加速度 $a_z \leqslant 0.13g$（半峰值）

车体横向振动加速度 $a_y \leqslant 0.10g$（半峰值）

式中 g——重力加速度（m/s²）

3. 旅客乘坐舒适度指标：

斯佩林舒适度指标：

$W \leqslant 2.50$，优

$2.50 < W \leqslant 2.75$，良

$2.75 < W \leqslant 3.00$，合格

（九）道岔区桥梁结构要求

道岔区桥梁结构要求符合道岔对结构变形和变位的要求。

三、高速铁路桥梁基础的沉降

墩台基础的沉降量应按恒载计算。墩台基础工后均匀沉降量和相邻墩台沉降量差满足表 1-5 和表 1-6 限值要求。对超静定结构，除满足限值要求外，还要根据沉降差对结构产生的附加应力的影响确定。

表 1-5　有砟轨道墩／台基础工后均匀沉降量限值

设计速度	沉降类型	限值/mm
250km/h 及以上	墩/台均匀沉降	30
	相邻墩/台沉降差	15
200km/h	墩/台均匀沉降	50
	相邻墩/台沉降差	20
160km/h 及以下	墩/台均匀沉降	80
	相邻墩/台沉降差	40

表 1-6　无砟轨道墩台／基础工后均匀沉降量限值

设计速度	沉降类型	限值/mm
250km/h 及以上	墩/台均匀沉降	20
	相邻墩/台沉降差	5
200km/h 及以下	墩/台均匀沉降	20
	相邻墩/台沉降差	10

涵洞基础工后沉降量限值要求与相邻路基工后沉降量限值相一致。隧道基础工后沉降量限值不大于 15mm。无砟轨道区段桥台、涵洞边墙、隧道洞口与路基交界处的工后沉降差不大于 5mm，工后沉降差造成的折角不应大于 1/1000。工后沉降量超过限值时，要求有计划地进行整治、加固。

四、结构计算与构造规定

桥涵结构的计算及构造要求应满足现行《铁路桥涵设计规范》《铁路桥涵混凝土结构设计规范》《铁路桥梁钢结构设计规范》《铁路桥涵地基和基础设计规范》的相关规定执行。

（一）混凝土桥跨结构

1. 箱梁。

（1）箱梁内净空高度不宜小于 1.6m，并应根据需要设置进入孔，进入孔宜设置在两孔梁梁缝处或梁端附近的底板上。

（2）梁端桥轴方向的受拉预应力钢筋应不少于 1/2 伸过支点并锚固。

（3）对箱梁梁端各倒角部位、吊点下方顶板与梗肋交界部位、梁端底板、进入孔等部位应进行预加应力、存梁、运架梁等施工阶段的局部应力分析，在上述部位构造应适当加强以防裂纹产生。

（4）宽跨比较大的箱梁，在截面设计时应考虑剪力滞的影响，有效宽度折减系数可按《铁路桥涵混凝土结构设计规范》中的要求计算。

（5）有砟（无砟）箱梁设计应考虑铺砟前（无砟轨道铺设前）施工阶段及成桥后各种工况时温度梯度对箱梁受力的影响。

（6）预制（现浇）箱梁，（需要时）尚应考虑运架设备通过对箱梁的影响。

（7）双线箱梁横向内力分析宜采用整体计算。

2. T 梁。

（1）为便于支座安装和检查，T 梁端隔板高度应比梁底向上减小 10cm。

（2）多片式 T 梁横向须形成整体截面，使各片主梁之间能共同分担活载，在分片架设后必须将横隔板和翼缘连成整体，并施加横向预应力。

（3）多片式 T 形梁可作为由主梁及横隔梁组成的格子结构进行分析。

（4）分片架设预制 T 梁，湿接缝宽度不宜小于 300mm；湿接缝处钢筋构造应满足整体截面受力要求。

3. 预应力钢筋或管道的净距及保护层厚度应符合以下规定：

（1）预应力钢筋管道间的净距，当管道直径小于或等于 55mm 时，不应小于 40mm；当管道直径大于 55mm 时，不应小于管道直径。

（2）预应力钢筋或管道表面与结构表面之间的保护层厚度，在结构的顶面和侧面不应小于 1.0 倍的管道直径并不小于 50mm，结构底面不应小于 60mm。

4. 当要求严格控制结构的徐变变形时，恒载作用下，混凝土应力不宜大于 0.4 倍的混凝土轴心抗压强度，并应分阶段按相应的混凝土龄期计算混凝土的徐变变形。

5. 预应力混凝土梁的封锚及接缝处，应在构造上采取防水措施，防止雨水渗入。各种接缝应尽量避开受不利环境作用的部位。对于结构有可能产生裂纹的部位，应适当增设普通钢筋防止裂纹发生。

（二）支座

（1）桥梁支座宜采用盆式橡胶支座和钢支座，橡胶支座应水平设置。对于沉降难以控制区段的桥梁，经技术经济比较，可采用可调高支座。

（2）横向宽度较大的梁，其支座部分必须能横向移动及转动；否则在计算支座时应考虑端横梁和末端横框架固端弯矩在支承线上所引起的约束作用。

（3）对斜交梁，支座纵向位移方向应与梁轴线或切线一致。

（4）支座设置应满足检查、维修和更换的要求。支承垫石到墩台边缘距离及垫石高度应考虑顶梁的空间。

（三）桥墩与桥台

（1）桥梁墩台宜采用混凝土或钢筋混凝土结构。

（2）承台桩基布置在满足刚性角的情况下，承台底部应布置一层钢筋网，当钻孔桩桩径为 $\phi 1.00m$ 时，钢筋直径不小于 20mm；当钻孔桩桩径为 $\phi 1.25m$ 或 $\phi 1.50m$ 时，钢筋直径不小于 25mm；钢筋间距均为 10cm。

（3）混凝土实体桥墩应设置护面钢筋，竖向护面钢筋直径不宜小于 14mm，间距不大于 15cm；环向箍筋直径不小于 10mm，间距不大于 20cm，墩底加密区采用 10cm。空心桥墩的箍筋间距，在固端干扰区为 10cm，其他区段不大于 20cm。

（4）桥梁墩台顶面尺寸应满足架设、检查、养护、维修和支座更换及顶梁的要求，并应设排水坡。

（四）涵洞

（1）涵洞顶至轨底的高度不宜小于 1.5m。

（2）涵洞可布置成斜交，但斜交涵洞的斜交角度不宜大于 45°。

（3）涵洞宜采用钢筋混凝土框架箱涵，沉降缝不应设在轨道下方，可设在两线中间，轨下涵节长度不宜小于 5m。

（4）软弱地基上的涵洞，涵洞地基处理应与两侧路基地基处理协调一致。

五、高速铁路桥面布置及附属设施

（一）桥面布置的规定

1. 桥上有砟轨道轨下枕底道砟厚度不应小于 0.35m。

2. 桥上应设置挡砟墙或防护墙，其高度采用与相邻轨道轨面等高。曲线内侧和外侧可采用不同的高度。

3. 有砟轨道桥梁，直线段线路中心线至挡砟墙内侧净距不应小于 2.2m。

4. 曲线段桥上建筑限界加宽按《高速铁路设计规范》的规定处理。

5. 桥面应为主要设备的安装预留位置。

6. 桥上栏杆高度不应小于 1.0m。

7. 强风口地段应设置防风设施。当设置防风设施时，桥上栏杆或声屏障与防风设施要结合考虑，同时要考虑旅客观光需要。

8. 线路中心线距接触网支柱内侧最小距离不应小于 3.0m。曲线地段接触网支柱内侧边缘至线路中心净距应满足建筑限界加宽的要求。当接触网支柱设置在桥面上时，不宜设在梁跨跨中。

9. 主梁翼缘悬臂板端部宜设遮板。

10. 桥面宽度应按照建筑限界、作业维修通道及电缆槽、接触网立柱构造宽度的要求计算确定。

（二）附属设施的规定

1. 桥长超过 3km 时，应结合地面道路条件，每隔 3km（单侧 6km）左右，在线路两侧交错设置 1 处可上下桥的救援疏散通道。救援疏散通道侧对应的桥上栏杆或声屏障位置应预留出口。

2. 桥涵结构构造应便于检查和养护，根据需要设置检查设施。

3. 桥梁必须设置性能良好的防、排水设施。

（1）梁部或墩台的表面形状应有利于排水，对于可能受雨淋或积水的水平面做成斜面。桥梁顶面宜设置不小于 2% 的横向排水坡。桥梁墩台的顶面应设置不小于 3% 的排水坡。

（2）桥梁端部应采取有效防水构造措施，防止污水回流污染支座和梁端表面。

（3）有砟轨道、CRTS I 型双块式无砟轨道桥面应为两列排水方式，CRTS I 型板式、CRTS II 型板式无砟轨道桥面应为三列排水方式。

第二章　桩基工程

第一节　冲击钻施工

一、适用范围

适用于卵石、坚硬漂石、岩层、熔岩及各种复杂地质的高速铁路客运专线桥梁桩基施工。

二、作业准备

（一）技术准备

1. 进场原材料检验。
2. 技术培训与技术交底。
3. 钻头护筒直径检查。
4. 导线加密、测量放样。
5. 配置泥浆及泥浆检测。

（二）现场准备

1. 现场"三通一平"，即水通、电通、道路通，场地平整。
2. 泥浆池配备及泥浆原材料准备。

（三）人员及机械设备准备

1. 人员配置

每台冲击钻机工班每班最少配置5人，工班长1名，技术人员1名，指挥人员1名，钻机操作手2名。

2. 机械配置

主要机械：冲击钻机 1 台。

辅助机械：搅浆机 1 台，泥浆泵 1 台，电焊机 1 台，氧气瓶、乙炔瓶各 1 瓶，挖掘机 1 台，自卸汽车 2 台。

三、技术要求

1. 施工前按设计提供的配合比进行试验，确定施工配合比。

2. 混凝土的拌和采用搅拌站集中拌和。

3. 钢筋笼按设计图纸要求加工制作，并经监理工程师验收合格。

4. 钻孔和混凝土灌注过程中，现场技术人员应做好钻孔和灌注记录。

四、施工程序与工艺流程

施工准备→测量定位→埋设钢护筒→配制泥浆→安装钻机→钻进→终孔→清孔→钢筋笼制作与安装→安装导管→二次清孔→灌注水下混凝土。

五、施工要求

（一）施工准备

钻孔场地应根据地形、地质、水文资料和桩顶标高等情况，结合施工技术的要求，做如下准备工作：

1. 在桩基施工前，清除桩基位置上的杂物，整平场地，用推土机碾压密实，使机械能顺利进出场，并保证施工中钻机稳定；为保证钻孔灌注桩顺利灌注混凝土，将施工主便道延伸至钻孔灌注桩附近，以方便混凝土浇筑。

2. 召开技术交底会议，就施工技术要求对施工班组长进行交底，使其施工前做好充分准备；落实技术交底会议，履行签字手续（技术部负责）；工人应进行三级安全教育（安质部负责）履行签字手续。

3. 检查施工现场临时水电情况，并确保施工用水电满足施工要求（技术部负责）。

4. 组织施工材料、机械的进场、报验、安装、调试等工作，使其在施工过程中满足工程需要（试验室负责）。

5. 各种计量、测量用具提供检验证书并对仪器及时进行检查、校准（试验室负责）。

（二）桩位测量放样、保护和标高的控制

根据设计院提供的施工图纸，结合现场测量桩、水准点，用全站仪准确地测出每根桩的桩位。

测量班放出桩位后，要采取措施保护好桩位。护桩可用木桩上钉钉子的方式，护桩埋深要够。每次钻机就位后，开钻前和钢筋笼吊放前，需要进行复测。测量无误后方可进行下道工序施工。钻进开始前要在护筒上做好标高控制点，计算实际钻进深度，并用测绳注意量测实际钻孔深度。快到桩底设计标高时要加密量测次数，以确保不超钻或欠钻。

（三）埋设护筒

钻孔前设置坚固、不漏水的孔口护筒。护筒内径大于钻头直径，其内径大于钻头直径 400mm。护筒顶面高出施工水位或地下水位 2m，埋设钢护筒，还需满足孔内泥浆面的高度要求，在旱地或筑岛时要高出施工地面 0.5m。护筒埋设深度应符合下列规定：

岸滩上，黏性土不小于 1m，砂类土不小于 2m。当表层土松软时，将护筒埋置到较坚硬密实的土层中至少 0.5m。岸滩上埋设护筒，在护筒四周回填黏土并分层夯实；护筒顶面中心与设计桩位偏差不大于 5cm，倾斜度不大于 1%。

水中用锤击、加压、振动等方法下沉护筒。护筒埋入河床面以下 1m；水中平台上按最高施工水位、流速、冲刷及地质条件等因素确定埋深，必要时打入不透水层。

在水中平台上下沉护筒，由导向设备控制护筒位置。护筒顶面中心与设计桩位偏差不得大于 5cm，倾斜度不得大于 1%。

（四）泥浆制备

冲击钻钻孔时，需设置泥浆循环净化系统，应在计划施工场地或工作平台时一并考虑。泥浆池的位置位于征地红线内，且位于两个墩台之间，容积为所要施工桩混凝土量的 1.5～2 倍。

泥浆池设置双横杆钢管防护栏，栏杆柱打入地面深度不小于 0.5m，防护栏埋设距泥浆池边缘不能小于 0.5m，立柱间距不大于 3m；防护栏设置密目安全网，并挂设安全警示标志。

选择和备足良好的造浆黏土或膨润土，必要时再掺入适量水泥或纯碱等外加剂，保证泥浆自始至终达到性能稳定、沉淀少、护壁效果好和成孔质量高的要求。

泥浆性能指标应按钻孔方法和地质情况确定，并应符合下列规定：

泥浆比重：在黏土中成孔时，注入清水，以原土造浆护壁，循环泥浆密度控制在 1.1 ~ 1.2g/cm³；在砂土和较厚各类砂层中成孔时，可在孔中投入黏土造浆，泥浆的密度应控制在 1.2 ~ 1.3g/cm³；在遇岩溶渗漏及容易塌孔的土层中成孔时，泥浆密度应加大至 1.3 ~ 1.5g/cm³。

黏度：一般地层 16 ~ 22s，松散易坍地层 19 ~ 28s。

含砂率：新制泥浆不大于 4%。

胶体率：不小于 95%。

pH 值：大于 6.5。

造浆后应检测全部性能指标，钻孔过程中应随时检验泥浆比重和含砂率，并填写泥浆试验记录表。

根据桩基的分布位置设置多个制浆池、储浆池及沉淀池，并用循环槽连接。钻孔弃渣（废泥浆）放置到指定地方，不得任意堆砌在施工场地内或直接向水塘、河流排放，以避免污染环境。

（五）钻孔

1. 钻机就位前，应对钻孔前的各项准备工作进行检查，包括主要机具设备的检查和维修。钻机就位后，应平稳，不得产生位移和沉陷，开孔的孔位必须准确。

2. 钻头的钢丝绳同钢护筒中心位置偏差不大于 5cm，升降钻头时要平稳，不得碰撞护壁和孔壁。开始钻孔时，应先在孔内灌注泥浆，采用小冲程，使成孔坚实、竖直、圆顺，能起导向作用，并防止孔口坍塌。当钻进深度超过钻头全高加冲程，且超过护筒底脚以下 2 ~ 4m 后，方可进行正常的冲击；钻进过程中，必须勤松绳、适量松绳，防止打空锤。

3. 每次松绳量：松软土层为 5 ~ 8cm，密实坚硬土层为 3 ~ 5cm；坚硬土石层采用高冲程（100cm），较软土层采用中冲程（75cm），在易坍塌地层宜用小冲程，并应相应提高泥浆的黏度和相对密度。

4. 钻孔作业必须连续，并做钻孔施工记录，经常对钻孔泥浆进行检测和试验，不符合要求的随时改正，注意补充新拌的好泥浆。

5. 泥浆补充与净化：开始前应调制足够数量的泥浆，钻进过程中，如泥浆有损耗、漏失，应予补充。并应按泥浆检查规定按时检查泥浆指标，遇土层变化应增加检查次数，并适当调整泥浆指标。

6.在钻孔过程中应每2h测量进尺深度并捞取渣样查明土类并填写冲孔记录,同时注意土层的变化,在岩、土层变化处均应捞取渣样,判明土层并记入记录表中以便与地质剖面图核对。与相应地质资料做出核对,根据实际地层变化采用相应的钻进方式。

(六)检孔、清孔

1.钻孔达到设计标高后,应对孔深、孔径、垂直度进行检查。

2.用笼式检孔器进行检测。检孔器用 $\phi22$ 的钢筋加工制作,其外径等于设计桩径,长度为 6 ~ 8m。检测时,将检孔器吊起,把测绳的零点系于检孔器的顶端,使检孔器的中心、孔的中心与起吊钢丝绳的中心处于同一铅垂线上,慢慢放入孔内,通过测绳的刻度加上检孔器长度判断其下放位置。如上下畅通无阻直到孔底,表明钻孔桩成孔质量合格,如中途遇阻则表明在遇阻部位有缩径或孔倾斜现象,则需重新下钻头处理。

3.第一次清空采用换浆法清孔,用泥泵循环换浆清理沉渣。开始时增加泥浆比重进行循环出渣,直到孔底沉渣达到要求后,逐步恢复泥浆比重。为了保持孔壁的稳定,上述工作应迅速进行。清孔完毕后,检查孔内泥浆性能指标和孔底沉渣厚度,再进行下道工序。

(七)钢筋笼制作

1.制作钢筋笼时,严格按照设计图纸和规范要求执行。钢筋笼在钢筋加工场地分节制作,通过施工便道运至钻孔桩施工区域,采用汽车吊分节吊装,现场焊接接长。

2.在钢筋笼四周布置垫块,确保钢筋笼保护层厚度;声测管按照设计要求布设,管材采用 $\phi50mm \times 3mm$ 的无缝钢管,声测管接头及底部应密闭好,顶部用木塞封闭,防止砂浆、杂物堵塞管道,经检查合格后与钢筋笼固定,随同钢筋笼吊入桩孔内,声测管内灌满清水。

3.在钢筋笼的接长、安放过程中,始终保持骨架垂直,接头牢固可靠,同一断面接头数量不超过总根数的二分之一。

4.沿主筋埋设布置若干根声测管,一般声测管要高出桩顶50cm。

(八)钢筋笼安装

钢筋笼的安放标高,可由护口管顶端处的标高来计算;安放时必须保证桩顶的设计标高，允许误差为 ±50mm。

钢筋笼下放时，应对准孔位中心，一般采用正、反旋转慢慢地逐步下沉，防止碰撞，放至设计标高后应立即固定。起吊钢筋笼下笼时由人工辅助对准孔位，保持垂直、轻放、慢放，避免碰撞孔壁。下放过程中若遇到障碍应立即停止，查明原因后进行处理，严禁提高猛放和强制下入。

上、下节笼进行对接施焊时，下节钢筋笼上端露出操作平台高度宜 1m 左右，并必须保证上、下节钢筋笼保持垂直状态，对接钢筋笼时应两边对称施焊，单面焊接焊缝长度大于 10d（钢筋直径），主筋接头距离应大于 1m，并在同一连接区段上的接头不得多于总数的 50%。

孔口对接钢筋笼完成后，需进行中间验收，合格后方可继续进行下一节钢筋笼的安装。

下放钢筋笼时，技术员在现场严格控制笼顶标高，防止钢筋笼下沉或浇筑混凝土时上浮。

（九）导管安装

导管用 ϕ300mm 的钢管，每节长 2.5m 或 2.7m，以方便安装。为保障封底混凝土埋深，一般底节导管长约 4m，另外再配 1 ~ 2 节长 0.5 ~ 1.5m 短管，以适应不同桩长需要。每两节导管管端用粗丝扣连接，接头处用橡胶圈密封防漏，施工前对导管做水压试验。

导管底部与孔底距离控制在 30 ~ 50cm，浇筑支架平台的高度和料斗的容量要保证（初灌量）第一斗混凝土浇筑后导管埋深不小于 1m，以保证桩底的质量。

（十）桩头凿除及桩基检测

基坑开挖完成后，对桩头上部多余部分混凝土进行凿除，首先在桩身侧面标记出桩顶高程线，以防桩头被多凿，造成桩顶伸入承台内高度不够（设计要求桩头嵌入承台 10cm）。凿除桩头时先用切割机对标记部位混凝土进行环切，然后采用空压机结合人工凿除桩头浮浆及多余混凝土。凿除过程中保证不扰动设计桩顶以下的桩身混凝土，严禁用挖掘机或铲车将桩头强行拉断，以免破坏主筋，应先将桩身钢筋和声测管全部凿出来后再凿断桩头混凝土，并采取措施封闭声测管顶部防止杂物落入堵塞声测管，影响桩基检测。

桩头凿除完成后，将伸入承台的桩身混凝土钢筋清理整修成设计形状，用水冲洗干净，并在声测管内注满清水，为检测桩基质量做好准备。

根据设计要求：桩基检测应由具有专业资质的第三方检测机构进行检测，现场监理工程师见证，经检测合格后方可进入下道工序施工。

六、材料要求

1. 护筒要求内部无突出物，不漏水。

2. 泥浆原料尽可能使用膨润土，使用黏土时应符合下列要求：

（1）自然风干后，用手不易掰开捏碎。

（2）干土破碎时，断面有坚硬的尖锐棱角。

（3）用刀切开时，切面光滑、颜色较深。

（4）水浸泡后有黏滑感，加水和成泥膏后，容易搓成 1mm 的细长泥条，用手指揉捻，感觉沙砾不多，浸水后能大量膨胀。

（5）胶体率不低于 95%。

（6）含砂率不大于 4%。

（7）制浆能力不低于 2.5L/h。

3. 钢筋品种、级别、力学性能、规格和数量必须符合设计要求。钢筋存放应下垫上盖，保证钢筋不锈蚀。加工场地应整平硬化。

4. 施工用水的水质应符合工程用水标准。

5. 水泥、砂、碎石、外加剂的选用均应满足设计和标准要求。

七、安全及环保要求

（一）安全要求

1. 施工现场设置警示标志，严禁非施工人员进入。

2. 钻机各个岗位工作人员，在上岗之前都必须经过针对性的培训，持证上岗，全部工作人员都必须熟知桩基的整个施工过程，同时要熟练掌握自己所承担的工作内容和操作过程。不符合条件的不得上岗。

3. 坚持"安全第一，预防为主"的方针，定期和不定期组织人员进行安全学习和安全教育。

4. 钻机就位前，墩位的钻孔范围内要碾压密实。在软弱地基段钻机履带下垫 1cm 厚的钢板，避免钻机倾斜发生意外。钻机就位后，机身要用方木垫平，塞牢。桅杆顶端用钢丝绳对称拉紧。

5. 钻孔中，应注意观察有无漏浆现象，特别是岩溶地质，要随时补充泥浆，保证孔内水位。应在钻孔附近设置醒目标志和围栏，以防止人员掉入孔内。

6. 所有电器设备必须有可靠的接地装置和防漏装置。

7. 按钻机维修保养制度，定期进行保养和维修，并做好保养维修记录。每工班检查钻头、主绳、主绳与钻头连接、提梁、绳卡等，及时处理问题。

8. 泥浆池四周要设安全护栏，挂醒目的警示标语。

9. 护筒周围一定要按要求回填密实，埋设深度满足要求，避免地表土质较差造成孔口塌孔，影响机械设备及人员的安全。

10. 钻机上方有高压线时，一定要保证足够的安全距离，杜绝为了进度冒险施工。

（二）环保要求

1. 各种机械设备及人员不得随意进入征地界线外。

2. 施工驻地产生的各种生活垃圾应集中存放，定期送至垃圾回收站，不得乱弃。加强施工驻地周围的净化，做到定期消毒。

3. 做好施工燃油的保管工作，油料存放应做到密封保存。

4. 钻渣要及时清运，在弃渣场做好防护工作，避免水土流失污染环境。

5. 泥浆要做好循环利用，不能利用的沉渣要用密封车清运出现场，不能污染河流及水域。泥浆应沉淀处理后排放，并符合环保要求。必须及时清运渣土，防止污染。

八、钻孔桩常见事故的预防及处理

（一）坍孔

1. 现象

坍孔的特征是孔内水位突然下降，孔口冒细密的水泡，出渣量显著增加而不见进尺，钻机负荷显著增加等。冲孔穿越岩溶地区覆盖层，或穿越溶洞有充填物时易产生坍孔。

2. 形成原因

（1）泥浆相对密度不够及其他泥浆性能指标不符合要求，使孔壁未形成坚实泥皮。

（2）由于出渣后未及时补充泥浆（或水），或河水、潮水上涨，或孔内出现承压水，或钻孔通过砂砾等强透水层，孔内水流失等而造成孔内水头高度不够。

（3）护筒埋置太浅，下端孔口漏水、坍塌或孔口附近地面受水浸湿泡软，或钻机直接接触在护筒上，由于振动使孔口坍塌，扩展成较大坍孔。

（4）在松软砂层中钻进进尺太快。

（5）水头太高，使孔壁渗浆或护筒底形成反穿孔。

（6）清孔后泥浆相对密度、黏度等指标降低。

（7）清孔操作不当，供水管嘴直接冲刷孔壁、清孔时间过久或清孔停顿时间过长。

（8）吊入钢筋骨架时碰撞孔壁。

（9）当钻头击穿溶洞顶板时，若不及时回填，则容易造成塌孔。

3. 预防和处理

（1）在松散粉砂土或流砂中钻进时，应控制进尺速度，选用较大相对密度、黏度、胶体率的泥浆或高质量泥浆。

（2）发生孔口坍塌时，可立即拆除护筒并回填钻孔，重新埋设护筒再钻。

（3）如发生孔内坍塌，判明坍塌位置，回填砂和黏质土（或沙砾和黄土）混合物到坍孔处以上 1 ~ 2m，如坍孔严重时应全部回填，待回填物沉积密实后再行钻进。

（4）清孔时应指定专人补浆（或水），保证孔内必要的水头高度。供水管最好不要直接插入钻孔中，应通过水槽或水池使水减速后流入钻孔中，可避免冲刷孔壁。

（5）吊入钢筋骨架时应对准钻孔中心竖直插入，严防触及孔壁。

（6）在钻至溶洞顶板前必须做好相应的应急准备，应急物资在孔口附近待命，击穿溶洞顶板，孔内水位下降时迅速回填黏土和片石，并加大泥浆比重，待孔内水位稳定后再以小冲程继续钻进。

（二）钻孔偏斜

岩溶地区存在很多溶洞和溶槽，且岩面陡斜。当冲孔至陡斜面时，钻孔向岩层面下斜的一侧倾斜，使钻孔不能满足斜率小于 1% 的要求。

1. 形成原因

（1）钻孔中遇有较大的孤石或探头石。

（2）在有倾斜的软硬地层交界处岩面倾斜钻进，或者在粒径大小悬殊的砂卵石层中钻进，钻头受力不均。

（3）扩孔较大处，钻头摆动偏向一方。

（4）钻机底座未安置水平或产生不均匀沉陷、位移。

2. 预防和处理

（1）安装钻机时要使底座水平，起重滑轮缘和护筒中心应在一条竖直线上，并经常检查校正。

（2）控制钻机速度。斜面钻孔作业，采用小冲程，反复回填片石将斜面冲平后再按正常速度钻进。

（3）钢丝绳松放适度，以不致钻头晃动为准，一般每次松放 2m。要经常检查钻机主绳中心位置的变化，判断孔位是否偏斜。

（4）回填片石、黏土修孔。回填高度至斜孔部位以上 0.5m，以小冲程反复回填冲砸。

（5）孔位岩面倾斜度较大，则直接灌注混凝土；待混凝土达到一定强度后，重新钻进。

（6）灌注水下不扩散混凝土重钻修孔。有的钻孔处岩面倾斜较大，或一半岩、一半土的情况，回填片石也无法纠偏，可以顺其倾斜方向继续钻孔，大致到设计孔位外时，向孔内灌注混凝土，至开始偏斜的部位以上 0.5m，3d（天）后强度达到 15MPa，即可重新钻孔。

（三）卡钻

1. 形成原因

（1）当钻孔深度至钻穿溶洞顶板时，由于溶洞顶板岩层厚薄不均匀，在钻孔的面积上，一侧先贯穿，并且先贯穿的侧面又是溶洞，则钻头就可能随斜向掉下，沉入溶洞内。随着将钻头提起，未钻穿部分的溶洞顶板将钻头卡住，无法拔起。

（2）孔内出现梅花孔、探头石、缩孔等未及时处理。

（3）钻头被坍孔落下的石块或误落入孔内的大工具卡住。

（4）入孔较深的钢护筒倾斜或下端被钻头撞击造成严重变形。

（5）钻头尺寸不统一，换用新修补的钻头；焊补过大，未经扩孔就用大冲程冲击。

（6）下钻头太猛，或钢绳过长，使钻头在孔内碰撞倾斜卡在孔壁上。

2.预防和处理

（1）上下轻提钻头，并用撬棍将钢丝绳左右拨移、旋转，使钻头能沿下落的方向提出。

（2）卡钻后轻提，轻提不动时，探准卡钻位置，可用小冲击钻头冲或用冲、吸的方法将钻头周围的钻渣松动后再提出。

（3）采用强提法和爆破振动法。可采用滑轮组、吊机和钻机相互配合强提，或用千斤顶的办法，将钻头提出。如果强提无效，可用水下小爆破振动法将钻头松动后提出。

（4）施工中注意保持护筒垂直，防止倾斜；钻头尺寸应统一，下钻应控制钻进速度，不要过猛过快。

（5）应经常检查钻头直径，磨耗不应超过1.5cm；应备有钻头轮换使用，磨耗的钻头及时补焊；更换新钻头宜先用小冲程冲击一段时间；在穿越溶洞顶板时，使用小冲程钻进。

（四）埋钻

1.形成原因

埋钻是由坍孔造成的。施工中发现漏浆应立即将钻头提到孔外，如果未及时提钻，漏浆后坍孔，钻头便被埋在孔中。

2.预防和处理

（1）人工挖土钢护筒跟进法。桩孔进尺10m以内，地下水易于控制，没有大的承压力，人可以下到桩孔中去边挖坍落的泥石，边护筒跟进，一直挖到钻头位置，护筒也跟进到钻头位置。

（2）真空吸渣法。将导管置于坍孔的底部，用9m³空压机通过50～66mm钢管压入空气吸出沉渣。这种方法适用于坍孔石头的粒径不大于25mm的情况。

（五）扩孔和缩孔

1.形成原因

扩孔比较多见，一般表现为局部的孔径过大。在地下水呈运动状态、土质松散地层处或钻头摆动过大，易于出现扩孔，扩孔发生原因与坍孔相同，轻则为扩孔，重则为坍孔。若孔内局部发生坍塌而扩孔，钻孔仍能达到设计深度则不必处理，只是混凝土灌注量大大增加。若因扩孔后继续坍塌影响钻进，应按坍孔事故处理。

缩孔即孔径的超常缩小，一般表现为钻机钻进时发生卡钻、提不出钻头的迹象。缩孔原因有两种：一种是钻头焊补不及时，严重磨耗的钻头往往钻出较设计桩径稍小的孔；另一种是由于地层中有软塑土，遇水膨胀后使孔径缩小。各种钻孔方法均可能发生缩孔。为防止缩孔，前者要及时修补磨损的钻头，后者要使用失水率小的优质泥浆护壁，使用钻头上下、左右反复扫孔以扩大孔径，直至使发生缩孔部位达到设计要求为止。对于有缩孔现象的孔位，钢筋笼就位后须立即灌注，以免桩身缩径或露筋。

2. 预防和处理

（1）应经常检查转向装置的灵活性，及时修理或更换失灵的转向装置。

（2）选用适当黏度和相对密度的泥浆。

（3）用低冲程时，每冲击一段换用高一些冲程冲击，交替冲击修整孔形。

（4）出现梅花孔后，用片石混合黏土回填钻孔，重新冲击。

（六）钻孔漏浆

当冲孔遇到空洞、透水性强或有地下水流动的土层时，会产生大量漏浆而无法补充，甚至可能引起坍孔埋钻。

1. 形成原因

（1）在冲击成孔中，由于有的溶洞与地下暗河或其他溶洞相通，遇到空洞、透水性强的沙砾或流沙，特别是在有地下水流动的地层中钻进时，泥浆迅速流走，水头高度急剧下降，泥浆会向孔壁外漏失。

（2）地质资料揭示无溶洞或只有很小的溶洞，但突然发生跑浆，估计是挤破了旁边大溶洞的洞壁，或小溶洞与旁边的大溶洞是相连的，造成意外跑浆。

（3）护筒埋置太浅，回填土夯实不够，致使刃脚漏浆。

（4）护筒制作不良，接缝不严密，造成漏浆。

（5）水头过高，水柱压力过大，使孔壁渗浆。

2. 预防和处理

（1）属于第一种情况的，施工时要在孔边备足一定数量的片石和黏土，一旦出现漏浆，要及时回填片石、黏土冲击造壁，并马上补水，防止水头高度继续下降。

（2）属于第二种情况的，采取投放片石、黏土，整袋水泥堵塞起到护壁作用，使钻孔顺利通过岩溶区。

（3）属于护筒漏浆的，应按前述有关护筒制作与埋设的规范规定办理。如接缝处漏浆不严重，可由潜水工用棉、絮堵塞，封闭接缝。如漏水严重，应挖出护筒，修理完善后重新埋设。

九、钻孔桩断桩常见事故及处理

（一）首批混凝土封底失败

1. 事故原因和预防措施

（1）导管底距离孔底太高或太低

原因：由于计算错误，使导管下口距离孔底太高或太低。太高了使首批混凝土数量不够，埋不了导管下口（1m以上）。太低了使首批混凝土下落困难，造成泥浆与混凝土混合。

预防措施：准确测量每节导管的长度，并编号记录，复核孔深及导管总长度；也可将拼装好的导管直接下到孔底，相互校核长度。

（2）首批混凝土数量不够

原因：由于计算错误，造成首批混凝土数量不够，埋管失败。

预防措施：根据孔径、导管直径认真计算和复核首批混凝土数量。

（3）首批混凝土品质太差

原因：首批混凝土和易性太差，翻浆困难，或坍落度太大，造成离析。

预防措施：搞好配合比设计，严格控制混凝土和易性。

（4）导管进浆

导管密封性差，在首批混凝土灌注后，由于外部泥浆压力太大，渗入导管内，造成混凝土与泥浆混合。

2. 处理办法

首批混凝土封底失败后，应拔出导管，提起钢筋笼，立即清孔。

（二）供料和设备故障使灌注停工

1. 事故原因和预防措施

原因：由于设备故障，混凝土材料供应问题造成较长时间停工，使混凝土凝结而断桩。

预防措施：施工前应做好工程能力鉴定，对于部分设备考虑备用；对于发生的事故应有应急预案。

2. 处理方法

（1）如断桩距离地面较深，考虑提起钢筋笼后重新成孔。

（2）如断桩距离地面较浅，可采用接桩。

（3）如原孔无法利用，则回填后采取补桩的办法。

（三）导管拔空、掉管

1. 事故原因和预防措施

（1）导管拔空

原因：由于测量和计算错误，致使灌注混凝土时导管拔空，导管内充满泥浆；或导管埋深过少，泥浆涌入导管。

预防措施：应认真测量和复核孔深、导管长度；应对导管埋深适当取保守数值。

（2）掉管

原因：导管接头连接不符合要求；导管挂住钢筋笼，强拉拉脱等。

预防措施：每次拆管后应仔细重新连接导管接头；导管埋深较大时应及时拆管。

2. 处理办法

（1）混凝土面距离地面较深时应重新成孔。

（2）混凝土面距离地面较浅可采取接桩办法。

（四）灌注过程中混凝土上升困难、不翻浆

1. 事故原因

（1）混凝土供料间隔时间太长，灌注停顿，混凝土流动性变小。

（2）混凝土和易性太差。

（3）导管埋深过大。

（4）在灌注将近结束时，由于导管内混凝土柱高减小，压力降低。

（5）导管外的泥浆及所含渣土稠度增加，相对密度增大。

2. 补救措施

（1）提起导管，减少导管埋深。

（2）接长导管，提高导管内混凝土柱高。

（3）可在孔内加水稀释泥浆，并掏出部分沉淀土。

（五）灌注高度不够

1. 事故原因和预防措施

原因：测量不准确；桩头预留量太少。

预防措施：可采用多种方法测量，确保准确；桩头超灌预留量可适当加大。

2. 处理办法

挖开桩头，重新接桩处理。

第二节　旋挖钻施工与回旋钻施工

一、适用范围

旋挖钻施工适用于各种土质层和砂类土、碎（卵）石土或中等硬度以下基岩的高速铁路客运专线桥墩桩基施工。施工前应根据不同的地质采用不同的钻头。

回旋钻机按照泥浆的循环方式分为正循环钻机和反循环钻机。正循环钻机适用于黏土、粉土、砂性土等各类土层的高速铁路客运专线桥梁墩台的桩基施工，反循环钻机适用于黏性土、砂性土、卵石土和风化岩层，但卵石粒径要小于钻杆内径 2/3，且含量不大于 20%。

二、作业准备

（一）内业技术准备

作业指导书编制完成后，应在开工前组织技术人员认真学习作业指导书，阅读、审核施工图纸，熟悉规范和技术标准。制定施工安全保证措施，提出应急预案。对施工人员进行技术交底，对参加人员进行岗前技术培训，考核合格后持证上岗。

（二）外业技术准备

1. 钻机就位前，对主要机具及配套设备进行检查、维修。

2. 收集施工地点外部地理环境和钻孔作业层中所涉及的各种技术数据。

三、技术要求

1.施工前按设计提供的配合比进行试验，确定施工配合比。

2.混凝土的拌和采用场地集中拌和。

3.钢筋笼按设计图纸要求，分节施工，报请监理工程师验收。

4.钻孔和混凝土灌注过程中，现场技术人员应做好钻孔和灌注记录。

四、施工程序与工艺流程

施工准备→测量定位→埋设护筒→配置泥浆→安装钻机→钻进→终孔→清孔→钢筋笼制作与安装→安装导管→二次清孔→灌注水下混凝土。

五、施工要求

（一）施工准备

钻孔场地应根据地形、地质、水文资料和桩顶标高等情况，结合施工技术的要求，做如下准备工作：

首先确定钻孔桩位：按照基线控制网及桥墩设计坐标，用全站仪精确确定桩位。

钻孔场地在旱地上，应平整场地，清除杂物，更换软土，夯填密实。钻机座应置于坚实的土层上，以免填土不实产生不均匀沉陷。修通旱地位置便道，为施工机具、材料运送提供便利。

钻孔场地在浅水时，宜采用筑岛法。岛顶面通常高出施工期最大水位0.5～1.0m。筑岛面积按设备大小等决定。

（二）施工工艺

1.测量定位

根据设计院提供的施工图纸，结合现场测量基桩、水准点，用全站仪准确地测出每根桩的桩位中心位置和高程。

测量班放出桩位后，要采取措施保护好桩位。护桩可用木桩上钉钉子的方式，护桩埋深要足够深。每次钻机就位好开钻前和钢筋笼吊放前，需要进行复测。测量无误后方可进行下道工序施工。钻进开始前要在护筒上做好标高控制点，计算实际钻进深度，并用测绳注意量测实际钻孔深度。快到桩底设计标高时，要加密量测次数，以确保不超钻或欠钻。

2. 埋设护筒

钢护筒采用厚度 6 ～ 12mm 的钢板卷制，内径应比桩径大 20cm，钢护筒长度应满足施工要求。

护筒的埋设深度应符合设计要求。设计无要求时，护筒埋置深度应符合下列规定：

旱地或浅水埋设护筒时，对于不透水地层，埋深宜为护筒外径的 1.0 ～ 1.5 倍，但不得少于 1.0m；对于砂土和粉土等透水地层埋设深度同上，但宜用不透水土换填至护筒刃脚下不少于 0.5m，换填直径应超出护筒直径 0.5 ～ 1.0m。

护筒顶面宜高出施工水位或地下水位 2m，并高出施工地面 0.5m，其高度应满足孔内泥浆面高度的要求。

护筒埋设过程中应注意控制桩位偏差和护筒倾斜度，要保证护筒顶面中心与设计桩位偏差不大于 5cm，倾斜度不大于 1%。

（三）泥浆制备及循环

1. 泥浆池的布置

为满足环保要求，布置泥浆池时在满足使用要求的前提下应遵循尽量少布置、尽量控制泥浆池面积的原则，并且保证不与周围水塘或鱼塘相连。

陆上钻孔桩施工及采用筑捣方法进行水上钻孔桩施工时，泥浆池采取直接在墩位中间的红线内场地开挖取得。每两个墩共用一个泥浆池和一个沉淀池。

2. 泥浆的制备

对黏性较好的岩土层，可采用干式或清水钻进工艺，无须泥浆护壁，而对于松散易坍塌地层，或有地下水分布，孔壁不稳定，必须采用泥浆护壁钻进工艺，向孔内投入护壁泥浆或稳定液进行护壁。

制配泥浆前要根据钻孔的体积确定泥浆所需的数量，泥浆量必须大于钻孔的容积。配制泥浆选取水化性能较好、造浆率高、成浆快、含砂量少的膨润土或黏土为宜。钻孔过程中要经常测定泥浆技术指标，根据工程钻进需要，随时调整泥浆相对密度，保持各项指标符合要求，不因泥浆过浓影响进度，过稀导致塌孔。

（1）比重：入孔泥浆比重可为 1.05 ～ 1.15。

（2）黏度：一般地层为 16 ～ 22s，松散易坍地层为 19 ～ 28s。

（3）含砂率：新制泥浆不大于 4%。

（4）胶体率：大于9 5%。

（5）pH 值：大于 6.5。

在钻孔过程中，对沉淀池中沉渣及浇筑混凝土时溢出的废弃泥浆随时处理，严防泥浆溢流，并用汽车弃运至指定地点倾倒，禁止就地弃渣，污染周围环境。

现场每 4 ~ 6h 检测一次泥浆指标，主要控制泥浆池回流泥浆指标。现场检测四项指标：泥浆比重、黏度、含砂率、胶体率和 pH 值。

3.泥浆的循环

施工时，桩内循环出来的钻渣和泥浆混合物首先通过沉淀池，经沉淀后，泥浆通过自流或利用泥浆泵进入泥浆池，在泥浆池内通过调整膨润土、外加剂的掺量，使泥浆各项性能指标符合施工要求后再泵入桩内进行循环利用。

在钻孔施工中，泥浆可采用泥浆取样盒取样，其取样方法是用双绳控制取样盒的深度和阀门开关，当一绳将取样盒吊到孔中取样部位时，另一绳提升，关闭阀门，上提取样盒出孔口，即完成取样。

（四）钻孔

1.旋挖钻钻孔

钻机就位前，对主要机具及配套设备进行检查、维修。调直机架挺杆，对好桩位，开动机械钻进、出土，对黏结性好的岩土层，可采用干式或清水钻进工艺，无须泥浆护壁。干作业施工达到控制深度后停钻、提钻，而对于松散易坍塌地层，或有地下水分布，必须采用静态泥浆护壁钻进工艺，向孔内注入事先调制好的泥浆，然后继续钻进。当钻至持力层后，设计无特殊要求时，可继续钻深 1cm 左右，作为插入深度。在施工过程中要经常测定泥浆的相对密度。作为护壁和排渣用的泥浆，其制作及其性能要求应该符合下列规定：

（1）在黏性土中成孔时应注入清水，以原土造浆护壁。循环泥浆比重应控制在 1.1 ~ 1.3。

（2）在砂土和较厚的夹砂层中成孔时，应配备泥浆，泥浆比重应控制在 1.2 ~ 1.3。

（3）在砂卵石层或容易塌孔的土层中成孔时，泥浆比重应加大至 1.3 ~ 1.5。

（4）泥浆沉淀池的池面标高应比护筒低 0.5 ~ 1m，以利于泥浆回流顺畅。泥浆池和沉淀池的位置要合理布局，不得妨碍吊机和钻机行走。泥浆池的容量为每孔的排渣量，沉淀池的容量应为每孔排渣量的 1.5 ~ 2 倍。

（5）应派专人清除泥浆沟槽的沉淀物，保证不淤塞。沉淀池和泥浆池的沉淀物应经常清除，多余的泥浆要及时排出基坑。

（6）当钻孔深度达到设计要求时，对孔深、孔径、孔位和孔形等进行检查，确认满足设计要求后，立即填写终孔检查证，并经驻地监理工程师认可，方可进行孔底清理和灌注水下混凝土的准备工作。

2. 回旋钻钻孔

（1）钻机就位前，对主要机具及配套设备进行检查、维修。

（2）钻孔前，按施工设计所提供的地质、水文资料绘制地质剖面图，挂在钻台上。针对不同地质层选用不同的钻头、钻进压力、钻进速度及适当的泥浆比重。

（3）开钻时低挡位慢速钻进，钻至护筒以下 1m 后再以正常速度钻进。使用反循环钻机钻孔，应将钻头提离孔底 20cm，待泥浆循环通畅后方可开钻。

（4）钻进过程中，应经常检查土层变化，对不同的土层采用不同的钻速、钻压、泥浆比重和泥浆量。在砂土或软土等容易坍孔的土层中钻孔时，宜采用慢速轻压钻进，同时应提高孔内水头和加大泥浆比重。

（5）接换钻杆过程中钻头应均匀起落，不得碰撞孔壁；接换钻杆动作应快速；接好后的钻杆、接头应逐个检查及时调整；每次接换完钻杆重新钻进前应将钻头提离孔底 20 ～ 30cm，待泥浆循环正常后下落钻进。

（6）钻孔至设计高程时，应将钻头提离孔底 5 ～ 10cm，转盘匀速旋转，泥浆继续保持循环，至泥浆分离器基本无钻渣时停机检孔。

（7）当钻孔深度达到设计要求时，对孔深、孔径、孔位和孔形等进行检查，确认满足设计要求后，立即填写终孔检查证，并经驻地监理工程师认可，方可进行孔底清理和灌注水下混凝土的准备工作。

（五）检孔

钻孔成孔后，要对桩孔进行检查验收，检测内容包括：孔位中心、孔径、孔深、倾斜度等。

成孔质量应符合下列标准：

1. 孔位中心偏差不大于 50mm。

2. 孔径不应小于设计孔径。

3. 孔深不小于设计规定。

4. 倾斜度小于 1%。

孔底沉渣采用标准测锤检测，孔形采用自制检孔器检测。检孔器外径与设计桩径相同，笼式检孔器长度是检孔器外径的 4 ～ 5 倍且不宜小于 6m，检孔器顶面几何中心焊起吊圈。

检测时，将检孔器吊起，使笼的中心、井孔的中心、吊绳保持一致，慢慢放入孔内，上下畅通无阻表明孔径大于设计桩径；若中途遇阻则有可能在遇阻部位有缩径或弯孔现象，应采取措施予以消除。

检孔器还可测孔位、桩孔倾斜度，将检孔器放入孔内，调整起吊滑轮，使吊绳保持竖直，此时吊绳位置即为桩孔中心位置，将起吊滑轮固定测出滑轮至井口距离，测出检孔器下放时各个位置的水平偏移，就可推算出测点偏移桩中心距离及倾斜度。

（六）清孔

旋挖钻施工在钻进过程中应进行钻渣取样并绘制柱状图，针对不同地质调整泥浆指标。将现场绘制的地质柱状图与设计地质进行核对，如有较大的出入，及时报请监理、设计院进行确认，确保成桩质量。在验孔合格后，进行一次清孔，一次清孔的时间为 2h 左右。

回旋钻施工成孔检查确认钻孔合格后，应立即进行清孔。旋转钻机采用换浆法清孔。清孔应达到以下标准：

1. 浇筑水下混凝土前，允许沉渣应满足设计要求，摩擦桩不大于 20cm；连续梁桩基和柱桩不大于 5cm。严禁用加深钻孔深度的方法代替清孔。

2. 孔内排出或抽出的泥浆手摸无 2 ～ 3mm 颗粒，泥浆比重不大于 1.1，含砂率小于 2%，黏度 17 ～ 20s。

自检合格后，应尽快通知监理工程师验收。监理工程师检查验收合格，请监理工程师在验收记录上签字。未经监理工程师验收批准的桩孔不得灌注混凝土。

（七）钢筋的制作与安装

1. 由于桩基长度较长，钢筋笼需要分节制作，在满足吊装运输的前提下尽量减少分节数量，以减少现场焊接工作量。钢筋笼现场安装焊接采用双面焊接，双面焊接长度为 5 倍的钢筋直径，如小于 10cm 则采用 10cm。

2. 制作时，按设计尺寸做好加强箍筋，标出主筋的位置。制作专门胎具，保证钢筋间距符合设计和规范要求。把主筋摆放在平整的工作平台上，并标出加强筋的位置。焊接时，使加强筋上任一主筋的标记对准主筋中部的加强筋标记，扶正加强筋，并用木制直角板校正加强筋与主筋的垂直度，然后点焊。在一根主筋上焊好全部加强筋后，用机具或人转动骨架，将其余主筋逐根照以上方法焊好，然后吊起骨架搁于支架上，套入盘筋，按设计位置布置好螺旋筋并绑扎于主筋上，点焊牢固。

3. 钢筋笼主筋接头采用双面搭接焊，每一截面上接头数量不超过 50%，加强箍筋与主筋点焊连接。

一般箍筋与主筋的相交处采用梅花形点焊牢固。在接头范围内的箍筋先预留足够长度待现场主筋连接后再搭接焊，箍筋相互搭接单面焊长度不小于 10d。

4. 钢筋笼制作完成后，骨架安装采用汽车起重机吊装钢筋笼，采用自制平板车运输钢筋笼，为保证骨架不变形，须用两点吊：第一吊点设在骨架的下部，第二吊点设在骨架长度的中点到三分点之间。起吊时先提第一吊点，使骨架稍稍提起，再与第二吊点同时起吊，待骨架离开地面后，第一吊点停止起吊，继续提升第二吊点。随着第二吊点不断提升，慢慢放松第一吊点，直到骨架同地面垂直。骨架入孔时应慢慢下放，严禁摆动碰撞孔壁。将骨架临时支撑于护筒口，再起吊第二节骨架，使上下两节骨架位于同一直线上进行焊接。

5. 桩基钢筋笼焊接完成后，在最上一节骨架上焊接吊筋，吊筋的长度根据桩顶高程到孔口的位置确定。吊筋应牢固固定在孔口的吊杠上，防止钢筋笼上浮或下沉，更要严防掉笼。吊杠可用型钢或钢管制作，其刚度必须能够承受全部钢筋笼的重量，并能抵抗施工过程中偶然的冲击。

（八）导管安装

水下混凝土的钢导管应内壁光滑、圆顺，内径一致，接口严密；导管直径为 20 ~ 30cm，导管中间节长度为 2.5m，最下端设 4m 的长节，另备 1m 左右的若干个调节管节，导管采用螺旋丝扣连接。

导管使用前需要进行水密、承压及接头抗拉试验。水密试验的水压压力大于孔底静水压力的 1.5 倍，承压试验的水压大于管壁可能承受的最大内压的 1.5 倍。导管必须接头严密、牢固，并按顺序编号和标示尺度。

导管长度按孔深和工作平台高度决定。导管安装后，其底部距孔底有 40cm 左右的空间。导管的拆除应有专人指挥与测量，拆除长度根据孔内实测混凝土面高程确定，拆除后应及时清洗。

钻孔桩孔口浇筑混凝土工作平台应在吊放导管前搭设，平台应坚固稳定，高度满足导管吊放、拆除和充满混凝土后的升降要求。

六、材料要求

钢筋、砂、石、外加剂、水泥等原材料必须有出厂合格证和检测证明文件。原材料进场后，应按照现行施工指南和验收标准规定进行检验和试验，检验合格后方可用于本工程。同时做好产品标识及产品试验状态标识，未经检验合格的产品严禁使用。

七、机具设备配置

1. 主要机械：旋挖钻机。

2. 辅助机械：钻头 2 个，搅浆机 1 台，泥浆泵 1 台，电焊机 2 台，氧气瓶 2 个，空压机 1 台，乙炔瓶若干，挖掘机 1 台，千斤顶 1 个，抽渣机 1 套，检孔器及测绳 1 套。

八、质量检验标准

1. 孔径、孔深不得小于设计值，孔型应符合设计要求。

2. 浇筑水下混凝土前应清底，孔底沉渣厚度应符合设计要求。当设计无具体要求时，对于柱桩不应大于 5cm，摩擦桩不应大于 20cm。

九、安全及环保要求

（一）安全要求

1. 施工现场设置警示标志，严禁非施工人员进入。

2. 钻机各个岗位工作人员，在上岗之前都必须经过针对性的培训，持证上岗，全部工作人员都必须熟知桩基的整个施工过程，同时要熟练掌握自己所承担的工作内容和操作过程。不符合条件的不得上岗。

3. 坚持"安全第一，预防为主"的方针，定期和不定期组织人员进行安全学习和安全教育。

4. 钻机就位前，墩位的钻孔范围内要碾压密实。在软弱地基段钻机履带下垫 1cm 厚的钢板，避免钻机倾斜发生意外。钻机就位后，机身要用方木垫平，塞牢。桅杆顶端用钢丝绳对称拉紧。

5. 钻孔中，应注意观察有无漏浆现象，特别是岩溶地质，要随时补充泥浆，保证孔内水位。应在钻孔附近设置醒目标志和围栏，以防止人员掉入孔内。

6. 所有电器设备必须有可靠的接地装置和防漏装置。

7. 按钻机维修保养制度，定期进行保养和维修，并做好保养维修记录。每工班检查钻头、主绳、主绳与钻头连接、提梁、绳卡等，及时处理问题。

8. 泥浆池四周要设安全护栏，挂醒目的警示标语。

9. 护筒周围一定要按要求回填密实，埋设深度满足要求，避免地表土质较差造成孔口塌孔，影响机械设备及人员的安全。

10. 钻机上方有高压线时，一定要保证足够的安全距离，杜绝为了进度冒险施工。

（二）环保要求

1. 各种机械设备及人员不得随意进入征地界线外。

2. 施工驻地产生的各种生活垃圾应集中存放，定期送至垃圾回收站，不得乱弃。加强施工驻地周围的净化，做到定期消毒。

3. 做好施工燃油的保管工作，油料存放应做到密封保存。

4. 钻渣要及时清运，在弃渣场做好防护工作，避免水土流失污染环境。

5. 泥浆要做好循环利用，不能利用的沉渣要用密封车清运出现场，不能污染河流及水域。泥浆应沉淀处理后排放，并符合环保要求，必须及时清运渣土，防止污染。

第三章 桥涵与桥墩施工

第一节 桥涵工程施工准备

一、施工调查

施工准备工作的基本任务是为桥涵工程的施工建立必要的技术和物质条件，合理统筹安排施工力量和施工工地。施工准备工作是施工企业做好目标管理、推行技术经济承包的重要依据，也是为了保证桥涵工程顺利开工和桥涵施工活动正常进行而事先做好的各项准备工作。它是桥涵施工程序中的重要环节，不仅存在于开工之前，而且贯穿于整个桥涵施工过程之中。

施工单位中标后，必须组织有关人员对设计文件进行全面核对和研究，并经设计单位进行设计交底，同时结合施工放样测量进行施工调查。当施工调查发现设计与实际不符时，施工单位应以书面形式及时联系设计单位和其他相关部门。

施工调查前应编制施工调查计划，明确施工调查的依据、调查的主要内容及方法、参加调查的人员及分工等。

（一）施工调查的意义

施工技术调查是施工技术准备工作的一项重要内容。在审查设计文件、部署施工队伍、编制施工组织设计之前，必须进行充分的现场调查研究工作，目的是实地核对设计文件，了解和核对线路的全面情况、重点工程情况和沿线的施工条件等，根据现场实际，提出改善设计的建议，确定符合实际情况的施工布置和施工方法，确定材料来源和运输方法，落实各项辅助工程的设置，规划临时工程，以达到满足审查设计文件、编制施工组织设计的需要。

（二）现场施工调查方法

现场施工调查，应采用现场勘查和沿线走访相结合的方法。在施工调查前，应与当地有关部门联系。施工调查时，应携带必要的文件和设计资料，在现场进行核对。

（三）施工调查的依据

1. 工程招标、投标文件。

2. 施工承包、发包合同文本。

3. 施工设计文件。

4. 企业技术管理文件。

（四）桥梁工程现场施工调查的主要内容

1. 跨越河流的最高洪水位、最低水位、常年水位及相应水位的流速，河道通航条件及标准，河流洪水期和枯水期，当地降雨（雪）量、冰冻期、风向、全年的天气温度及气候状况。

2. 沿线桥涵工点分布情况，工点附近地形地貌、河床地质构造、地下水位、当地最大的冻结深度及地震烈度等。

3. 可供利用的山坡荒地、需要占用的耕地和拆迁的建筑物、施工期内对当地水利排灌和交通设施的影响情况及解决方案。

4. 当地劳力和生产物资供应、工业加工、通信设施和水陆交通运输、水源和电源等供应能力、砂石料供应、可供利用的房屋数量、生活物资等供应情况，当地计量、检验机构情况。

5. 当地有无地区性疫病和卫生防疫状况、风俗习惯以及施工队伍应注意的事项等。

6. 修建各项临时工程场地、施工机械组装场地及设置施工防排水措施的资料。

7. 桥梁所在位置的地上地下管线分布、交通运输及跨线工程情况，并调查提出制梁、架梁施工方案。

8. 设计采用现场桥位制梁时，应调查桥位地形及地基情况、地面水文情况、桥下通行和通航条件等。

9. 当设计采用桥梁预制和运架施工方案时，还应调查以下内容：

（1）运梁便道、路基、桥梁墩台及涵洞等有关运架梁工程的承载力、施工情况及施工质量能否满足运梁要求。

（2）对运梁车及组装后的架桥机运行地段的高压线、通信线、广播线、立交桥、隧道、渡槽及其他影响运架梁设备走行净空和工作净空的障碍物进行调查测量，提出解决办法和时间要求，并要求在运架梁前完成整治工作。

（3）特殊困难架梁地段的桥址地形、电力供应情况及运输道路情况。

（4）施工材料及预制梁运输路径和架桥机架梁顺序。

（5）桥梁预制场的场址及地质地貌、水电供应、道路交通、施工排水等情况。

10. 当桥址位于文物古迹密集区、风景区时，应向当地有关部门了解文物古迹分布、保护要求情况及当地对环境保护的规定和要求等情况。

（五）编写施工调查报告

现场施工调查完毕，应编写施工调查报告。施工调查报告应包括：

1. 工程概况。如线路的经由，工程、水文及地质情况，工程分布，重点桥梁工程情况，施工的技术特点和难易程度，工程数量等。

2. 施工条件。工程场地情况；沿线交通和供水、供电、供油情况；主要材料和地方材料的供应条件和供应方式，砂石料场分布情况；生活物资供应情况，临时房屋和临时通信的解决条件等。

3. 提出以下施工方案：

（1）施工区段划分，施工队伍驻地、大型临时工程的设置方案。

（2）施工道路的布局及现有道路的改、扩建方案。

（3）施工供水、供电方案和工地发（变）电站的设置方案。

（4）砂石料场选定和场地布置、开采规模、运输方法及供应范围。

（5）主要材料供应基地、试验室、制梁场及混凝土搅拌站设置和规模。

（6）重点桥梁工程施工方法及措施。

（7）施工机械设备配置方案和租赁机械设备的意见。

（8）影响桥涵工程施工的障碍物拆迁方案。

（9）预制梁的运输路径和架设顺序。

（10）施工调查过程中发现的主要设计问题和优化设计的意见。

二、技术准备

技术准备是施工准备的核心。由于任何技术上的差错和隐患都可能引起人身安全和质量事故，造成生命、财产和经济的巨大损失，因此必须认真做好技术准备工作。

（一）熟悉设计文件，研究核对设计图纸

设计图纸是施工的依据，认真审核设计图纸，对减少施工图中的差错，提高工程质量，保证工程顺利开工及进行有重要作用。

为使参与施工的工程技术人员充分地了解和掌握设计意图、结构和构造特点以及技术质量要求，能够按照设计要求顺利地进行施工，在收到拟建桥梁工程的设计图纸和有关技术文件后，应尽快组织技术人员熟悉、研究核对所有技术文件和图纸，全面领会设计意图。

1.审核图纸的目的

（1）通过审核设计图纸，了解设计意图、设计标准，熟悉设计内容，为施工组织设计做准备。

（2）结合现场调查和本单位施工实际，对设计内容及概算提出意见，使其更加完善合理。

（3）掌握标准图、通用图的使用情况，及时联系购买。

（4）及时发现设计中存在的问题及不足，事先消除图纸上的差错、遗漏，以便施工顺利进行。

2.审核设计图纸的主要内容

（1）桥梁孔径、式样、位置、基础、建筑材料、施工方法是否合乎设计规范及现场情况。

（2）工程地质资料、水文地质资料与施工现场调查是否相符。

（3）桥梁基础的类型、深度、围堰形式和使用材料是否经济合理。

（4）设计中标准图和通用图的采用。

（5）设计图纸及说明是否齐全、清楚、明确，有无遗漏，图纸尺寸有无矛盾。

（6）设计中新技术的采用及施工技术要求。采用新技术、新结构、新工艺、新材料而需要特殊技术措施时，根据本单位情况并结合施工条件，研究技术上有无困难，能否保证质量和安全。

（7）设计时假定的施工条件。若设计施工条件全部或部分很难实施，则需考虑有无变通的可能。

（二）确定施工方案

在全面熟悉掌握设计文件和设计图纸，正确理解了设计意图和技术要求以及

进行了以施工为目的的各项调查之后，应根据进一步掌握的情况和资料，对投标时拟定的初步施工方法和技术措施等进行重新评价和深入研究，以制订出详尽的、更符合现场实际情况的施工方案。施工方案制订的原则如下：

1. 制订方案必须从实际出发，切实可行，符合现场的实际情况，有实现的可能性。制订方案在资源、技术上提出的要求应该与当时已有的条件或在一定时间能争取到的条件相吻合，否则是不能实现的，因此只能在切实可行的范围内尽量求其先进和快速。

2. 满足合同要求的工期。在制订施工方案时，必须保证在竣工时间上符合合同的要求，并能争取提前完成。为此，在施工组织上要统筹安排，均衡施工，在技术上尽可能地采用先进的施工技术、施工工艺、新材料，在管理上采用现代化的管理方法进行动态管理和控制。

3. 确保工程质量和施工安全。工程建设是百年大计，要求质量第一，保证施工安全是社会的要求。因此，在制订方案时应充分考虑工程质量和施工安全，并提出保证工程质量和施工安全的技术组织措施，使方案完全符合技术规范、操作规范和安全规程的要求。

4. 在合同价控制下，尽量降低施工成本，使方案更加经济合理，增加施工生产的盈利。从施工成本的直接费（人工、材料、机具、设备、周转性材料等）和间接费中找出节约的途径，采取措施控制直接消耗，减少非生产人员。

以上几点是一个统一体，是不可分割的。现代施工技术的进步、施工组织的科学化使得每个工程都有许多不同的施工方法，那么就存在多种可能实施的方案。因此，要用以上几点进行衡量，做多方面的分析比较，选出可能的最好方案。

施工方案包括的内容很多，主要有：施工方法的确定、施工机具和设备的选择、施工顺序的安排、科学的施工组织、合理的施工进度、现场的平面布置及各种技术措施。施工方案前两项属于施工技术问题，后四项属于科学施工组织和管理问题。施工技术是施工方案的基础，同时又要满足科学施工组织与管理方面的要求，科学施工组织与管理又必须保证施工技术的实现，两方面是相互联系、相互制约的关系。

（三）施工组织设计

施工组织设计是施工准备工作的重要组成部分，也是指导施工现场全部生产活动的基本技术经济文件。施工组织设计需要有大量的各种各样的建筑材料、施工机械和具有一定生产经验和劳动技能的劳动者，并且要把这些资源按照施工技术规律与组织规律，以及设计文件的要求，在空间上按照一定的位置，在时间上按照先后顺序，在数量上按照不同的比例，将它们合理地组织起来，让劳动者在统一的指挥下行动，由不同的劳动者运用不同的机具以不同的方式对不同的建筑材料进行加工。因此，在施工前，必须根据拟建桥梁工程的规模、结构特点和施工合同的要求，在对原始资料调查分析的基础上，编制出一份全面、合理、有计划，能切实指导该工程全部施工活动的组织设计。

1. 编制原则

编制施工组织设计时，应坚持方案优化、安全第一、优质高效、确保工期、科学配置、合理布局的原则。

2. 施工组织设计编制程序

（1）从研究施工方法着手，列出主要工程项目及更细的相应工序，并由工程总量划分每个分项工序的工程量。

（2）研究各主要工程项目、工序之间的连续、平行或衔接关系。

（3）根据工期要求，由工程量和劳动生产定额，得出单项工程进度。

（4）根据施工方法、单项工程进度，选定主要机具及其类型、规格、台班等。

（5）按整体进度，工程量，机具、材料及运输安排，计算需要的劳动力和工种及工班工作安排。

（6）结合控制日程，如季节性天气、水文条件、完成日期等要求及控制工序，编制工程项目的明细进度表。

（7）根据施工调查，做好完善的水、电、通信设施供应方案，对参加施工人员进行培训和考核，对于特殊工种做到持证上岗。

3. 编制桥梁工程施工组织设计时应注意的事项

桥梁工程上部的工程量和施工方法，在结构设计方案确定后很少变化，而下部工程受地质、水文影响较多，在编制施工组织设计时应注意以下几个方面：

（1）施工水位。在设计给定的施工水位基础上，重大关键控制工程应对可能出现的水位上、下限做相应研究，并考虑相应措施，在进度安排上留有余地。

（2）在主墩台的开工日期安排上应考虑以下因素：施工期间水位涨落的幅度、航行条件的要求、冲淤情况可能出现的变化以及与上部结构进度配合的制约。

（3）水上设施的重复利用。根据各墩台水上施工方法和开工顺序，拟定水上设施应准备的套数，在工期许可不会造成施工困难的情况下，尽量倒用，减少器材与劳动力的需要量，提高经济效益。

（4）施工机具利用率。在选定专业机构设备、通用机械时，除考虑本桥工程实际外，还应结合单位的近期业务、远期发展综合考虑。

（四）施工作业指导书

高速铁路桥涵施工应针对桥涵工程中的分部、分项工程以及工艺复杂或技术难度大的工程，结合工程特点和实际情况，编制施工作业指导书，使施工人员掌握特殊过程、关键工序的作业程序、施工方法、质量标准，了解安全、节能环保等有关注意事项，并按照施工作业指导书组织施工。

施工作业指导书编制时，应按照标准化管理要求，以先进成熟的工艺工法、科学合理的生产组织与建设标准、质量目标、安全环保要求以及现场施工条件相结合为原则编制，做到图文并茂，简明易懂，可操作性强。

高速铁路桥涵工程施工作业指导书编制范围应包括：混凝土工程施工（包括模板、钢筋、混凝土、预应力工程）、钻孔桩施工、深基坑开挖支护及降排水、承台施工、防水层及保护层施工、桥面系及附属设施工等，以及采用新技术、新工艺、新材料、新设备的施工作业。

施工作业指导书应包括下列主要内容：①适用范围；②作业准备；③技术要求；④施工程序与工艺流程；⑤施工要求；⑥劳动组织；⑦材料要求；⑧设备机具配置；⑨质量控制及检验；⑩安全及环保要求。

高速铁路桥涵工程施工应通过组织现场作业交底和人员培训等措施，确保施工人员全面掌握作业指导书的内容和要求。

（五）施工前的设计技术交底

施工前的设计技术交底工作通常由建设单位主持，设计、监理和施工单位参加。首先由设计单位的设计负责人说明工程的设计依据、意图和功能要求，并对特殊结构、新技术和新材料等提出设计要求，同时说明施工中应注意的关键技术问题等，进行设计技术交底，然后施工单位根据对设计意图的理解，提出对设计图纸的疑问、建议或变更。最后在统一认识的基础上，对所探讨的问题逐一做好记录，形成设计技术交底纪要。交底纪要由建设单位正式行文，参加单位共同会签盖章，作为施工合同的一个补充文本，与设计文件同时使用。交底纪要是指导施工的依据，也是建设单位与施工单位进行工程结算的依据之一。

施工技术交底的编写必须遵循以下原则：

1. 所写的内容必须针对工程实际，不可放弃工程实际而照抄规范、标准和规定。

2. 所写内容必须实事求是，切实可行，对规范、标准和规定的应用。

3. 交底内容必须重点突出，全面具体，确保达到指导施工的目的。

4. 交底工作必须在开始施工以前进行，不能后补。

5. 编写的程序和内容应力求科学化、标准化，凡是能用图表表示的，一律不用文字和叙述。

施工技术交底项目的编制内容主要包括：工程概况、质量要求、施工方法和施工注意事项、安全措施和安全注意事项四个方面。

三、施工机械及人员准备

正确拟订施工方案和选择施工机械是合理组织施工的关键，二者有紧密的联系。施工方法在技术上必须满足保证施工质量、提高劳动生产率、加快施工进度及充分利用机械的要求，做到技术上先进，经济上合理；而正确地选择施工机械能使施工方法更为先进、合理、经济。因此，施工机械选择的好与坏，很大程度上决定了施工方案的优劣。

（一）施工机械设备的准备

1. 施工机械选择的原则

（1）应根据桥涵工程设计文件、现场施工条件及施工方案进行选择。在编制实施性施工组织设计时，应根据机械施工工作量、工期要求、机械台班产量定额等，制订详细的机械设备使用计划，明确机械设备种类、性能、配置数量和进出场时间等。一般来说，为了保证施工进度和提高经济效益，工程量大时应采用大型机械；工程量小则采用中、小型机械，但并不绝对。

（2）在选择主要机械设备时，应考虑一定的备用能力，以保证桥涵工程安全顺利施工。

（3）选用时只能在现有的或可能获得的机械中进行选择。尽管某种机械在各方面都是适合的，或对工期的缩短、人力的节省很有利，但若不能得到，则不能作为一个可供选择的方案。

（4）充分考虑固定资产损耗费与运行费是否经济。固定资产损耗费与施工机械的投资应成正比。

（5）充分考虑施工机械的合理组合性。选择施工机械时，要考虑到各种机械的合理组合，这是选择的施工机械能否发挥效率的重要问题。合理组合一是指主机与辅助机械在台数和生产能力方面的相互适应；二是指作业线上的各种机械互相配套的组合。

（6）要从全局出发统筹考虑选择施工机械。主要是指不仅要考虑本项工程，而且要考虑所承担的同一现场上的其他项工程的施工机械使用。

2. 施工机械使用计划的内容

（1）施工单位。

（2）工程地点及名称。

（3）工作种类，指做何工作，如挖方、桩机等。

（4）工程数量，要写明总数量、机械施工数量。

（5）机械名称、规格、需用台数，并提出进场与退场时间。

（6）大型和特种超高、超限机械的运输方案。

（7）各种机械使用的油料种类及数量、备用配件及数量和其他保养材料。

（8）现场修理组织。

（二）劳动组织准备

施工企业承接施工任务后，组织各级施工管理机构、施工队伍进行劳动力训练，与其他单位签订各种协议合同等。

项目的劳动组织主要是组织施工队伍、施工队班（组）的劳动组合，其中包括各种工人和管理人员的组合，人员总数、体制、工种结构、工人技术等级、各种工种人员比例的组合，施工高峰期的人数等；还包括研究施工项目总体劳动力投入的比例，以及项目施工全过程人力动态的变化（即进出现场的人员计划）。主要包括以下几项内容：

1. 建立施工组织机构。施工组织机构的建立应根据桥梁工程项目的规模、结构特点和工程的复杂程度来决定。为了有效地进行各项管理工作，在项目经理之下应设置一定职能部门，分别处理有关的职能事务。人员的配备应适应任务的需求，要力求精干、高效，并应做到分工明确、责权具体、便于指挥和管理。

2. 合理设置施工班组。施工班组的建立应认真考虑专业和工种之间的合理配置，其比例要满足合理的劳动组织，并符合流水作业方式的要求。

3.施工力量的集结进场和培训。在建立工地组织领导机构后，根据各分部分项工程的开工日期和劳动力需求计划，分批分阶段地组织劳动力进场，并及时组织进行上岗前的培训教育工作。

4.建立健全各项管理制度。施工现场必须建立健全各项管理制度，以使各项施工活动能顺利进行。在施工过程中，有章不循的后果是严重的，无章可依则更为危险。

四、施工场地布置、临时工程和辅助工程

施工场地布置是施工组织的重要组成部分，对现场文明施工有着重要的意义，若布置不合理会造成施工秩序的混乱。一个项目的施工场地要容纳上百人以上的队伍进行施工，各自承担不同的任务难免会互相干扰，若场地布置不明确或考虑不周到，施工过程中就有可能影响其他队伍施工，产生纠纷。许多材料、机械需要存放，进行施工场地布置时，如欠全面考虑，就可能出现存放位置占用了建筑物的设计位置等，这样，会影响施工进度而增加施工成本。由于施工场地布置粗糙直接影响施工安全，并容易发生触电、失火等危险，造成经济损失和人身安全事故，因此，必须充分重视施工场地的布置。

（一）施工场地布置的主要原则

1.充分利用原有地形、地物，少占农田，因地制宜，以降低工程成本。

2.充分考虑水文、地质、气象等自然条件的影响。

3.场区规划必须科学合理。

4.场内运输形式的选择及线路的布设应尽量减少二次倒运和缩短运距。

5.一切设施和布局必须满足施工进度、方法、工艺流程及组织生产的需要。

6.必须符合安全生产、保安防火和文明施工的规定和要求。

（二）施工平面布置的内容

1.原有地形、地物。

2.沿线的生产、行政、生活等区域的规划及其设施。如各种仓库、搅拌站、预制构件厂（站、场）、各种生产作业棚、办公用房、宿舍、食堂、文化设施等均应按施工组织设计规定的数量、标准、面积、位置等要求规划修建。

3.沿线的便道、便桥及其他临时设施。

4.基本生产、辅助生产、服务生产设施的平面布置。如在建设工程的用地范

围内平整施工现场，接通施工用水、用电和道路，简称"三通一平"；组织施工机具进场，并根据施工布置将施工机具安置在规定的地点等。

5.安全消防设施。建立消防和保安等组织机构，制定有关的规章制度，布置安排好消防和保安等措施。

6.施工防排水临时设施。

7.主要结构物平面位置等。

（三）临时工程的布置

1.各种运输道路及临时便桥、过渡工程设施的位置。

2.临时生活房屋的位置，如管理人员、施工人员的宿舍，管理办公用房，食堂，浴室，文化服务用房。

3.各种加工房屋位置，如钢筋加工棚、混凝土成品预制场、混凝土搅拌站。

4.各种材料、半成品、成品等仓库货堆栈位置。

5.大堆料的堆放地点及机械设备的设置地点位置，如砂、石料堆放处等。

6.临时供电线（变电站）、供水、蒸汽、压缩空气站及其管线和临时通信线路等。

7.其他生产房屋、木工棚、铁工棚、机具修理棚、车库、油库等。

8.现场安全及防火设施等。

9.施工场地排水系统位置。

（四）辅助工程

1.桥梁施工辅助工程主要包括：存梁场，场内运梁线，大型龙门吊机走行线，供应制梁砂石料的砂石场，修建临时承托结构、钢构件、架桥机的运梁道路。开工前，应考虑辅助工程特点及施工工期，做到统筹规划、合理布局，提出设计文件，经上级批准后，修建辅助工程。辅助工程竣工后，施工单位要编制竣工报告。其内容为：开、竣工日期，施工依据，施工单位，竣工数量，主要材料消耗，工程成本及必要图纸等。

2.当桥梁工程施工采用预制和架设施工方案时，运梁便线及桥上临时轨道应按不同运梁车的要求具有足够的承载能力，并要平整、顺直，以便箱梁的顺利移运。

3.施工便道应直通工地并与国家公路网连接，并应满足各种设备运输进场的需要。

第二节　沉井基础的构造施工

一、沉井基础的分类

（一）沉井的组成和分类

沉井一般由井壁、封底混凝土及钢筋混凝土顶盖等三部分组成。其分类如下：

1. 按沉井的施工方法，可分为就地制作沉井和浮式沉井。

2. 按沉井的平面形状，可分为圆形沉井、矩形沉井和圆端形沉井。

3. 按沉井的立面形式，可分为柱形沉井、阶梯形沉井和锥形沉井。

4. 按沉井所用的材料，可分为混凝土沉井、钢筋混凝土沉井和钢沉井。

（二）沉井基础的构造

沉井通常由井壁、刃脚、内隔墙、井孔、剪力键、封底、射水管、顶盖、井孔填充物、环墙等组成。

1. 井壁

井壁也称外墙（壁），是沉井的主体，在沉井的下沉过程中起挡土、挡水及利用本身自重下沉的作用。在施工完毕后，井壁又成为传递上部荷载的基础或基础的一部分。井壁必须具有足够的强度和一定的厚度，并应根据结构的受力情况配置竖向及水平向钢筋。

2. 刃脚

井壁最下端的楔形部分称为沉井的刃脚，是沉井受力最集中的地方。在下沉过程中刃脚主要起切土下沉和支承作用，常用的刃脚有两种形式：带有踏面的钢筋混凝土刃脚和不带踏面的钢筋混凝土刃脚。

3. 内隔墙

内隔墙也称内壁，它的作用是将沉井空腔分隔成多个井孔，便于控制挖土下沉并增加沉井刚度，还可减小井壁的横向挠曲应力。隔墙的厚度一般小于井壁，通常可取 0.5 ~ 1.0m。隔墙底面应高出刃脚根部 0.5m 以上，避免被土搁住而妨碍下沉。如采用人工挖土，还应在隔墙下端设置过人孔，以便工作人员在井孔间往来。

4. 井孔

井孔是挖土和运土的工作场所和通道。其尺寸应满足施工要求，最小边长不宜小于 3m。井孔应对称布置，以便对称挖土，保证沉井能均匀下沉。

5. 剪力键

剪力键设置在井孔的下部，它的主要作用是增强封底混凝土与井壁的连接，使沉井底面的地基反力更好地传给井壁。下沉后封底混凝土下方土体的反力需传递到井壁上，一般应设置剪力键；用混凝土或圬工填充的井孔可以不设置剪力键。

6. 封底

封底是为防止地下水渗入井内而浇筑的混凝土底板。沉井穿过无水或能将水抽尽的地层外，一般封底采用灌注水下混凝土的方式。

7. 射水管

当预计沉井自重不足以克服下沉的摩阻力时，可以在井壁四周预埋高压射水管。主要作用是利用高压射水冲动井壁周围及刃脚下的土，以减小周围土层对井壁的摩阻力。

8. 顶盖

又称封顶或井盖。

9. 井孔填充物

根据受力要求，沉井井孔可以填充或不填充。填充时用砂石料、混凝土（片石混凝土）、浆砌片石等。

10. 环墙

环墙在沉井的顶部，高度与井盖相同，做成台阶状用于支承顶盖，其厚度根据受力情况决定。

二、沉井基础施工

沉井基础的施工可分为就地制作沉井施工、浮式沉井施工等。这里主要介绍就地制作沉井施工和浮式沉井施工，其他的沉井施工方法可参考有关材料。

（一）施工准备

1. 沉井施工前，应按具体地质情况制订下沉方案。在堤防、建筑物附近下沉沉井时，应按照设计文件的防护设计及所制订的安全措施施工，并注意观察。为保证沉井的侧壁固结力，当沉井下沉系数较小、下沉困难时，可采用空气幕助沉、压重助沉等措施，刃脚不易翻砂时也可采取适当降低井内水位，减小沉井浮力的助沉措施，但不得采用泥浆润滑套助沉方法。

2. 沉井施工前应对洪汛、凌汛、河床冲刷、通航、漂流物、山洪及泥石流等情况做好调查研究。在施工中应制定相应的安全措施。

3. 编制施工方案。根据工程结构特点、地质水文情况、施工设备条件及技术的可能性，编制切实可行的施工方案或施工技术措施，指导施工。

4. 技术交底。使施工人员了解并熟悉工程结构、地质和水文情况，了解沉井制作和下沉施工技术要点、安全措施、质量要求及可能遇到的各种问题和处理方法。

（二）就地制作沉井施工

1. 在浅水或可能被水淹没的旱地，应筑岛制作沉井；在旱地可在整平夯实的地面上制作沉井；当地下水位低、土质较好时，可先开挖基坑至地下水位以上适当高度制造沉井。

2. 筑岛尺寸及类型：

筑岛尺寸应能满足沉井制作及抽垫等施工的要求。筑岛的类型可采用无围堰筑岛、草（麻）袋围堰筑岛、钢板桩围堰筑岛等。

制作沉井处的地面及岛面承载力应满足设计要求。地面以下的软弱地层，若不能满足承载力的要求时，应采取换填、打砂桩、填筑反压土体等加固措施。

3. 筑岛须符合下列规定：

（1）筑岛材料应用透水性好、易于压实的土（砂类土、砾石、较小的卵石），且不应含有影响岛体受力及抽垫下沉的块体。

（2）筑岛的尺寸应满足沉井制作及抽垫等施工的要求。无围堰筑岛护道宽度，不宜小于 2m，临水面坡度可采用 1：2。有围堰的筑岛，决定护道宽度时，应满足沉井重量等荷载产生的对围堰侧压力的要求。

（3）岛面应高出施工水位 0.5m 以上。有流冰时应适当加高。

（4）在斜坡上或靠近堤防两侧筑岛时，应采取防止滑移的措施。

4. 采用土内模支撑制作底节沉井应符合下列规定：

（1）填筑土模宜采用黏性土；当地下水位低，土质较好时，可采取开挖基坑而形成土模。

（2）刃脚部分的外模应能承受井壁混凝土的重量在刃脚斜面上的水平分力。

（3）土模顶面的高度及承载力，应根据土质及荷载计算确定；对有隔墙的沉井，可填筑至隔墙底部。

（4）应有良好的排水措施。

（5）土模表面应用水泥砂浆、油毡或塑料薄膜等作保护层。

（6）拆除土模及开始挖土下沉时，不得先开挖沉井外围的土，土模的残留物应予以清除。

5.采用模板及支垫支撑制作底节沉井应符合下列规定：

（1）支垫布置应满足设计和抽垫的要求并进行分区编号；垫木下应用砂填实，其厚度不宜小于0.3m，垫木间用砂填平；调整垫木高程时，不得在其下垫塞木块、木片或石块等物。

（2）各垫木的顶面应与刃脚的底面相吻合。

（3）模板及支撑应具有足够的强度、刚度和稳定性，模板应光滑平顺，其上口尺寸不得大于下口尺寸；内隔墙与井壁连接处的垫木应相互搭接连成整体，底模支撑应支在垫木上。

（4）混凝土应沿井壁对称浇筑，并逐层振捣，浇筑完成12h后即应覆盖并洒水养护，但应防止洒水过程中发生不均匀下沉。

（5）底节沉井混凝土强度达到70%以上方可拆除隔墙底面和刃脚斜面的模板和支撑；沉井的直立侧模当混凝土强度达到2.5MPa时即可拆除，但应防止沉井表面及棱角受损。

（6）沉井模板支撑拆除后，应测量沉井中线和刃脚高程，并形成记录。

6.底节沉井抽垫应符合下列规定：

（1）沉井混凝土强度满足设计对沉井抽垫受力的要求，并要求将抽垫次序和垫木编号，用油漆标明在沉井外壁上。

（2）抽垫前应将沉井内外杂物清除，并准备适量用于回填的砂土。

（3）抽垫应统一指挥，按规定的方式分区、对称、同步地进行；抽出垫木后，应立即用砂土回填捣实，防止沉井偏斜。

7.沉井下沉应符合下列规定：

（1）沉井应连续下沉，减少中途停顿的时间。下沉过程中应掌握土层情况，做好下沉记录。随时分析判断土层摩阻力与沉井重量的关系，选用最有利的下沉方法。

（2）沉井下沉时，应防止内隔墙受到支承。井内除土应对称、均匀地挖土。

排水下沉的底节沉井，支承位置处的土应在分层除土中最后同时挖除。

（3）在下沉过程中特别是下沉初期，应随时调整防止沉井出现大的倾斜和位移。应根据土质、沉井大小和入土深度等，控制井内除土深度和井孔间的土面高差。

（4）弃土不应靠近沉井或污染环境。在水中下沉时，应检查河床因冲、淤引起的土面高差，必要时应对河床面采取防护措施或利用出土调整。

（5）在不稳定的土层或砂土中下沉时，应保持井内水位高于井外一定的水位差，防止大量翻砂，必要时可向井内补水。

8. 接高沉井。沉井接高应符合下列规定：

（1）沉井接高前应尽量调平。接高时，井顶露出水面不应小于 1.5m，露出地面不应小于 0.5m。接高上节沉井模板时，支撑不得直接撑在地面上。

（2）应防止沉井在接高加重时突然下沉或倾斜，必要时应在刃脚下回填或支垫。接高时应均匀加重。

（3）接高后的各节沉井中轴线应在同一直线上。

（4）混凝土施工接缝应按设计要求布置接缝钢筋，浇筑混凝土前应清除浮浆并凿毛。

9. 接筑井顶围堰：

沉井顶面通常置于常水位或土面以下，当沉井下沉至其顶面，在施工水位或地面以上 0.5 ~ 1m 时，需要在井顶设置防水（土）的围堰，以便使沉井继续下沉至设计高程时，其各工序能在围堰围护下顺利进行。

10. 沉井基础清理、封底及浇筑：

（1）不排水的情况下清理基底时，沉井下沉至设计高程后基底面地质应满足设计要求，如有不符须做处理时，其方法应征得设计单位同意，必要时取样检查。

（2）基底土面或岩面应尽量整平。基底面距隔墙底面的高度和刃脚斜面露出的高度，应满足设计规定的最小高度。

（3）基底浮泥或岩面残存物（风化岩碎块、卵石、砂等）均应清除，封底混凝土与基底间不得产生有害夹层。清理后的有效面积（即沉井底面积扣除在刃脚斜面下一定宽度内不可能完全清除干净的面积）不得小于设计要求。

（4）隔墙底部及封底混凝土高度范围内井壁上的泥污应清除。

（5）在软土中沉井沉至设计高程并清基后，应进行沉降观测，待 8h 累计下沉量小于 10mm 时方可进行封底。

（6）沉井采用水下混凝土封底时，应符合浇筑水下混凝土的有关规定。

（7）沉井在封底混凝土强度满足受力要求后方可抽水浇筑填充混凝土。

（三）浮式沉井施工

在深水中，当人工筑岛有困难时，则常常采用浮运法下沉沉井。

浮式沉井的主要类型有双壁浮式（空体自浮式）沉井、带钢气筒的浮式沉井和带临时性井底的沉井。

浮式沉井的施工应符合下列规定：

（1）沉井的底节应做水压试验，其余各节应经水密检查，合格后方可入水；沉井的气筒应按受压容器的有关规定，经检验合格后，方可使用；沉井的临时井底，除须水密检查合格外，尚应满足在水下拆除方便的要求。

（2）浮式沉井在进行浮运或下水前，应掌握河床、水文、气象及航运等情况，并检查锚碇工作及有关施工设备（如定位船、导向船等）。在汛期必须经常检查锚碇设备，特别是导向船和沉井的边锚绳的受力情况。

（3）浮式沉井的底节可采用滑道、气囊、起重机具、沉船等方式入水，如采用沉船方式，应有在船顶面即将淹没时使沉船体系平稳下沉的措施。

（4）浮式沉井底节入水后的初步定位位置，应根据水深、流速、河床面土质及高低情况、沉井尺寸及形状等因素，并考虑沉井在悬浮状态下接高和下沉中，墩位处的河床面受冲淤的影响，综合分析确定，宜设在墩位下游的适当位置。

（5）沉井悬浮于水中，施工各个阶段应随时验算沉井的稳定性和出水高度。在接高和下沉中，当实际情况与设计条件不符合时，应通过计算进行调整。

（6）沉井接高时，必须均匀对称地加载，沉井顶面宜高出水面1.5m以上。

（7）应随时测量墩位处河床冲刷情况，必要时采取防护措施。

（8）带气筒的浮式沉井，气筒应加以防护；带临时性井底的浮式沉井及浮式双壁沉井，应控制各灌水隔离舱间的水头差，水头差不得超过设计要求。

（9）沉井落河床宜安排在枯水时期、低潮水位和流速平稳时进行；落河床前应对所有锚碇设备进行全面检查和调整，使沉井落河床时位置正确，并注意潮水涨时对锚碇的影响；落河床前应详细探明墩台位处河床面的情况；落河床的位置，应根据河床面高差、冲淤情况、地层及沉井入土深度等因素研究确定，宜向河床面较高一侧偏移适当尺寸；落河床后应采取措施尽快下沉，使沉井保持稳定，并随时观测沉井的倾斜、位移及河床冲刷情况，必要时采取调整措施。

（10）沉井就位后，在悬浮状态下，逐步用混凝土或水灌入井体中，使沉井徐徐下沉，直达河底。当沉井较高时，则需分节制造，在悬浮状态下逐节接高，直至沉入河底。当沉井刃脚切入河床底一定深度后，即可按照一般的方法进行施工。

第三节　桥墩台构造与施工

一、桥墩构造与施工

桥墩是多孔桥梁中处于相邻桥孔之间支承上部结构的构造物。桥墩一般由顶帽、托盘、支承垫石和墩身组成。

（一）桥墩的构造

1. 桥墩的类型

在我国高速铁路桥梁中，桥墩按其外观形式主要有三种：

（1）圆端形板式桥墩（有空心墩和实体墩）。圆端形桥墩的截面是矩形两端各接一个半圆。施工稍复杂，但可减少局部冲刷。主要适用于水流和桥轴线交角小于 15° 的情况。

（2）矩形桥墩（有空心墩和实体墩）。矩形桥墩的截面为矩形。外形简单，施工方便，圬工数量较少，其缺点是对水流阻力大，引起的局部冲刷较大，一般用于无水或静水中，或用于高桥墩最高水位以上部分。

（3）流线型圆端形桥墩（有实体墩和空心墩），是高速铁路建设中发展起来的一种桥墩，也是高铁中广泛采用的形式之一。特点是顶帽和墩身部分通过曲线连接，线形美观，一般流线型桥墩的墩身是圆端型。

为了使桥墩外观协调、美观，方便施工与节约模板，24m 和 32m 简支梁桥墩均采用相同的尺寸。

2. 墩身截面

墩身截面分为矩形和圆端形两种，直、曲线上采用相同的截面尺寸，墩高在 20m 及以下时一般主要采用实体桥墩，超过 20m 时可采用空心墩，并以圆端形空心墩为主。空心墩与实体墩相比能有效地实现桥墩的轻型化，降低地基基础的要求，节省圬工数量和工程投资，在高桥墩中普遍应用。

3. 其他构造

（1）顶帽、托盘和支承垫石

高速铁路桥墩广泛采用流线型顶帽。流线型桥墩帽形状酷似"流线型花瓶"。墩帽高度 2950mm，顶、底部截面均为圆端形，"腰身"正面及侧面均由圆弧面构成，主视图"横桥向"腰身弧径为 R4651mm（此半径尺寸仅适用在圆弧端部中心线处），侧视图"顺桥向"腰身弧径为 R7812mm（此半径尺寸适用于整个侧弧面），墩帽侧面由圆弧部与侧弧部"相贯"构成，顶帽、托盘及墩身相互间不设飞檐。

为了满足顶梁、维修和更换支座的需要，高铁桥墩的支承垫石均比普通铁路要高，其配筋采用间距 5cm、直径 12mm 的 HRB335 钢筋，钢筋弯钩采用直钩，箍筋采用直径 10mm Q235 钢筋，钢筋弯钩为弯钩。

（2）附属设施

为便于梁部及支座的检查和维修工作，在墩顶设置吊篮及墩顶凹槽。吊篮采用角钢支架形式，吊篮的人行步板采用钢板，能够及时拆卸、更换。另外，在墩顶凹槽上设置与梁端部底板连接的爬梯。爬梯设置于活动支座一方，便于养护维修人员的检查和维修工作。桥墩结构上设置排水管，墩顶设排水坡。

4. 空心墩结构构造

空心墩是桥墩轻型化的一种途径，是将实体墩改为空心墩，以达到减轻重量、节省圬工的目的。空心桥墩有两种形式：一种为实体重力型结构，即墩顶上实体段、墩身下方与基础连接处的下实体段，镂空中心部分；另一种为薄壁钢筋混凝土的空格形墩身。薄壁空心桥墩和实体桥墩比较，一般可减少圬工量 40% ~ 60%。

空心桥墩墩身立面形状可分为直坡式、台坡式、斜坡式。空心墩按壁厚分为厚壁与薄壁两种。

（二）桥墩施工

墩身施工技术相对比较成熟，墩高在 15m 以下时宜采用整体模板一次立模，连续灌筑混凝土。墩高 16 ~ 40m 宜采用大块模板，翻模施工。墩高大于 40m 时，宜采用液压爬模的施工方法。

1. 施工准备

桥墩施工前，首先对桥梁所在位置的路线中线进行复测。复测无误后，在现场定出控制桩。以桥梁三角网控制点为基准，按规定精度测量出桥墩中心的位置。

将基础顶面浮浆凿除，冲洗干净，整修连接钢筋，并在基础顶面测定中线高程，标出墩底面位置，然后进行施工。

2.陆地基础的墩台施工

（1）桥墩施工流程

高速铁路上常用的桥墩大多为钢筋混凝土桥墩，其施工方法和桥梁上部结构混凝土构件施工方法相似，对混凝土结构模板的要求也与其他钢筋混凝土构件模板的要求相同。通常采用大型钢模板一次浇筑法施工，即利用大型组合钢模板或非定型钢模板，在灌筑现场拼装成整体模板来灌筑墩身混凝土。

（2）实体桥墩施工

实体桥墩是指桥墩是由一个实体结构组成的，也称重力式墩台，依靠自身重量保持稳定。实体墩墩身较低，采用大块钢模板一次整体浇筑成型，混凝土通过泵送入模或吊装入模，墩身模板和钢筋采用汽车起重机垂直吊装作业。墩身浇筑完成后先带模浇水养生，拆模后覆盖塑料膜养生。

①模板施工

模板制作：模板采用大块整体钢模，模板表面要求平整，尺寸偏差符合设计要求，具有足够的刚度、强度、稳定性，且拆装方便、接缝严密不漏浆。

模板加固应经过受力检算，加劲肋采用型钢。实体墩身施工，模板框架采用槽钢，加劲肋采用等边角钢加固。模板在使用前要进行试拼检查、调整。模板安装好后，检查轴线、高程符合设计要求后加固，保证模板在灌筑混凝土过程中受力后不变形、不移位。模内干净无杂物，拼合平整严密。支架结构的立面、平面安装牢固，并能抵挡振动和偶然撞击。凡使用的钢模，每次使用前，模板应认真修理平整，上紧扣件，方能灌筑混凝土。在混凝土灌筑过程中应指定专人加强检查、调整，以保证混凝土建筑物形状、尺寸和相互位置的正确。

②钢筋施工

桥墩钢筋由加工厂统一下料加工，运至现场绑扎安装。钢筋的制作和安装必须符合现行规范和验标要求。

成型安装要求：桩顶锚固筋与承台或墩台基础锚固筋按规范和设计要求连接牢固，形成一体；基底预埋钢筋位置准确，满足钢筋保护层的要求；钢筋骨架绑扎适量的垫块，以保持钢筋在模板中的准确位置和保护层厚度。为保证浇筑混凝土时钢筋保护层厚度，且保证在混凝土表面看不到垫块痕迹，侧模安装可采用塑料垫块或钢筋骨架外侧绑扎特殊造型的同级混凝土垫块。

钢筋接头所在截面按规范要求错开布置，同一截面钢筋接头不得超过该截面钢筋总数的50%。钢筋加工时应采用闪光对焊或电弧连接，并以闪光对焊为主；以承受静力荷载为主的直径为28～32mm的带肋钢筋，可采用冷挤压套筒连接；现场钢筋连接也可采用螺丝套筒连接。

③混凝土施工

混凝土采用自动计量集中搅拌站拌和，混凝土输送车运输，泵送入模。

混凝土坍落度要严格按照试验的数据控制，混凝土自由倾落高度超过2m时，必须用滑槽或串筒灌筑，串筒出口距混凝土表面1.5m左右，防止混凝土离析。

浇筑前对支架、模板、钢筋和预埋件进行检查，并将模板内的杂物、积水和钢筋上的污垢清理干净；模板的缝隙填塞严密，内面涂刷脱模剂。浇筑时检查混凝土的均匀性和坍落度。混凝土分层浇筑厚度宜按30cm控制，并用插入式振动器振捣密实。振动器移动间距不超过其作用半径的1.5倍，与模板保持10～20cm的间距，插入下层5～10cm左右，防止碰撞模板钢筋及预埋件。

混凝土的捣固：一是必须有熟练的混凝土工人负责施工；二是振捣要适度，若振捣不足，则墩台混凝土凝固后存在蜂窝现象，若振捣过度，则粗细骨料分离，以混凝土表面呈水平及出现浮浆并将模板边角部位填满，混凝土不再显著下沉及出现气泡来判定停止振捣时间。

混凝土的浇筑连续进行，如因故必须间断时，其间断时间小于前层混凝土的初凝时间或能重塑的时间，并经试验确定，若超过允许间断时间，须采取保证质量措施或按工作缝处理。

大体积混凝土施工中要注意内外温差及混凝土核心温度最大值的控制。

浇筑混凝土时，应经常检查模板、钢筋、沉降观测点及预埋部件的位置和保护层的尺寸，确保其位置正确，不发生变形。

在混凝土浇筑过程中，随时观察所设置的预埋螺栓、预留孔、预埋支座的位置是否移动，若发现移位时及时校正。注意模板、支架等支撑情况，设专人检查，如有变形、移位或沉陷，立即校正并加固。

混凝土浇筑必须坚持动态质量控制和"三方值班制"（工程项目领导、技术和试验人员），人、机、料、工每一个环节应具备条件，不得盲目施工。

④墩身养护

在混凝土浇筑完成并初凝后，予以洒水养护，以保证混凝土表面处于湿润状态为准，养生期应符合规范要求。在混凝土表面盖上保持湿润的塑料薄膜等能延续保持湿润的材料，养护用水及材料不能使混凝土产生不良外观质量影响。夏季用塑料薄膜、尼龙布围包墩台，或用麻布围包墩台洒水养护，冬季采用覆盖保温方式养护。

⑤支承垫石和锚栓孔

支承垫石浇筑采用定制钢模板，与墩身模板连接牢固，采取全桥联测和跟踪测量的方法，精确控制各墩支承垫石顶面相对和绝对高程满足设计要求。预留孔洞定位准确，固定牢固，施工时跟踪测量，施工完适时拆除模具，清理孔洞，检查位置、深度，进行二次处理。

⑥施工注意事项

a.墩身采用大块钢模板。墩身一次立模到顶，一次浇筑混凝土；桥台的台身和托盘、顶帽应一次性浇筑成型。

b.外加剂。所使用的外加剂使用前必须在经过实验室检定合格后，由项目负责人批准使用，使用外加剂时须采用计量装置。

c.原材料。同一桥用同一厂同一标号的水泥，砂石料也必须来自同一料场，同一材质。

墩台施工完毕，应对全桥进行中线、水平及跨度贯通测量，并标出各墩台的中心线、支座十字线、梁端线及锚栓孔位置。暂不架梁的锚栓孔或其他预留孔，应排除积水将孔口封闭。

d.墩台顶帽施工前后均应复测其跨度及支承垫石高程，施工中应确保支承垫石钢筋网及锚栓孔位置正确，垫石顶面平整，高程符合设计要求。

e.施工缝。混凝土圬工的施工接缝，应按设计指定的定型图规定办理。

3.空心墩身施工

（1）模板

墩身外侧模板选用大块钢模板，内侧采用定型钢模板。加工时，派专业工程师在加工厂家进行全过程跟踪，保证面板、平整度、接缝、尺寸误差等的质量要求。对于收坡高墩，且同类型桥墩数量较多的，应采用大块成套钢模，分段支立、浇灌，在不同墩位间倒用。

模板进场后，进行清理、打磨，以无污痕为标准，刷脱模剂，并用塑料薄膜进行覆盖。立模前进行试拼，保证平整度小于3mm。加固采用内撑和外加拉杆形式，保证空心薄壁误差小于5mm。

（2）钢筋安装

承台与墩台基础锚固筋按规范和设计要求连接牢固，形成一体；基底预埋钢筋位置准确，满足钢筋保护层的要求。

（3）混凝土浇筑

混凝土浇筑分三阶段进行：墩底实体段、墩身空心薄壁、墩顶部实体段。混凝土采用自动计量搅拌站生产，输送车运输，泵送入模。

浇筑前，对支架、模板、钢筋和预埋件进行检查，模板内的杂物、积水和钢筋上的污垢清理干净；模板缝隙填塞严密，模板内面涂刷脱模剂；检查混凝土的均匀性和坍落度；浇筑混凝土使用的脚手架，便于人员与料具上下，并保证安全。

混凝土分层浇筑厚度不超过 30cm；采用振动器振动捣实。混凝土浇筑连续进行，如因故必须间断时，其间断时间小于前层混凝土的初凝时间，允许间断时间需经试验确定，若超过允许间断时间，按工作缝处理。墩身截面突变处不设施工缝。对于工作缝，周边应预埋直径不小于 16mm 的钢筋或其他铁件，埋入与露出长度不应小于钢筋直径的 30 倍，间距不应大于钢筋直径的 20 倍。

在混凝土浇筑过程中，随时观察所设置的预埋螺栓、预留孔、预埋支座的位置是否移动，若发现移位时及时校正；预留孔的成型设备及时抽拔或松动；在灌筑过程中注意模板、支架等支撑情况，设专人检查，如有变形、移位或沉陷立即校正并加固，处理后方可继续浇筑。

结构混凝土浇筑完成后，及时用塑料薄膜包裹并洒水养护。

4. 水中基础的墩身施工

水中墩的施工方法、工艺与陆地基本相同，不同的只是材料运输方法不同。

水中墩可直接利用桩基和承台施工的水上作业平台或在承台上搭设操作平台，采用大块钢模板施工，视水深采用汽车吊或浮吊配合架立模板。钢筋、模板、混凝土及其他施工材料通过施工栈桥运输。当水深较深时，钢筋、模板等可采用浮船运送，混凝土通过泵管便桥采用泵送混凝土施工。必要时，设水上混凝土搅拌站。

5. 高墩墩身翻模施工

翻模施工是一种常见的施工方法，模板多采用大块钢模，塔式吊机或汽车吊机辅助模板安装与拆除，桥梁外观质量较好，空心高墩施工中多采用。

翻模由上、中、下三组等高模板组成，以墩身作为支承主体，上层模板支承在下层模板上，随着混凝土的连续浇筑，下层混凝土达到拆模强度后，由下而上将模板拆除、翻升，持续支立，循环交替直达墩顶，完成桥墩的浇筑施工。

翻模施工根据模板提升方式分为塔吊翻模和液压翻模两种。

翻模主要由模板、支架、工作平台等组成，再配合塔式起重机、倒链、液压千斤顶等起重提升设备共同完成高墩施工。

（1）塔吊翻模施工

塔吊翻模的特点是工作平台支撑于模板的牛腿支架或横竖肋背带上，通过塔吊提升模板及工作平台。

①塔吊翻模施工流程

施工时第一节模板支立于墩身基顶上，第二节模板支立于第一节模板上，第三节模板支立于第二节模板上。当第三节混凝土强度达到3MPa，且第一节模板内混凝土达到10MPa时，此时墩身自重及施工荷载由已硬化的墩身混凝土传至基顶，即可拆除第一节模板。将第一节模板做少量调整后，利用模板内外固定架、塔吊和倒链将其翻升至第四层，依次循环形成拆模、翻升立模、模板拼装、搭设内外工作平台、钢筋绑扎连接、混凝土浇筑与养生、测量定位的不间断作业，直至达到墩身设计高度。

②施工要点

a.塔吊、电梯的安装

塔吊的选型一般要结合桥梁上部施工要求而定。如果考虑相邻墩墩身施工使用，则相应加大塔吊起重能力。电梯和塔吊的布置形式可分开布设于墩的两侧，也可以布置在桥梁中心线上。电梯、塔吊基础要根据设备使用要求和结构设置。

b.模板制作

模板的设计应考虑混凝土对模板的最大侧压力、泵送混凝土时对模板的冲击力及振捣混凝土时产生的荷载。

模板在安装前必须进行试拼。通过试拼检查模板加工精度、拼装精度是否达到设计要求，并及时处理模板接缝、错台、连接等方面可能出现的问题。

c.模板安装

模板用塔吊吊装，人工辅助就位，内外模板用螺栓连成整体。模板成型后检测各部分安装尺寸，符合安装标准后吊装模板固定架，最后安装防护栏和安全网。

d.钢筋和混凝土作业

竖向钢筋采用直螺纹套管机械连接方式。

水平箍筋和拉筋按照常规工艺施工。

墩身混凝土采用塔吊或泵送入模，水平分层浇筑，浇筑完毕后要及时养生，待混凝土强度达到3MPa以上，人工清除浮浆，凿毛混凝土表面，然后按工艺流程进行第二、三节施工。

当第三节段混凝土强度达到 3MPa、第一节段混凝土强度达到 10MPa 以上时，凿毛清理第三节段混凝土表面，准备第四节段墩身施工。

e. 模板翻升作业

模板解体：在浇筑第四节段墩身混凝土前，将第一节模板翻升。翻升前将模板对称分解成几大部分进行整体解体，然后提升和安装。

模板提升：先抽出拉杆，然后卸除模板的连接螺栓，将模板向外拉出。待模板完全与混凝土脱开后，用塔吊微微吊起模板，将倒链解下，然后将模板吊到模板修整处进行修整，待安装位置进行组装。吊升作业应有专人检查巡视，以防模板与固定物挂碰。

模板安装：待钢筋安装完毕，用塔吊将模板吊起，调整模板至准确位置，紧固对穿拉杆进行安装，安装方法同前述。

f. 垂直度控制

采用全站仪进行施工放样和检测，每节混凝土浇筑前测量模板四角的平面坐标；如有偏差，调整之。

g. 拆除模板

施工至墩顶后，墩顶仍保留 3 个节段模板，待墩身混凝土强度达到规范要求时，拆除模板。拆除时按先底节段，再中节段，最后顶节段的顺序进行。

（2）液压翻模施工

液压翻模的特点是工作平台与模板是分离的，工作平台支撑于提升架上，模板的提升靠固定于墩身主筋上的倒链来完成，平台的提升系统采用液压穿心千斤顶进行提升，自动化程度高，可控性能良好。

液压翻模由模板、工作平台、吊架、顶杆及液压提升设备组成。模板一般由上、中、下等高三层组成一套，以墩身作为支承主体。上层模板支承在下层模板上，循环交替上升。工作平台采用槽钢组拼成型的空间桁架结构，配合随升收坡吊架，为墩身施工人员提供作业平台，稳定性能良好。

①液压翻模施工流程

先在承台顶面浇筑基础段混凝土墩身，建立起工作平台，将顶杆装置支撑于墩身混凝土内，并用千斤顶将作业平台提升至一定高度。施工过程中，模板翻升、模板调整及纠偏、绑扎钢筋、混凝土灌筑、平台提升等项工作是循环进行的，直至墩帽托盘。其间穿插平台对中调平、接长顶杆、混凝土养生等工作。

②施工要点

a.墩身基础段作业

在墩身下部先预浇一节，预留好顶杆孔位置。浇筑高度根据墩身高度和模板周转次数及翻模设备高度确定，一般为 4～5m。

b.模板制作

单块模板的宽度根据墩身尺寸、外观质量要求等因素确定。

c.工作平台组装

组装按由内到外的顺序，在平地上进行组装；组装时，内外钢环按圆心对称安装在辐射梁上，不得有偏心；辐射梁均匀分布在半个圆周，采用丁顺结合布置。

d.模板安装

模板按顺序、部位进行组装。组装时，模板间缝隙要严密，内外模板间按设计尺寸进行校正，并安设拉筋和撑木。

e.钢筋和混凝土作业

此部分内容详见塔吊翻模施工内容。

f.提升工作平台

翻模组装后，第一次提升平台在混凝土灌入达到一定高度后进行，时间宜在混凝土初凝后终凝前，提升高度以千斤顶的 1～2 个行程（3～6cm）为限。第二次及以后每次提升工作平台，提升高度与第一次相同。

g.模板翻升

模板解体：模板可视情况分为若干个大块整体翻升，此工作在浇筑最上层模板混凝土过程中提前进行。解体前先用挂钩吊住模板，然后拆除拉筋、围带等。

模板翻升：待平台提升到位后，用倒链将最下层模板吊升至安装位置并组装好。提升过程中（包括平台的提升）有专人检查，以防模板与固定物挂碰。

h.翻模拆除

拆除按照与组装相反的顺序进行，先拆除模板，后拆除平台。拆除工作必须严格对称进行。

拆除顺序为：拆模板→卸吊装→拆提升支架→去平台铺板→卸液压控制台→卸千斤顶→除套管连接螺栓→平台解体→抽顶杆→灌孔。

6.高墩墩身爬模施工

爬模法是以凝固的钢筋混凝土墩壁作为承力结构，由内外套架导向，以套架上的液压油缸作动力，使模板上升。高速铁路桥梁空心墩施工中较多采用内爬外挂双臂塔吊式爬模，具有施工速度快、施工质量好、安全可靠、操作简便、劳动强度低、适用性强的特点。

（1）爬模构造

液压自爬模体系由埋件、模板、支架、导轨、换向装置及液压系统六部分组成。

①埋件系统。液压自爬体系的埋件系统由埋件板、爬锥、高强螺杆等组成。

埋件板与高强螺杆连接，能使埋件具有很好的抗拉效果，同时也起到省料和节省空间的作用。埋件板大小及拉杆长度及直径均按设计抗剪力和抗拔力确定。爬锥接头和接头配件用于连接堵头螺栓和连接螺杆，混凝土浇筑前，爬锥接头通过堵头螺栓固定在面板上。

②导轨是整个爬模系统的爬升轨道，它包括导轨支座和导杆两部分。

导轨支座连接导轨和支架横梁，它主要受到施工垂直荷载、重力荷载、风雪荷载等荷载的作用，具有很强的抗垂直力。同时，还起到给导轨导向的作用。导轨上焊梯挡，间距30cm，供上下轭棘爪将荷载传递给导轨。

③液压爬升系统包括液压泵、顶升、上导向头和下导向头四部分。液压泵和顶升是整个爬模系统的动力提供者。上导向头和下导向头是在爬升模板与爬升导轨之间进行转换的部件。

④支架及模板系统。支架由横梁、吊挂操作平台、上操作平台、竖向主梁及模板五部分组成。

⑤安装支架和操作平台。采用塔吊提升爬模，立第二层模型，并安装爬模外支架和操作平台。安装时，将各个支架连接牢固，形成整体。

⑥第二层墙体混凝土浇筑。模板及支架安装结束，经技术员和监理检查后进行浇筑。

⑦安装导轨及调试液压设备。安装第二层的预埋件支座，并安设导轨。

⑧爬升。爬模通过液压油缸对导轨和爬架交替顶升来实现。导轨和爬模架互不关联，两者之间可进行相对运动。当爬模架工作时，导轨和爬模架都支撑在埋件支座上，两者之间无相对运动。退模后立即在退模留下的爬锥上安装受力螺栓、挂座体及埋件支座，调整上下轭棘爪方向来顶升导轨。按标准层（施工组织设计中确定）爬升，顶升一层需要油缸做反复运动。待导轨顶升到位，就位于该埋件支座上后，操作人员立即转到下平台拆除导轨提升后露出的位于下平台处的埋件支座、爬锥等。在解除爬模架上所有拉结之后开始顶升爬模架，这时候导轨保持不动，调整上下棘爪方向后启动油缸，爬模架就相对于导轨运动，同样顶升一层，

需要油缸做反复运动。通过导轨和爬模架这种交替附墙,互为提升对方,爬模架即可沿着墙体上预留爬锥逐层提升。

（2）模板安装

①模板就位前,把模板表面清理干净;然后刷色拉油或脱模剂,必须涂刷均匀。

②相邻模板接缝以及每节段上下接头处都必须贴双面胶,在每块模板接缝处,按混凝土的截面尺寸放置 4 ~ 5 根控制筋。

③按照模板平面布置图对号入位,每块模板依次校正,然后穿对拉杆,内连杆与外连杆都必须拧到锥形接头的限位销轴。穿对拉杆时严禁将爬模面板损伤。

④相邻模板采用芯带连接,每两块相邻模板每根芯带必须插 4 个芯带销,同时再检查一下相邻模板是否有错台现象。

⑤为保证施工质量,从模板外侧中部和模板上口牵两道控制线,以控制线为准收紧拉杆。

⑥当内外模板连接完以后,用钢筋将对称的两块内模连成整体,防止内模刚度不够发生变形,这样可以有效防止外模变形和模板底部漏浆。

（3）预埋件安装

①将爬锥、高强螺杆、埋件板用安装螺栓固定在模板上,保证爬锥在混凝土浇筑完毕,模板爬升时能顺利取出。

②预埋件与塔柱建筑钢筋有冲突时,经监理工程师同意,应预先将钢筋适当移位,保证预埋件顺利安装。

③预埋件安装完后,需检查预埋件板外表面至模板表面距离是否符合设计要求,最后将每榀爬架的两个埋件从外表面用钢筋连为一体。

（4）浇筑混凝土的注意事项

①浇筑混凝土前必须检查斜拉杆、后移拉杆以及最下面一排对拉杆是否拧紧,上面五排对拉杆按控制线是否拧到位。

②浇筑混凝土时必须有专人看模,随时检查对拉杆以及其他紧固件是否松动。

③输送泵管不可与模板或爬模架连接,以避免泵管晃动造成模板变形,截面尺寸偏差超过规范允许范围。

（5）模板拆除

①混凝土浇筑完后,抗压强度达到设计要求且经监理工程师同意后,才能拆除模板。

②首先将预埋件的安装螺栓拆除,松动可调斜撑使模板略后倾 2º,这样模板

上口与混凝土面脱离，然后拔出齿轮插销，通过后移装置将模板后移400mm插上齿轮销。

③每次拆模后都必须将面板上附着的杂物清理干净，并在模板就位前刷脱模剂，如模板需落地，面板不可直接放到地面，应在地面上先铺垫方木，再将模板放到方木上，以保证模板的周转次数。

（6）爬架安装

①用受力螺栓将附墙座固定在预留的爬锥位置，拧紧受力螺栓，使其与混凝土面紧贴，再将附墙挂座从侧面套进去，附墙挂座必须卡在附墙座的中心凹槽，插上承重销。

②将承重三脚架主体挂在承重销上，插上安全销，架体必须垂直，与混凝土面上下间距一致。再将同一单元块的爬架用钢套管连接紧固，平台跳板必须与架体捆绑牢固，发现有不符合要求时，应立即整改直到满足要求为止，否则不准进入下一道作业工序。

③相邻爬架之间采用附加跳板搭设，附加跳板必须用铁钉连为一体，并且搭设护栏。

④保证爬架的整体稳固，爬架上任何连接件的螺丝都要拧紧到位。

⑤模板与爬架采用背楞扣件连接，每单榀爬架最少安装5道背楞扣件。

（7）导轨安装

①第二节混凝土浇筑完后且模板后移后开始安装导轨，安装前必须检查上、下换向盒的下棘爪是否弹出迎向混凝土面。

②将导轨插入第一节的附墙挂座，再进入上、下换向盒，附墙撑。当导轨上端部低于第二节预埋件500mm时，停止向下插导轨，把换向盒的棘爪通过摇臂调转方向，然后将附墙座及附墙挂座就位于第二节预留的爬锥位置，最后通过液压油缸将导轨提升到第二节附墙挂座上。

（8）模板爬升作业

①模板爬升前，要先对上次浇筑混凝土时做的同条件养护试件进行抗压强度试验，抗压强度达到设计要求后才能进行爬升作业。

②爬模前必须把相邻单元的连接护栏解开，抽掉附架跳板拔出安全销，并检查模板和爬模架与混凝土面是否有接缝，确定无连接后才可以爬模。

③成立爬模小组。模板爬升前由爬模厂家技术人员对爬模小组作业人员进行专门培训，由爬模小组专门负责模板爬升作业，设专人操作控制柜。

④模板爬升前检查上、下换向盒的下棘爪是否全部弹出迎向混凝土面。爬升时必须配有4台对讲机，发现异常情况立即停止，待问题处理好后方可继续模板爬升。

⑤当模板就位于上一层挂座后，插好安全销。模板爬升到第四节段时，将第一节段的附墙挂座、附墙座和爬锥全部拆除，以便周转使用。

（9）爬模施工安全措施

①严禁在爬架上堆放重物。

②爬架护栏应设置剪刀撑，保证架体的整体稳定性。

③爬架的外周围必须挂密目安全网，设置防坠安全网，安全网在使用前，应按规定进行试验，合格后方准使用。

④模板爬升必须在白天进行，遇雷雨或8级（含8级）以上大风不得进行模板爬升和模板前后移动作业。

⑤外平台模板移动前，调整可调斜撑使模板倾斜，及时将后移装置与主梁连接的销柱插好就位，在承重三脚架的主梁外部与下部埋件支座之间拉好防风缆绳（或拉紧绷带），以防风荷载等引起平台大幅晃动，发生安全事故。

⑥模板拆除时，应由上至下进行，所拆的材料不得抛扔。拆下的模板和方木运到指定地点清理干净、堆码整齐，不得乱堆乱放，平台上严防模板和方木上的钉子朝天伤人。

⑦必须每天收听天气预报，当有大风来临，提前将模板前移与混凝土面紧贴，若模板已爬升，可将模板前移与钢筋紧贴，插好齿轮插销，拧紧可调斜撑，并从模板上口与建筑钢筋连为一体，以免风荷载引起上平台晃动，发生安全事故。

⑧冬季施工，遇到雨雪天气时，应及时清理爬架工作平台上的积雪及冻结物，做到脚下安全、防滑。

⑨设专人定期和不定期对爬模装置进行保养，确保万无一失。定期对爬模装置进行检查，检查各连接件，特别是以下所列部位要重点检查和加固：是否按设计规定对螺栓连接件配用了弹簧垫圈；在重要的螺栓连接件上是否加用了双螺母紧固；跳板是否按规定压上钢筋并将它们穿上钢丝捆绑起来成为一体；后移装置与主梁之间是否已经插上了销子和销子发卡，后移装置后部是否已经用顶托顶紧，抗风缆绳是否已经收紧，相邻榀爬架间是否牢固拉结。

⑩严格遵守有关高空作业的规定和要求。作业人员上下脚手架要安设爬梯，不得攀登脚手架上下，更不允许乘坐非乘人的升降设备上下。

二、桥台构造与施工

（一）桥台的构造

在普通铁路上广泛采用的耳墙式桥台和 T 形桥台已经不适应高速铁路对桥台的要求，主要是由于耳墙式桥台台身轻、纵向刚度小，施工困难，T 形桥台圬工量太大。我国高速铁路桥采用一字形桥台。

1.一字形桥台结构

一字形桥台是介于耳墙式桥台与 T 形桥台之间的一种新桥台。它以混凝土砌块代替耳墙式桥台的耳墙部分与路基相连，台身长度适当增加，台身后坡采用直墙式，前墙采用斜坡式，台身截面采用矩形截面，从平面看，台身纵向尺寸较横向尺寸小很多，形状像一字形，故称为一字形桥台。

2.桥台附属结构

（1）台后混凝土块

为了避免桥台锥体过多进入桥孔，减小台后路基过渡段与桥台主体之间对行车的不利影响，同时解决架桥机运架梁的支腿放置位置的问题，自台身尾部起纵向 2～3m，高度自台顶下 2～3m，设置混凝土块，混凝土块横向与路基宽度相同。

（2）空心砖隔离层的设置

以空心砖作为桥台主体与附属结构的隔离层。在桥台背尾部与台后混凝土块之间，紧贴台身砌筑空心砖墙至桥台台顶面，其他与填料相接触的三面，从基顶起砌筑空心砖墙至锥体护坡面。基础襟边上及四周均设置空心砖。

（3）检查设备

当托盘底至地面较高时，利用台前锥体护坡做一段检查台阶。检查台阶上采用检查梯（在台身前墙预埋 U 形钢筋）至顶帽检查口。

（二）桥台施工

1.台体施工

桥台台体施工内容包括基坑开挖、基坑找平、桥台钢筋绑扎、桥台模板支设、桥台混凝土浇筑及养护、台后填土等内容。这些内容与桥墩施工基本相一致，详见桥墩施工，在此不再赘述。

2. 附属设施施工

（1）锥体放样

锥体放样可以采用直角坐标法、图解法、极坐标法等方法。

（2）锥体填土

锥体填土必须分层夯打密实，达到最佳密实度的 90% 以上。砂砾石土类应洒水夯填。采用不易风化的块石作为填料，应注意层次均匀，铺填密实，不可堆填或倾填。有坡面防护的护坡，在锥体填土时，就应留出坡面防护砌筑位置。

（3）锥体坡面砌筑

锥体坡面采用干砌片石或铺砌大卵石砌筑，也有采用预制块砌筑或铺草皮等防护办法。使用片石或大卵石砌筑护坡的底层时，应以卵砾石或碎石等作为垫层，在砌筑坡面时，随砌随垫保证垫层厚度。坡面以栽砌为主，预制块和大面片石可以码砌，但不如栽砌牢固美观。

（4）护坡施工要点

①在大孔土地区，护坡施工前应检查护坡基底及护坡附近有无陷穴，并彻底进行处理，保证护坡稳定。

②锥体填土应按高度及坡度填足，砌筑片石厚度不够时再将土挖去；不允许填土不足，临时边砌石边补填土。护坡拉线时，坡顶应预先放高约 2 ~ 4cm，使护坡能随同锥体填土沉陷，坡度仍符合规定。

③护坡基础与坡脚的连接面应与护坡坡度垂直，以防坡脚滑走。

④砌石时拉线要张紧，表面要平顺；护坡片石背后应按规定做碎石反滤层，防止锥体土方被水浸蚀变形。

⑤护坡与路肩或地面的连接须平顺，便于排水，以免砌体背后被冲刷。

（5）锥体护坡工程数量计算

桥台一侧的锥体护坡是一个截头椭圆体的 1/4（锥体底面不规则部分及衔接锥体楔形部分除外）。

（三）施工质量要求、质量控制及验收标准

（1）墩台施工前在基础顶面确定墩、台中线和墩台内、外轮廓线的准确位置。若墩台截面积不大时，混凝土连续一次浇筑完成，以保证其整体性。大体积混凝土施工时需控制混凝土水化热温度。

（2）质量控制（表 3-1）。

表 3-1　桥梁墩台帽施工质量控制及检验标准

序号	质量控制项目	质量标准和要求	施工单位检验方法
1	墩台身钢筋安装	单面焊≥10d；双面焊≥5d，焊缝厚度0.3d，并不得小于4mm；焊缝宽度≥0.7d，并不得小于8mm；焊渣敲净。允许误差：主筋间距±10mm，主筋长度±10mm；箍筋间距±20mm，箍筋内径尺寸±3mm。观感洁净、规整	观察和尺量
2	保护层垫块	采用与设计保护层等厚的混凝土垫块（强度不低于墩台身混凝土强度），数量4个/m²，呈梅花形布置	观察和尺量
3	测量放样	测出墩台中线、水平，标出墩台底面位置，墩台前后、左右边缘距设计中心线尺寸允许误差0~20mm	全站仪和水平仪测量
4	模板及安装	采用整体钢模板（尽量一次安装完成）。模板前后、左右距中心线尺寸±10mm，表面平整度3mm，相邻模板错台1mm，模板接缝严密不漏浆，模板及支架强度、刚度、稳定性满足施工要求。将脱模剂涂刷均匀	挂线、吊垂球、尺量检查至少3个断面
5	混凝土浇筑	混凝土浇筑高程在模板上做出记号，混凝土严格按试验提供配合比拌和，墩台混凝土一次浇筑到顶，连续不间断浇筑，混凝土垂直下落高度超过2m挂串桶，混凝土浇筑过程中要有专人观察模板情况	测量、观察、坍落度筒测试
6	混凝土捣固	混凝土水平分层浇筑，每浇筑40cm高，采用插入式振捣棒捣固一次，要快插慢拔，将混凝土中的气体引出，插入深度进入前次混凝土面10cm左右，墩身顶面收平	观察
7	拆除模板	混凝土浇筑完毕后，强度达到2.5MPa时即可拆模，拆模时严禁用撬棍和大锤猛撬、猛砸，注意成品保护	观察
8	墩身养护	拆模以后，用塑料薄膜罩上，洒水养护，混凝土面始终保持湿润，连续养护4周以上	安排专人负责，做好养护记录
9	墩身混凝土外观	光洁，颜色一致，无蜂窝、麻面；允许偏差：墩台前后、左右边缘距设计中心线尺寸≤±20mm，桥墩平面扭角≤2°，表面平整度≤5mm；支撑垫石：顶面平整度±1mm，顶面高程-10~0mm，同一墩台梁下两块垫石高差≤3mm；预埋件和预留孔位置≤5mm	观察、尺量和测量不小于5处
10	混凝土强度	56d龄期强度符合设计要求	标准养护试件抗压试验见证检验

第四章　桥位制梁与预制梁架设

第一节　桥位制梁

一、支架浇筑

（一）支架

1. 支架类型及构造

支架按跨越能力分为满堂式、支墩式、一跨式或组合式。支架主梁可选用贝雷梁（单层或双层）、万能杆件、型钢、特制钢梁、大号型钢、钢轨、轻型型钢梁等。单层贝雷梁一般适用于支墩式；双层贝雷梁具有较强的跨越能力，一般适用于一跨式，这是两种应用最多的形式。万能杆件因拼装困难，且结构外形较高，一般不采用。特制钢梁有非常强的跨越能力，但投入成本较高，采用也较少。大号型钢适用于多支点。各种支架结构类型的选择应结合具体的施工条件及单位既有资源情况。

（1）满堂支架

满堂支架一般采用 WDJ 型碗扣、轻型钢管（较少采用，往往用于局部加密或设剪刀撑）或重型门式支架。满堂支架构造简单，安装方便，在荷载作用下稳定性较好，是目前高速铁路桥梁施工中广泛应用的一种支架形式。因为满堂支架是整个梁体最重要的受力体系，所以严禁使用有锈蚀、弯曲、压扁或有裂缝的杆件作为钢管支撑，禁止使用有脆裂、变形、滑丝的扣件。

（2）支墩式支架（含一跨式）

支墩式支架施工是指设置临时支墩，安装承重主梁及横梁承受梁体及施工荷载的施工方法。根据支墩设置数量可分一跨式、两跨式及多跨式，纵向承重梁根据受力情况常采用贝雷片或型钢拼组。支墩式支架具有结构受力简单明确且支架系统承受的荷载大、施工方便、材料可周转使用等优点。

2. 支架搭设

（1）满堂支架搭设

地基与基础验收合格后，放线定位，测量地面高程，然后开始支架搭设。满堂支架搭设顺序为：立杆垫座（如需设置）→安放立杆可调底座→竖立杆、安放扫地杆→安装底层（第一步）横杆→铺放脚手板、安装上层立杆→拧紧立杆连接销→安装横杆→设置剪刀撑→下一循环。

（2）支墩式支架搭设

支架系统安装分为下部支撑体系的安装及上部梁系的安装。首先把钢管用吊车安装就位，下口和预埋螺栓连成整体。然后做纵、横向斜支撑连接，上面放置分配梁并栓接。最后用吊车安装主梁并连接，支柱顶安装砂筒以备落架。

对于满堂支架来说，其顶部及底部均有自带底撑和顶撑，已相当于落梁装置，而其他形式支架没有这样的功能，需自行设计。否则模板、支架承受巨大的压力是无法顺利拆除的，也会存在安全隐患。

3. 支架搭设中重点注意事项

（1）支架搭设时，要检查节点连接是否牢固，以保证支架整体稳定可靠，防止节点连接不紧，尤其碗扣扣件偏松。

（2）检查支撑是否松弛（包括顶撑和底撑），如支架处于松弛状态，未能承担应有荷载，将造成应力分布不均，使实际受力与理论存在严重偏差。对于支架顶撑的牢固度，需抽查一定比例的支架，采取小锤撞击的方式检查。

（3）支架搭设不直，如支架上下节存在严重错台，支架本身扭曲，支架偏心受压弯等，均会造成压杆稳定能力下降。

（4）严格控制竖杆的垂直度以及扫地杆和剪力撑的数量和间距。满堂支架的特点是抵抗垂直荷载能力强，而抵抗水平荷载能力弱。因此顺桥向支架必须与墩身连接，以抵消顺桥向的水平力。对于组合支架要将满堂式支架通过钢管与墩支架连成一体，确保组合支架的强度和整体稳定性。

（5）破损、变形、锈蚀严重的支架承载力已下降，一般不宜使用。

（6）支架须做好相应的安全防护，对于跨越既有公路、铁路等还须设置专门的安全防护罩。

（7）注意控制顶撑和底撑的伸出长度，一般不小于 5cm，以利落梁。伸出长度也不能超出杆件长度的90%，以免自由长度过大，造成失稳。当顶部自由长度过大时，需增设连接横撑。

4. 支架预压及预拱度的设置

（1）支架预压

支架预压的目的是消除支架的非弹性变形及基础沉陷，并且通过预压收集支架、地基的弹性变形数据作为箱梁设置预拱度的依据。关于支架预压目前没有完全统一的标准，按加载范围可分局部预压和整体预压，按预压的孔数分首孔预压和逐孔预压，按加载量分等载预压和超载预压（超载系数一般为1.0～1.2），为保证安全，又有利施工，一般采用首孔等载预压的方式。当地质条件或支架体系发生变化时需重新预压，对于设计图纸有明确要求的，应根据自身条件做好设计沟通，选择符合实际的预压方案，预压时间以24h为宜。

支架搭设完后对其进行全面检查，确认安全可靠后进行加载预压。按照箱梁的荷载分布进行加载，现场常采用砂袋和钢筋堆码（也有采用预制块的）。预压加载顺序同混凝土浇筑顺序按施工最大荷载一般分三级进行加载，即60%、100%和110%的加载总重，每级加载完毕1h后进行支架的变形测量，全部加载完毕后宜每6h测量一次变形值。预压观测点布设一般为：每跨纵桥向设5个断面（底模端头、1/2截面、1/4截面、3/4截面处），加载全部完成后，等到支架及地基沉降稳定后（一般满载后持荷时间不宜小于24h）方可进行卸载。卸载应分级进行，与加载顺序相反，即110%→80%→60%→0。每级卸载1h后分别测设支架和地基的恢复量，做好记录。根据加、卸载实测数据，绘制各测点的加、卸载过程变形曲线，计算支架的弹性变形，以此作为预拱度设置的主要依据。

预压重点注意事项：

①预压荷载分布与实际梁段荷载分布要基本一致。

②采用砂袋预压时需采取防雨措施，防止因吸水造成超载。

③密切关注预压过程中支架体系的变化，如有异常要及时进行卸载。

④支架宜采用等荷载进行预压以消除变形，并观测沉降量。其中等荷载是指梁体本身自重加上各种施工荷载（内外模荷载、人群荷载及振捣荷载等）。

（2）预拱度设置

在支架上浇筑梁式上部构造时，在施工时和卸架后，上部构造要发生一定的下沉和产生一定的挠度。因此，支架法施工应根据检算的变形量，预留适当的沉降量和施工预拱度，确保梁体线形符合设计要求。

根据梁的挠度和支架的变形所计算出来的预拱度之和，为预拱度的最高值，设置在梁的跨径中点。其他各点的预拱度，以中间点为最高值，以梁的两端为零，按直线或二次抛物线比例进行分配。

（二）模板制作安装

在支架上就地浇筑的箱梁模板，一般由底模、外模及内模三部分组成，其中外模包括侧模和端模。模板按结构形式分为大块钢模、组合钢模及钢木组合三种。大块钢模因强度及刚度较高，不易损坏，周转次数多，能更好地保持梁体外观而成为目前高速铁路桥梁的主流；组合钢模在箱梁外模上很少采用，一般在梁数较少的情况使用，在箱梁内模中使用较多；钢木组合一般不宜采用，除非梁数极少，或用于内模，但对于新型的钢木组合材料在市政项目中已有成功应用案例。

钢模板在设计制造时，应有足够的强度、刚度及稳定性，确保梁体各部位结构尺寸正确及预埋件的位置准确，且具有足够的刚度，能经多次反复使用不影响梁体外形。

（1）底模安装：一般采用吊车安装就位，人工辅以倒链或千斤顶校正。底模板安装前要考虑支架的预拱度设置、加载预压试验及支座板的安装。

（2）腹板外侧模及翼板：采用吊装到位，与底模板的相对位置对准，用顶压杆调整好侧模垂直度，并与端模连接好。侧模安装完后，用螺栓连接稳固，并上好全部拉杆。调整其他紧固件后检查整体模板的长、宽、高尺寸及不平整度，做好记录。不符合规定者，要及时调整。

（3）内模安装：要根据模板结构确定，当内模为拼装式结构时，可采用吊装方式安装内模；当内模为整体液压结构式时，液压内模可自行入模。内模安装完后，严格检查各部位尺寸是否正确。

（4）端模安装：将胶管或波纹管逐根插入端模各自的孔内后，进行端模安装就位。安装过程中逐根检查胶管或波纹管是否处于设计位置。

对于支架法来说，模板安拆吊装设备的选型至关重要，需仔细规划吊装设备的站位位置，了解吊装最不利工况及最大吊重，吊装设备活动范围净空情况以及对混凝土运输、灌注是否产生影响，道路条件是否满足要求等。一般来说，吊装设备优选25t汽车吊，在条件许可情况下，采用跨梁龙门吊，其他还有浮吊、塔吊、履带吊等多种形式。

（三）拆模及卸落支架

为防止混凝土裂缝及边棱破损，并满足局部强度要求，混凝土强度达到设计强度标准值的 60% 以后方可拆除内外模板。混凝土强度达到设计初张拉强度要求后进行初张拉，一般初张拉完成后就可拆除底模及支架。对于支墩式的支架要有简便可行的卸落装置，落架时要对称、均匀，防止主梁产生附加应力。高速铁路桥梁常用卸落设备为砂筒，也有少数采用楔块落梁。

支架卸落应注意事项：

（1）支架的卸落顺序，必须严格按照设计要求进行。当设计无要求时，应从梁体挠度最大处的支架节点开始按横桥向同步卸落，然后逐步向两端对称、均匀地卸落相邻节点。当达到一定卸落量后，支架方可脱落梁体。

（2）支架卸落过程中应观察支架变形情况，发现异常情况立即停止落架并采取加固措施确保梁体安全。

（3）砂筒在每次使用前要按设计载荷进行预压，以减少砂筒压缩变形量对支架高程的影响。在搬动和安装过程中不得扰动砂箱中的砂子。

二、连续梁、连续刚构的悬臂浇筑

施工程序一般如下：

第一，在墩顶托架上进行 0 号块施工。

第二，在 0 号块上安装悬臂挂篮，向两侧依次对称地分段浇筑主梁至合龙段（Ⅱ部分）。

第三，在临时支架或梁端与边墩间临时托架上支模板浇筑现浇梁段（Ⅲ部分）。

第四，主梁合龙段（Ⅳ部分）可在改装的简支挂篮托架上浇筑。

（一）0 号块施工

0 号块结构复杂，预埋件、钢筋、各向预应力钢束及其孔道、锚具密集交错，梁面有纵横坡度，务必精心施工。视其结构形式及高度，一般分 2 ~ 3 层浇筑，先底板，再腹板，后顶板。

1. 施工托架

采用悬臂浇筑法施工时，墩顶 0 号块梁段采用在托架上立模现浇。施工托架可根据承台形式、墩身高度和地形情况，分别支承在承台、墩身或地面上。它们可采用万能杆件、贝雷桁架（或装配式公路钢桁架）、六四式军用桁架及型钢等组成，也可采用钢筋混凝土构件作临时支撑。常用施工托架有扇形托架、高墩托架、墩顶预埋牛腿托架平台、临时墩及型钢结构支承平台等。托架的顶面尺寸，视拼装挂篮的需要和拟浇梁段的长度而定，横桥面的宽度一般比箱梁底板宽1.5 ~ 2.0m，以便设立箱梁边肋的外侧模板。托架顶面（或增设垫梁）应与箱梁底面纵向线形的变化一致。托架可在现场整体拼装，亦可分部在邻近场地或船上拼装再运吊就位整体组装。托架总长度视拼装挂篮的需要而决定，横桥托架宽度要考虑箱梁外侧主模的要求。

当墩身较低时，可采用在扇形托架或临时墩及型钢结构支承平台顶面上立模板，搭支架，浇筑 0 号块混凝土；当墩身较高时，可采用在高墩托架顶面上立模板，搭支架，浇筑 0 号块混凝土。也可由墩顶放置的型钢和墩身预埋的牛腿作贝雷梁的支承形成 0 号块的施工托架，在托架上立模板，搭支架，浇筑混凝土。

由于考虑到在托架上浇筑梁段 0 号块混凝土，托架变形对梁体质量影响很大，在做托架设计时，除考虑托架强度要求外，还应考虑托架的刚度和整体性。托架设计应符合下列规定：

（1）托架设计时应按下列荷载的最不利组合确定最大荷载：现浇梁体、模板及支架的重量，施工荷载（含振动力）、风荷载、水中施工时的流水压力、冬期施工时的雪荷载及保温养护设施荷载。

（2）托架强度检算时，构件应力安全系数不小于1.3。

（3）托架刚度检算时，应考虑单个构件刚度与整体刚度的协调；梁体腹板处的纵梁或杆件间距应适当加密，保证梁体局部平整度。

（4）托架稳定性检算时，应重点检算横向稳定性，并应考虑洪水及漂流物的冲击作用，稳定安全系数应不小于1.5。

（5）托架与桥墩的连接方式应经设计计算确定，并应绘制连接件（孔）在桥墩上预埋（留）布置详图。

（6）采用墩旁扇形托架并利用桥墩基础(承台)作支承时,应检算桥墩基础(承台）的局部强度及基底应力，必要时应采取措施对桥墩基础（承台）进行加固。

（7）采用门式支架时，支墩基础类型、埋深、结构形式及尺寸等，应根据支架结构形式、跨度、地基承载力等工况，经设计计算确定；在旱地采用浅埋式明挖基础时，尚应考虑地面浸水时对地基承载力的影响。支墩基础必须具有足够承载力，应同时做好地面防、排水设施设计。

（8）托架结构应根据选用的常备式钢脚手架或型钢的种类、规格、力学性能等，经设计计算确定；托架上的分配梁应适当加密，合理搭接，以保证在梁体混凝土浇筑和施工荷载不均匀作用下不发生突变。

（9）托架与梁体模板之间或分配梁之间，应设置底模高程调整装置和底模卸落装置。当采用钢楔块时，其尺寸及位置应与托架分配梁尺寸及位置相匹配。

由于托架弹性、杆件连接处有缝隙、地基有沉降等因素影响，可能使托架下沉，引起混凝土梁段出现裂缝，因此采用万能杆件、贝雷梁、板梁、型钢等做托架时，在混凝土浇筑以前，可采取预压、抛高或调整等措施，以减少托架变形，并检验托架是否安全。预压荷载应不小于最大施工荷载的1.2倍，预压方法应符合设计要求。设计无要求时，应使加载位置和顺序尽可能与梁体混凝土施工加载情况相一致。预压过程中如发现基础沉降明显、基础开裂、局部位置或支架变形过大等异常现象，应立即停止加载并快速卸载。认真分析、查找原因、采取措施，经重新核定后方可施工。

2. 支座

（1）支座垫石

垫石是永久支座的基石。支座安装平整度和对中精度要求高，因此垫石四角及平面高差应小于1mm，为此垫石分两层浇筑。首层浇筑高程比设计高程低15cm。第二层应利用带微调整平器的模板，控制浇筑高程比设计高程稍高，再利用整平器及精密水准仪量测，反复整平混凝土面。在安装支座前凿毛垫石，铺2～3cm厚与墩身等强度的砂浆，砂浆浇筑高程较设计高程略高3mm，然后安放支座就位，用锤振击，使之符合设计高程，偏差不得大于1mm，水平位置偏差不得大于2mm。

（2）临时支座

大跨径预应力混凝土桥梁采用悬臂施工法施工，如桥梁采用T形刚构，因墩身与梁本身采用刚性连接，所以不存在梁墩临时固结问题。悬臂梁桥及连续梁桥采用悬臂施工法时，为保证施工过程中结构的稳定可靠，必须采取措施将0号块梁段与桥墩间临时固结，使0号块梁段能承受两侧悬臂施工时产生的不平衡力矩。临时支座的作用是在施工阶段临时固结墩、梁，承受施工时由墩两侧传来的悬浇梁段荷载，在梁体合龙后拆除进行体系转换。临时支座宜采用对称设置。当因桥墩长度较短或0号梁段悬臂较长时，可采用在桥墩纵向两侧设置临时支墩。其抗倾覆稳定系数不得小于1.5。

3. 预应力管道的设置

为确保预应力筋布置、穿管、张拉、灌浆的施工质量，必须确保预应力管道的质量，一般采用预埋铁皮管、铁皮波纹管或橡胶抽拔管。三向预应力筋的管孔铁皮管和波纹管需由专用设备加工卷制，孔径按设计要求而定，橡胶抽拔管管壁用多层橡胶夹布在专业厂家制作，宜在混凝土浇筑 150 ~ 200℃·h（混凝土全部埋设胶管时间与平均的温度乘积）内抽拔。抽拔时用尼龙绳锁住外露胶管，启动卷扬机拖拔，视设置管的长度和阻力一次可抽拔 5 ~ 8 根。为避免抽拔时塌孔，宜将波纹管与胶管相间布置，采用架立钢筋固定管道的坐标位置。浇筑后的铁皮管或抽拔管后的管道，必须用小于内径 10mm 的梭形钢锤清孔，以便清除异物，补救塌孔，保证预应力筋穿孔畅通。

（二）挂篮施工

挂篮是悬臂浇筑施工的主要机具，是一个能沿着轨道行走的活动脚手架。挂篮悬挂在已经张拉锚固的箱梁梁段上，悬臂浇筑时箱梁梁段的模板安装、钢筋绑扎、管道安装、混凝土浇筑、预应力张拉、压浆等工作均在挂篮上进行。当一个梁段的施工程序完成后，挂篮解除后锚移向下一梁段施工。所以挂篮既是空间的施工设备，又是预应力筋未张拉前梁段的承重结构。

1. 挂篮形式

（1）挂篮分类

挂篮作为施工梁段的承重结构，同时又是施工梁段的作业现场。随着施工技术的不断改进，已由过去的压重平衡式发展成现在通用的自锚平衡式。自锚平衡式施工挂篮的结构形式主要有桁架式、斜拉式两类。

桁架式挂篮按其构成部件的不同，可分为万能杆件挂篮、贝雷梁或装配式钢桁梁组合式挂篮、型钢组合式挂篮、桁架组合式挂篮等。按桁架构成形状的不同，又可分为平行桁架式、平弦无平衡重式、弓弦式、菱形式等多种。

斜拉式挂篮也叫轻型挂篮。随着桥梁跨径越来越大，为了减轻挂篮自重，减少施工节段的临时钢丝束，在桁架式挂篮的基础上研制了斜拉式挂篮。

（2）挂篮的主要构造

①主纵桁梁

主纵桁梁是挂篮悬臂承重结构，可由万能杆件或贝雷桁架（或装配式公路钢桁架）组拼或采用钢板或大号型钢加工而成。

②行走系统

行走系统包括支腿和滑道及拖移收紧设备，采用电动卷扬机牵引，通过圆棒滚动或在铺设的上、下滑道上移动。滑道要求平整光滑，摩阻力小，拆装方便，能反复使用。目前大多采用上滑道覆一层不锈钢薄板，下滑道用槽钢，内设聚四氟乙烯板，行走方便、安全、稳定性好。

③底篮

底篮直接承受悬浇梁段的施工重力，可供立模板、绑扎钢筋、浇筑混凝土、养生等工序用，由下横桁梁和底模纵梁及吊杆（吊带）组成。横梁可用万能杆件或贝雷桁架或型钢、钢管构成，底模纵梁采用多根 24 ~ 30 号槽钢或工字钢。

④后锚系统

后锚是主纵桁梁自锚平衡装置，由锚杆压梁、压轮、连接件、升降千斤顶等组成，目的是防止挂篮在行走状态及浇筑混凝土梁段时倾覆失稳。后锚系统结构按计算确定，混凝土浇筑前，应按设计锚力的 0.6、1.0、1.5 倍分别用千斤顶检验锚杆。

2. 挂篮设计与选择

（1）挂篮的设计

挂篮的合理设计是保证施工质量、加快施工进度的重要因素。挂篮的设计除应符合强度、刚度及稳定性要求外，尚应满足下列要求：

①悬臂吊架应有向前走行（滑移）的设备。

②施工挂篮行走时其抗倾覆稳定系数不小于 2。

③挂篮总重量的变化，不应超过设计重量的 10%。

④浇筑悬臂梁段时，可将后端临时锚固在已浇筑的梁段上。

⑤支承平台后端横梁可锚固于已浇筑梁段底板上。

⑥挂篮吊架在浇筑梁段时所产生的变形，可采用调整前吊杆高度或采用预压配重调整办法。

在设计中要求挂篮的质量小、结构简单、受力明确、运行方便、坚固稳定、变形小、装拆方便，并尽量利用当地现有构件。

设计时首先需确定悬浇的分段长度。分段长，节段数量少，挂篮周转次数少，施工速度加快，但结构庞大，需要的施工设备相应增多；分段短，节段多，挂篮周转次数多，施工速度较慢，但结构较轻，相应的施工设备较少。因此悬浇长度应根据施工条件权衡利弊综合考虑确定。我国近来修建 T 构的分段长度一般约

3～5m。

其次，确定设计荷载。应考虑各项实际可能发生的荷载情况，进行最不利的荷载组合。应考虑的主要荷载有：最大现浇节段梁段重量；挂篮自重；最大梁段模板重量；施工机具重量及振捣器振动力；施工人群荷载；平衡重重量；冬期施工防寒设施重量。

再次，设计挂篮横断面。挂篮横断面布置一般取决于桥梁宽度和箱梁横断面形式，当桥梁横断面为单箱时，全断面用一个挂篮施工；当桥梁横断面为双箱时，一般采用两个挂篮分别施工，最后在桥面板处用现浇混凝土连接；有时为了加速施工，如上海市金山大桥采用大型宽体桁架式挂篮，双箱一次浇筑施工。

最后，验算挂篮的抗倾覆稳定性能，确定结构整体的图式和尺寸以及后锚点的锚力等。

（2）挂篮的选择

挂篮选择应满足下列要求：

①挂篮必须具有足够的强度、刚度和稳定性，结构形式、几何尺寸应适应梁段高度变化并满足与已浇筑梁段搭接需要和挂篮走行要求。挂篮走行和浇筑混凝土时的抗倾覆稳定系数不得小于2。

②满足梁段设计的要求，即满足梁体结构、形体、质量及设计对挂篮质量的要求。

③满足施工安全、高质量、低成本、短工期和操作简便的要求。

采用万能杆件、贝雷桁架、六四式军用桁架组拼的挂篮桁架，一般比型钢加工制作的挂篮成型快、设备利用率高、成本低；而自行加工或专业单位生产的挂篮虽一次性投入成本大，但却有节点少、变形小、质量轻、结构完善、施工灵活和适用性强的优点。

选择挂篮形式主要考虑结构简单、自重轻、受力明确、变形较小、行走安全、装拆方便等方面因素。在一般情况下，尽量选择本单位现有设备，达到保证施工质量，加速施工进度，节省投资的目的。

3.挂篮的安装

在起步长度内梁段浇筑完成并获得要求的强度后，在墩顶拼装挂篮。有条件时，应在地面上先进行试拼装，以便在墩顶熟练有序地开展挂篮拼装工作，拼装时应对称进行。挂篮组拼后，应全面检查安装质量，并做载重试验，以测定其各部位的变形量，并设法消除其永久变形。

拼装后，在挂篮的操作平台下设置安全网，防止物件坠落，以确保施工安全。挂篮应呈全封闭形式，四周设围护，上下应有专用扶梯，方便施工人员上下挂篮。

挂篮行走时，须在挂篮尾部压平衡重，以防倾覆。浇筑混凝土梁段时，必须在挂篮尾部将挂篮与梁进行锚固。

4. 挂篮试压

为了检验挂篮的性能和安全，并消除结构的非弹性变形，应按设计要求对挂篮进行试压。当设计无要求时，应按 1.2 倍最大施工荷载进行静载试验，消除挂篮在加载状态的非弹性变形并测量挂篮的弹性变形值，以便合理设置悬臂浇筑梁段的立模高程。试压通常采用试验台加压法或水箱加压法等。

（1）试验台加压法

新加工的挂篮可用试验台加压法检测桁架受力性能和状况。试验台可利用桥台、承台或岸边梁，在其内预埋拉力筋用来锚住主桁梁后端，前端按最大荷载计算值施力，并记录千斤顶逐级加压变化情况，测出挂篮弹性变形和非弹性变形参数，用作控制悬浇高程依据。

（2）水箱加压法

对就位待浇混凝土的挂篮，可用水箱加压法检查挂篮的性能和状况。加压的水箱一般设于前吊点处，后吊杆穿过紧靠墩顶梁段边的底篮和纵桁梁锚固于横桁梁上，或穿过已浇箱梁中的预留孔锚于梁体，在后吊杆的上端装设带压力表的千斤顶，反压挂篮上横桁梁，计算前后施加力后，分级分别进行灌水和顶压，记录全过程挂篮变化情况，即可求得控制数据。

5. 混凝土浇筑

每个悬浇段的混凝土一般可分二次或三次浇筑完成（混凝土数量少的也可采用一次浇筑完成），为了使后浇混凝土不引起先浇混凝土的开裂，需要消除后浇混凝土引起挂篮的变形。一般可采取以下几种措施：

（1）箱梁混凝土一次浇筑法

箱梁混凝土的浇筑采用一次浇筑，并在底板混凝土凝固前全部浇筑完毕，也就是要求挂篮的变形全部发生在混凝土塑性状态之间，避免裂纹的产生。但需在浇筑混凝土前预留准确的下沉量。

（2）水箱法

浇筑混凝土前先在水箱中注入相当于混凝土质量的水，在混凝土浇筑过程中，逐步放水，使挂篮的负荷和挠度基本不变。

（3）抬高挂篮的后支点法

浇筑混凝土前将模板前端设计高程抬高 10 ~ 30mm，预留第一次浇筑混凝土的下沉量，同时用螺旋式千斤顶顶起挂篮后支点，使之高于滑道或钢轨顶面（一般顶高约 20 ~ 30mm）。在浇筑第一次混凝土时千斤顶不动，浇筑混凝土质量使挂篮的下沉量与模板的抬高量相抵消。在浇筑第二次混凝土时，将千斤顶分次下降，并随即收紧后锚系的螺栓，使挂篮后支点逐步贴近滑道面或轨道面。随着后支点的下降，以前支点为轴的挂篮前端必然上升一数值，此数值应正好与第二次混凝土质量使挂篮所产生的挠度相抵消，保证箱梁模板不发生下沉变形。此法需要的设备很少，较水箱法简单，但需顶起量合适。顶起量应由实测确定。

斜拉式挂篮因其总变形小，一般可在浇筑混凝土前预留下沉量，不必在浇筑过程中进行调整。也可采用其他桥的施工实践，将挂篮底模承重横梁改用直径 1 ~ 1.2m 加劲钢管，管内与水泵及卸水管连通，使加卸载控制灵活。在梁段混凝土浇筑过程中，逐渐卸水，保持挂篮的负荷和挠度基本不变。

6. 挂篮前移

挂篮前移前应做好下列准备工作：

（1）测量标出已施工梁段的中线及高程，并宜按间距不大于 0.5m 测量标出移位位置横向标线，以观测和保证 T 构两侧挂篮同步对称前移。

（2）铺设滑道或安放滚轮箱等走行设施。

（3）对挂篮的结构状态和各部位连接情况进行详细检查并做好记录，对发现的缺陷及时整改、纠正。

（4）解除挂篮主桁架后锚和前支点处的锚固，拴好安全绳及尾绳。

（5）安装并调试前移动力装置。

挂篮前移应符合下列规定：

（1）桥墩两侧挂篮必须在梁段的纵向预应力筋张拉完毕后同时对称移动，并应设专人指挥。

（2）挂篮前移应根据不同移动方式（滑动式、滚轴式、支架滚轮等）、驱动动力（倒链、千斤顶和液压驱动走行）的操作要求进行，并应保持主桁处于水平状态。挂篮前移不得使用卷扬机钢丝绳作为牵引动力。

（3）挂篮移动速度不宜大于 0.1m/min，就位时中线偏差不应大于 5mm。

（4）挂篮移动时后端应有牢固可靠的防倾覆、防溜走的保护措施。

（三）悬臂浇筑梁段混凝土注意事项

1. 挂篮就位后，吊架安装并校正模板。此时应对浇筑预留梁段混凝土进行抛高，以使施工完成的桥梁符合设计高程。抛高值包括施工期结构挠度、因挂篮重力和临时支承释放时支座产生的压缩变形等。

2. 模板安装应核准中心位置及高程，模板与前一段混凝土面应平整密贴。如上一段施工后出现中线或高程误差需要调整时，应在模板安装时予以调整。

3. 安装预应力预留管道时，应与前一段预留管道接头严密对准，并用胶布包贴，防止灰浆渗入管道。管道四周应布置足够定位钢筋，确保预留管道位置正确，线形平顺。

4. 浇筑混凝土时，可以从前端开始，应尽量对称平衡浇筑。浇筑时应加强振捣，并注意对预应力预留管道的保护。

5. 为提高混凝土早期强度，加快施工速度，在设计混凝土配合比时，一般加入早强剂或减水剂。混凝土梁段浇筑一般 5 ~ 7d 一个周期。为防止混凝土出现过大的收缩、徐变，应在配合比设计时按规范要求控制水泥用量。

6. 梁段拆模后，应对梁端的混凝土表面进行凿毛处理，以加强接头混凝土的连接。

7. 箱梁梁段混凝土浇筑，一般采用一次浇筑法，在箱梁顶板中部留一窗口，混凝土由窗口注入箱内，再分布到底模上。当箱梁断面较大时，考虑梁段混凝土数量较多，每个节段可分二次浇筑，先浇筑底板到肋板倒角以上，待底板混凝土达一定强度后，再支内模，浇筑肋板上段和顶板。其接缝按施工缝要求进行处理。

8. 箱梁梁段分次浇筑混凝土时，为了不使后浇混凝土的重力引起挂篮变形，导致先浇混凝土开裂，要有消除后浇混凝土引起挂篮变形的措施。

（四）支架现浇梁段施工

施工边跨支架上的现浇梁段部分时，可在墩旁搭设临时墩支承平台，一般采用万能杆件、贝雷架等拼装，在其上分段浇筑。其步骤如下：

设置临时桩基→浇筑钢筋混凝土承台→加宽边墩混凝土承台和设置预埋件→拼装扇形全幅万能杆件支架→搭设型钢平台→加载试压→安装现浇底模和侧模（底模下设木楔调整块）→测量底板高程（包含预抬量）和位置→绑扎底、腹板钢筋及竖向预应力筋→安装底板纵向预应力管道→安装端模和腹板模→安装纵向及横向预应力管道→绑扎顶板顶层钢筋→浇筑顶板混凝土→养生凿毛→拆除端头模板→张拉竖向预应力筋和顶板横向预应力筋→拖移外侧模→拆除箱内模板。

当现浇梁段较短时，可利用挂篮浇筑；当与现浇段相接的桥是采用顶推施工时，可将现浇梁段锚固在顶推梁前端施工，并顶推到位。此法不需要支撑，省料省工。

（五）合龙段施工及体系转换

连续梁的分段悬浇施工常采用对称施工，从各墩顶 0 号段开始至该 T 构的完成，然后再将各 T 构拼接而形成整体连续梁。这种 T 构的拼接就是合龙。合龙是连续梁施工和体系转换的重要环节。在桥梁合龙时，现浇梁段经预压后支架的变形已相对稳定，但悬臂端受气候影响在三个方向均可能产生较大变形。所以在预应力筋张拉之前，尤其是混凝土浇筑初期，这些变形可能导致合龙段混凝土开裂，施工工艺应保证合龙段适应这些变形，避免裂缝出现。

合龙段施工及体系转换关键工序主要包括：锁定、压重、合龙段混凝土浇筑、体系转换。

1. 锁定

合龙前应调整中线和高程，将连续梁合龙一侧的临时固定支座释放；同时将两悬臂端间距离按设计合龙温度及预施应力后弹性压缩换算，然后进行约束锁定。

锁定时反力座位置应准确，高程与箱梁线形一致，顶面平顺，固定牢靠；反力座宜设置在靠近箱梁腹板内侧，上下、左右对称。刚性支撑安装应平行，高程一致；刚性支撑锁定时间应根据观测结果确定，原则上是各合龙段在规定的时间（即梁体相对变形最小和温度变化幅度最小的时间区间内）全桥对称、均衡同步锁定。在锁定之前，应完成合龙临时束张拉的准备工作。

合龙段锁定前，应对悬臂断面进行 48h 连续观测。观测气温与高程变化、合龙段长度的变化、梁体温度的关系，以确定合龙时间并为选择合龙段锁定方式做力学验算，为锁定时机提供依据。气温变化幅度大时可每 1h 观测一次，气温变化幅度小的夜间可每 2h 观测一次。

合龙段的锁定应迅速对称地进行，先将体外刚性支撑一端与梁端部预埋件焊接（或栓接），然后利用体外临时撑杆调节合龙段间距，再迅速将体外刚性支撑另一端与梁连接，临时预应力束随之张拉。

临时锁定完成后，应立即解除梁墩的临时固结约束；合龙段临时锁定设施应在纵向预应力筋张拉结束后拆除。

合龙锁定后，应加强测量观测，掌握梁体高程变化的情况；发生变化，应及时找出原因，同时采取增加或减少配重的方式弥补。

2. 压重

合龙段两侧预加压重应符合设计要求，应于混凝土浇筑过程中按等量换重的方式逐步解除。调整合龙段悬臂高差所加压重应在合龙梁段预应力筋张拉完毕后才能拆除。

悬臂施工梁段在距合龙口 2 ~ 3 个梁段时，应对合龙口两侧悬臂端的中线及高程进行联测调控，合龙口中线及高程偏差控制应在允许范围内。当合龙口两侧悬臂任何方向相对偏差大于 15mm 时，应采取措施进行纠正。

3. 混凝土浇筑

合龙段混凝土施工不当，梁体易产生裂缝，底板混凝土下崩，底板产生纵向裂缝，底板混凝土与上下两层钢筋网一起分层。因此施工时要注意以下几点：

（1）混凝土应采用微膨胀混凝土浇筑，混凝土强度等级宜较其他梁段等级提高一级，以尽早张拉预应力筋。

（2）混凝土浇筑应一次浇筑成型，时间尽量缩短，一般宜控制在 2 ~ 3h 内完成，并在一天中气温最低时快速、连续浇筑。

（3）合龙段混凝土应加强保湿保温养护，控制梁体内外温差；并应在合龙段及两悬臂端部 1m 范围内进行覆盖，降低日照温差的影响。

（4）混凝土浇筑过程中应加强监测，保证浇筑混凝土过程中合龙口始终处于稳定状态。

4. 体系转换

连续梁分段悬臂浇筑过程中，各独立 T 构的梁体处于负弯矩受力状态，随着各 T 构的依次合龙，梁体也依次转化为成桥状态的正负弯矩交替分布形式，这一转化就是连续梁的体系转换。因此，连续梁悬浇施工的过程就是其应力体系转换的过程，也就是悬浇时实行支座临时固结、各 T 构的合龙、固结的适时解除、预应力的分配以及分批依次张拉的过程。

因结构由双悬臂状态转换成单悬臂受力状态时，梁体某些部位的弯矩方向发生转换，拆除梁墩锚固前应按设计要求，及时张拉预应力束。梁墩临时固结的放松，应均衡对称进行，确保逐渐均匀地释放。放松前应测量各梁段高程；放松过程中应注意各梁段的高程变化，如有异常情况，应立即停止作业，查明原因；对转换为超静定结构的桥梁，应考虑钢束张拉、支座变形、温度变化等因素引起结构的次内力。按设计要求，需进行内力调整时，应以高程、反力等多因素控制，相互校核。

多跨合龙段浇筑顺序按设计或施工要求进行，通常为先各边跨，再各次边跨，最后为中跨。次边跨和中跨合龙段施工的原则和要求类似边跨合龙施工，中跨合龙段因温差引起的变形变位大，由此产生的应力也大，对合龙临时连续约束的设施亦有更高要求。

合龙段混凝土的合龙束未张拉之前，不得在跨中范围内堆放重物或行走施工工具。合龙施工必须满足受力状态的设计要求和保持梁体线形，控制合龙段的施工误差。

（六）施工控制

悬臂浇筑施工属于自架设方式施工，且已成结构的状态（包括受力、变形）具有不可调整性，所以施工控制主要采用预测控制法。主要体现在施工控制模拟结构分析、施工监测（包括结构变形与应力监测等）、施工误差分析以及后续施工状态预测几个方面。施工成败的关键在于临时锚固的可靠性，施工过程中的应力、变形与高程控制以及体系转换的实施。

对于分节段悬臂浇筑施工的桥梁来说，施工控制就是根据施工监测所得的真实值进行施工计算，确定出每个悬浇节段的立模高程，并在施工过程中根据施工监测的成果对误差进行分析、预测和对下一立模高程进行调整，以此来保证成桥后桥面线形、合龙段两悬臂端高程的相对偏差不大于规定值以及结构内力状态符合设计要求。

悬臂浇筑的施工控制计算除了必须满足与实际施工方法相符合的基本要求外，还要考虑诸多相关的其他因素。

（1）施工方案：由于施工桥梁的恒载内力与施工方法和架设程序密切相关，制订施工方案前，应首先对施工方法和架设程序做一番较为深入的研究，并对主梁架设期间的施工荷载给出一个较为精确的数值。

（2）计算图式：悬臂浇筑一般要经过墩梁固结→悬臂施工→合龙→解除墩梁固结→合龙的过程，在施工过程中结构体系不断地发生变化，因此在各个施工阶段应根据桥梁结构实际状况选择正确的计算图式进行分析、计算。

（3）非线性：非线性对中小跨连续梁桥、连续刚构桥的影响可以忽略不计，但对大跨径桥梁则有必要考虑非线性的影响。

（4）预加应力：预加应力直接影响结构的受力与变形，施工控制中应在设计要求的基础上，充分考虑预应力的实际施加程度。

（5）混凝土收缩、徐变：连续梁桥、连续刚构桥必须计考虑混凝土收缩、徐变对变形的影响。

（6）温度：温度对结构的影响是复杂的，通常的做法是对季节性温差在计算中予以考虑，对日照温差则在观测中采取一些措施予以消除，以减小其影响。

（7）施工进度：施工控制计算需按实际的施工进度以及预计合龙时间分别考虑各个部分的混凝土徐变变形。

在主梁的悬臂浇筑过程中，梁段立模高程的合理确定，是关系到主梁线形是否平顺、设计是否合理的一个重要问题。如果在确定立模高程时考虑因素比较符合实际，而且加以正确的控制，则最终桥面线形较好；如果考虑的因素与实际情况不符合，控制不力，将会导致桥面与设计线形有较大的偏差。众所周知，立模高程并不等于设计中桥梁建成后的高程，总要有一定的预拱度，以抵消施工中产生的各种变形。

三、转体施工

（一）转动体系

1.转动体系构造

转动体系主要由转动支承系统、转动牵引系统和平衡系统组成。

转动支承系统是平转法施工的关键设备，由上转盘和下转盘构成。上转盘支承转动结构，下转盘与基础相连。通过上转盘相对于下转盘转动，达到转体目的。转动支承系统必须兼顾转体、承重及平衡等多种功能。目前使用的转体装置有两种：第一种是混凝土铰支转盘，第二种是四氟板转盘。

转动牵引系统由牵引反力座及预埋在转盘内的牵引索组成，它是转体施工成败的关键。牵引体系由牵引动力系统、牵引索、反力架、锚固构件组成。转体施工设备采用全液压、自动、连续运行系统。具有同步、牵引力平衡等特点，能使整个转体过程平衡，无冲击颤动。

平衡问题也是平转过程中的一个关键问题。对于斜拉桥、T 构桥以及带悬臂的中承式拱桥等上部恒载在墩轴线方向基本对称的结构，一般以桥墩轴心为转动中心。为使重心降低，通常将转盘设于墩底。对于单跨拱桥、斜腿刚构等，平转施工分为有平衡重转体与无平衡重转体两种。有平衡重转体，上部结构与桥台一起作为转体结构，上部结构悬臂长，重量轻，桥台则相反，在设置转轴中心时，尽可能远离上部结构方向，以求得平衡，如果还不平衡，则需在台后加平衡重；无平衡重转体，只转动上部结构部分，利用背索平衡，使结构转体过程中被转体部分始终为索和转铰处两点支承的简支结构。

2. 转动体系施工（以钢面球铰为例）

（1）主墩桩基施工完成后，下承台根据滑道骨架及下球铰骨架尺寸分两次浇筑施工，首先浇筑第一阶段部分混凝土及滑道安装，然后安装大吨位钢球铰。安装时，将下球铰放置于已架好的底座骨架上。先粗调，再用骨架上的微调螺丝调整下球铰中心位置及球面，使球铰中心销轴套管竖直，球铰周圈在同一水平面上（需借助高精度仪器控制其顶口任意两点高差不超过 1mm）。采用钢球铰转体施工，其最为关键的一点就是球铰安装精度及滑道精度的控制，它将直接影响到转体是否稳定及成功，因此，需特别引起重视。

（2）调整到位后将螺丝固定好，中心套管盖好。浇筑第二阶段微膨胀混凝土。浇筑前，先将下球铰的振捣孔旋出，振捣至球铰上的出气孔有混凝土往外冒，再从外侧继续浇混凝土。注意复振，务必确保混凝土振捣密实。

（3）清理下球铰的凹面及中心销轴套管，同时，做好混凝土养护，待混凝土固化后，施工人员需备好吸尘器等工具，再次清理下球铰。

（4）将黄油与四氟粉按比例配置混合好，并搅拌均匀，然后，先在中心套管内放入黄油四氟粉，再将中心销轴轻轻放到套管中，按图纸对应的编号由内至外将聚乙烯四氟滑片——对应安装完毕后，将黄油四氟粉填至下球铰面上。

（5）将上球铰吊起除锈后，涂抹黄油四氟粉，然后将其对准中心销轴轻落至下球铰上。球铰平转体系基本形成，进行试转体，人工轻轻将上转盘转动 3～5 圈，将上、下球铰间的黄油挤压密贴，直至球铰间周边有黄油挤出为止。去除多余黄油，并将上、下球铰外圈空隙涂满，最后用水泥砂浆将外圈空隙处密封处理，等待使用。

（6）进行上转盘、撑脚、挡块施工。上转盘内的牵引索是整个转体施工的关键，需将牵引索圆顺地缠绕转盘 3/4 周至牵引反力座。牵引索的安装应注意如下几个问题: 锚固长度足够; 出口处不留死弯; 预留的长度要足够并考虑4m的工作长度。从牵引索安装完成到使用期间应注意保护, 避免电焊、高温等影响, 并用黄油将外露的牵引索涂抹均匀, 用彩条布包裹好, 防潮防淋, 避免锈蚀, 转体前再拆开使用。

支撑钢管撑脚底部与下承台滑道顶部间隙的设置尤为关键。因为间隙过大, 撑脚则失去不平衡重对结构影响而起到的支撑稳定作用; 间隙过小, 则有可能造成转体过程中撑脚与滑道钢板接触而使摩阻力过大, 造成转体转不动。理论上, 撑脚与钢板之间为"若即若离"是最理想的状态, 但实际施工中由于不平衡重及施工误差等因素影响很难达到, 因此, 综合考虑后认为, 该间隙设置可适当大一些, 在10～20mm之间较为适宜。如果间隙设置较大, 也可在撑脚与滑道间加垫钢滑板, 随着转体转动也相应移动即可。

(二)梁体施工

箱梁施工与支架法箱梁施工相同。先平行于线路搭设支架, 分节段两端对称浇筑, 需特别注意对箱梁高程及不平衡重的控制。每次对箱梁的尺寸、浇筑数量均进行专门检查和控制, 将施工中的不平衡重控制到最小。同时, 节段施工过程中应提前考虑好支架拆除后梁体高程的变化, 避免转体就位后箱梁高程与设计高程产生较大差异。

(三)转体施工

1. 转体前的施工准备

(1)设备调试。对使用的设备在使用前进行标定, 标定之后对系统进行空载联试, 以确认全部设备正常并满足要求。

(2)现场清理。包括环道清理,解除临时支座,清除结构平转范围内的障碍物。

(3)旋转系统安装(包括主牵引系统和助推系统安装)。主牵引系统的千斤顶安设前, 在下转盘基础预埋反力架后方搭设承托架, 承托架的高度以保证千斤顶牵引钢绞线时其轴心处高度与上转盘预埋钢绞线处固定受力点高度一致为原则。千斤顶准确就位后, 将预埋钢绞线按照预埋次序穿入连续顶推千斤顶。安装时注意控制各定位钢筋的水平和竖向尺寸, 确保牵引钢束的定位准确无误。主牵引系统的千斤顶安设位置必须经过全站仪严格放样、检测, 力求使每座转体系统在纯力偶状态下工作。安装卡具并卡紧, 然后用小型千斤顶逐根张拉钢绞线, 使钢绞线处于绷紧状态。千斤顶安装位置(或反力架位置)应以转动球铰为轴心成对称分布。

为了避免水平转体施工过程中各牵引索互相干扰，各牵引索必须有单独的轨道。运行过程中，各牵引索各行其道。

由于初始静摩擦力大于滑动摩擦力，为保证安全，防止单独使用柔性钢束造成 T 构突然转动，在下盘的内环支承柱和上盘平衡脚之间安装 3 台小型助推千斤顶，作为初始起动牵引的动力储备。使用过程中，助推千斤顶头始终用楔形垫铁与支撑柱紧贴，以使千斤顶的顶推方向与平衡脚的切线方向一致。

（4）防超转机构的准备。基础施工时，应提前在转体就位处设置限位装置。同时配备两台千斤顶备用。

（5）制定加载方案。

2. 试转

在上述各项准备工作完成后，正式转动之前，应进行结构转体试运转，全面检查一遍牵引动力系统及转体体系、位控体系、防倾保险体系，并撤除所有支撑物、配重。确认正常后，开启牵引动力系统，使其在"手动"状态下试运转，考核水平转体体系状态，同时测试转体点动运行速度和角速度、启动力矩和运行力矩等参数，以供转体及定位时参考。检测整个系统的安全可靠性，同时由测量和监控人员对转体系统进行各项初始资料的采集，准备对转体全过程进行跟踪监测，为正式实施转体提供主要技术参数和可靠保证。

试转时应做好以下两项重要数据的测试工作：

（1）测试每分钟转速，即将转体实际转动的角速度控制在设计要求范围内。

（2）测量悬臂端所转动的水平弧线距离，即将转体实际转动的线速度控制在设计要求范围内。控制采取点动式操作，测量组测量每点动 1 次悬臂端所转动水平弧线距离的数据，为转体初步到位后，进行精确定位提供操作依据。打开主控台以及泵站电源，启动泵站，用主控台控制两台千斤顶同时施力旋转。若不能转动，则施以事先准备好的辅助顶推千斤顶，同时施力，以克服静摩擦阻力来启动桥梁转动。

3. 正式转体

试转结束，分析采集的各项数据，编制详细的转体方案，即可进行正式转体。

转体结构旋转前要做好人员分工，根据各个关键部位、施工环节，对现场人员做好周密部署，各司其职，分工协作，由现场总指挥统一安排。

转体时，先让辅助顶推千斤顶达到预定吨位，启动动力系统设备，并使其在

"自动"状态下运行。转体使用的两对称千斤顶的作用力始终保持大小相等、方向相反，以保证上转盘仅承受与摩擦力矩相平衡的动力偶，无倾覆力矩产生。

设备运行过程中，各岗位人员注意力必须高度集中，时刻注意观察和监控动力系统设备和转体各部位的运行情况。如果出现异常情况，必须立即停机处理，待彻底排除隐患后，方可重新启动设备继续运行。

在内环平衡脚与承台顶预埋钢板行走环道间的预留间隙内铺垫四氟板作为转体旋转时的平衡行走轨道（镶嵌于平衡脚下底面）。在外环支撑柱顶和上转盘之间的水平间隙内安槽形钢板，钢板内铺垫同样大小、厚8mm的四氟板走板。走板顶面与上环道间隙为5mm。在转体旋转过程中内环平衡脚与行走轨道间间距因受力或荷载不平衡而发生变化时，在偏心对应处垫入四氟板以纠正偏心问题。

转体结构到达设计位置（主梁悬臂段中心点距离设计桥轴线100cm）时，系统"暂停"。为防止结构超转，动力系统改由"手动"状态下的点动操作。每点动操作一次，测量人员测量轴线走行数据一次，反复循环，直至结构轴线精确就位。为保证转体就位准确，在反力架前预埋有限位型钢加橡胶缓冲垫，即使发生转体过位，还可以利用反力架做支撑，用千斤顶反推就位。整个转体施工过程中，用全站仪加强对T构两端高程的监测和转盘环道四氟走板的观察。

4. 锁定转盘，调整高程

转体就位后，应立即焊接部分预埋在上、下承台间的竖向钢筋锁定转盘。根据需要可采用压重等方式适当调整转体后箱梁高程。

5. 封固转盘

待高程调整完成后，及时将剩余预埋在上、下承台间的竖向钢筋焊接，浇筑封固混凝土，完成转体。

（四）施工监控量测

转体施工中，必须对转体全过程进行监测和监控，以减少施工对道路的干扰，确保大桥的工程质量和施工安全。根据监测的实际情况指导和配合现场施工。

1. 监控量测目的

（1）监测各施工工序关键部位的应力应变，保障转体施工的安全。

（2）控制和评估大桥施工各阶段受力状态。

（3）协助和指导施工人员，使结构达到设计预想目标；有必要时对施工控制工序向业主、设计和施工单位提出有关建议。

（4）收集并建立资料，为各方决策及竣工评估提供依据。

（5）优化施工工艺设计，提供更为经济、合理、省时、省力的施工方案。

2.监控量测内容及位置

（1）转盘应力监测。在下转盘内部混凝土中埋设弦式应变计，两侧转体体系的下转盘均布置测点。本项监测主要目的是了解在转体荷载作用下，下转盘内部混凝土的应力及应力变化状况，从中反映出转动体系的偏心状况，为偏心结构重心调整、转动期间重心控制提供理论依据。

（2）转体桥墩应力监测。转体桥墩应力测量采用在墩柱混凝土内埋入振弦应变传感器测定。根据应力变化值可计算转体体系全部重量的变化和转体体系重心位置的变化，以保证转体体系的平衡，保证施工体系安全。应力监测时段是：转体桥墩混凝土浇筑完毕、梁体各施工段混凝土浇筑完毕、支架脱离前后、转体施工前后以及合龙段混凝土浇筑前后。

主梁施工悬臂根部截面混凝土纵向应力随着施工段增加、预应力张拉以及体系转换等各个施工阶段的不同随时都在发生变化，由于该截面受力十分复杂，内应力的变化较大，是主梁混凝土内施工应力的关键控制截面。为控制其应力和变形，施工过程中随时监测其混凝土的内应力是十分必要的。另外，观测主墩两侧的悬臂根部截面的纵向应力分布变化也可以推算T形刚构两悬臂重量不平衡状况，为整个体系在施工过程中以及转体旋转前两端平衡控制与调整起到指导作用。作为该部位的应力应变观测截面，应选在两幅主梁的悬臂端与主墩交界的根部位置上。

（3）结构高程和主梁线形监控监测。每道关键工序施工前后分别进行一次高程变化监测，以便随时掌握结构变形影响，提供箱梁现浇施工中支架及模板的预拱度。

（4）预应力的监控量测。在全桥预应力施工中，通过对预留孔道、预应力钢束的顺直度、张拉伸长量、管道摩阻力损失、锚下应力损失、孔道（尤其是长大孔道）压浆密实度等项目进行监控量测，掌握和指导结构预应力施工全过程，从而确保预应力结构施工质量。

（5）转动过程中转动速度及同步转动就位监测。在下转盘上分度标示转体角度，专人观察转体角度并及时计算转体速度，作为结构平稳、顺利、安全完成转体控制的依据。顺利就位后，通过监测各结构轴线、高程以及结构应力应变情况，为成桥检验积累基础数据。

通过以上全方位、全过程质量监控量测，有效地指导和控制 T 形刚构箱梁转体结构的施工。

（五）合龙段施工

1. 边跨合龙段施工

转体完毕后，箱梁边跨合龙段采用满堂支架进行施工。对合龙段相邻两个梁段间高差进行测量，如果高差 $\triangle \leqslant 20mm$，则进行下一步施工，如果 $\triangle \geqslant 20mm$，则联系设计单位确定转体段箱梁在悬臂状态下配重所需重量及布置位置，根据设计提供计算结果对箱梁进行压重直到高差符合要求后再进行边跨合龙段施工。具体施工方法同悬臂浇筑合龙段施工。

合龙段张拉完毕后即完成边跨从悬臂梁到连续梁的体系转换。边跨体系转换完毕后，解除墩身临时锚固和永久支座的锁定，开始进行中跨合龙段施工。

2. 中跨合龙段施工

边跨合龙段施工完毕及墩顶临时锚固解除完毕后进行中跨合龙段施工。中跨合龙段采用吊架进行施工，吊架采用精轧螺纹钢筋，通过箱梁预留孔来对中跨底模进行支撑。

（六）转体上下承台间空隙浇筑

主桥合龙后，对上下承台间空隙用微膨胀混凝土进行浇筑填充。空隙浇筑完毕后即完成了整个转体桥梁的施工。

四、连续梁顶推

（一）梁段预制

1. 梁段预制场地

制梁场地应能满足导梁拼装、机械设备及制梁材料存放和施工作业需要。

梁段预制场地应根据顶推法施工的要求设在桥台后面（桥轴线上）的引道（或引桥）上；当为多联顶推时，为加速施工进度，可在桥两端均设场地，从两端相对顶推。顶推法的制梁有两种方法，一种是在梁轴线的预制场上连续预制逐段顶推；另一种是在工厂制成预制件，运送到桥位连接后进行顶推，在这种情况下，必须根据运输条件决定节段的长度和质量，一般不超过 5m，同时需要起重、运输设备。因此，以现场预制为宜。

预制场地的长度应考虑梁段悬出时反压段的长度、梁段底板与腹板预制长度、导梁拼接长度和机具设备进入预制作业线的长度。预制场长度一般需要有预制节段长的 3 倍以上。主梁的节段长度划分主要考虑段间的连接处不要设在连续梁受力最大的支点与跨中截面，同时考虑加工容易，尽量减少分段，缩短工期，还应考虑预应力混凝土的弹性压缩、收缩、徐变的影响，并进行调整。因此一般取每段长 10 ~ 30m。预制场地的宽度则可根据梁段两侧施工作业的需要确定。

为避免受天气影响，可在场地搭建临时有盖工棚，并可以移动。移动工棚视现场条件和需要可用于浇筑作业或顶推工作平台。

制梁台座应进行施工设计，具有足够的强度、刚度和稳定性，并应做好台座地基的防排水设施。制梁台座顶面高程、中线及纵坡应与顶推桥梁的设计高程、中线及纵坡相一致。台座上的滑道装置应按最大反力设计，保证满足预制梁段的顶推需要。

2. 梁段模板

一般来说，采用顶推法施工梁体多为等截面，模板可以多次周转使用。因此宜使用钢模板，以保证预制梁尺寸的准确性。底模板安置在制梁台座上，制梁台座和底模中心线与桥梁中心线的偏差不大于 1mm。底模和制梁台座应密贴，其顶面高程的偏差不大于 1mm。

3. 梁段混凝土

梁段混凝土浇筑有两种方法，一种方法是节段在预制场浇筑完成后，张拉预应力筋并顶推出预制场；另一种是在预制场先完成底板浇筑，张拉部分预应力筋后即推出预制场，而其他部分的施工是在过渡跨上完成的。

梁段浇筑过程中要严格控制截面尺寸、底面平整度和梁段端部的垂直度；严格控制梁段内钢筋、预应力筋孔道位置、预埋件位置以及混凝土的浇筑质量。为提高混凝土早期强度，缩短顶推周期，在配置混凝土时可采用早强水泥，掺入早强减水剂以及采取蒸汽养护等措施。

梁段制作及梁段连接除应符合预制梁的有关规定外，尚应符合下列规定：

（1）预制梁段长度除应符合设计要求外，尚应考虑预应力混凝土的弹性压缩、收缩及徐变影响，适当加长，并应在制作过程中根据顶推施工梁长变化情况及时进行调整，确保支座位置符合设计要求。

（2）预制梁段的端面尺寸、垂直度和底面平整度必须严格控制，梁段接缝面的预应力孔道相错量不应大于2mm。相邻梁段应密接浇筑，后浇梁段成孔胶管伸入已成梁段内长度不应小于30cm，金属波纹管成孔时搭接长度不应小于10cm，并应采用密封措施防止漏浆堵塞孔道。

（3）顶推梁段的接缝方式应符合设计要求。

（4）顶推梁段和顶推阶段的预应力筋应按设计要求张拉、压浆，但需要拆除的临时预应力筋张拉后不应压浆。

（二）顶推

1.顶推方式

按照顶推装置的布置可将顶推分为单点顶推和多点顶推。

单点顶推是指装置集中在主梁预制场附近的桥台或桥墩上，前方各支点上设置滑动支承。其特点是：顶推装置集中，布置方便，但顶推装置规模大，对桥墩的水平推力较大。

多点顶推是在每个墩台上设置一对小吨位的水平千斤顶，将集中的顶推力分散到各墩上。其特点是：可以免去大规模的顶推设备，桥墩在顶推中所受的水平推力较小，可适用于柔性墩，但是需要较多的顶推设备，操作要求也较高。多点顶推的关键在于同步。因为顶推水平力分散在各桥墩上，一般均需通过中心控制室控制千斤顶的推力等级，保证同时启动、同步前进、同步停止和同步换向。同时各机组和观测点上需装置急停按钮。采用多点顶推时，可按主顶和助顶相结合的形式顶推，助顶的顶推力保持恒定不变，不足的顶推力由主顶调整补充。

按照支承形式，顶推还可分为设置临时滑动支承的顶推施工和使用与永久支座兼用的滑动支承的顶推施工，此外，顶推法施工还可以分为单向顶推施工和双向顶推施工。

多联桥的顶推可以分联顶推，通联就位，也可以联在一起顶推。两联间的结合面可用牛皮纸或塑料布隔离层隔开，也可采用隔离剂隔开。对于多联一并顶推时，多联顶推就位后，可根据具体情况设计解联、落梁及形成伸缩缝的施工方案。如两联顶推，第二联就位后解联，然后第一联再向前顶推就位，形成两联间的伸缩缝。

2.顶推装置

顶推装置可分为两种：一种是由水平千斤顶和竖直千斤顶联合使用，顶推预制梁前进；另一种是由水平千斤顶通过沿箱梁两侧的牵动杠杆给预制梁一个顶推力。

（1）水平—竖直千斤顶顶推

①顶推程序

水平千斤顶和竖直千斤顶联合使用时，顶推程序为顶梁、推移、落下竖直千斤顶的活塞杆、收回水平千斤顶的活塞杆。顶推时，升起竖直顶活塞，使临时支承卸载，开动水平千斤顶去顶推竖直顶，由于竖直顶下面设有滑道，而顶的上端装有一块橡胶板，在竖直顶前进过程中可带动梁体向前移动。当水平千斤顶达到最大行程时，降下竖直顶活塞，使梁体落在临时支承上，收回水平顶活塞，带动竖直千斤顶后移，回到原来位置，如此反复不断地将梁顶推到设计位置。

②顶推要求

a.水平千斤顶的实际总顶力不应小于计算顶推力的2倍。

b.墩、台顶上水平千斤顶的台背必须坚固，应经验算能够承受顶推时的总反力；在顶推过程中各桥墩的纵向位移不应超过设计规定。

c.主梁在各墩（包括临时墩）支承处，均应按有关要求设立滑动装置。

d.单点顶推或多点顶推的水平千斤顶在顶推时，左右两条顶推线应横向同步运行；多点顶推时，各墩台的水平千斤顶均应纵向同步运行，保证主梁纵向轴线在设计允许偏差值范围内。

（2）用拉杆顶推

在桥台前安装一对具有顶推力的千斤顶。牵引拉杆采用一根或两根高强螺纹钢筋，钢筋前端通过锥形楔块固定在水平千斤顶活塞杆的头部，另一端使用特制的拉锚器、锚定板等连接器与箱梁连接。水平液压千斤顶布置在桥台前端，底座紧靠桥台。通过千斤顶的牵引作用，带动梁体向前运动。千斤顶回程时，固定在油缸上的刚性拉杆便从楔形夹具上松开，在锚头中滑动，随后重复下一循环。可用粗钢筋或钢绞线作牵引拉杆，与相应的锚具、水平穿心式千斤顶等配合进行牵引。

（三）滑动装置及顶推导向

滑道支承设置在桥墩上的混凝土临时垫块上，由光滑的不锈钢板与组合的聚四氟乙烯滑块组成。其中，滑块由四氟板与具有加劲钢板的橡胶块构成。顶推时，组合的聚四氟乙烯滑块在不锈钢板上滑动，并在前方滑出，通过在滑道后方不断喂入滑块，带动梁身前进。

为了使顶推能正确就位，施工中须设置横向导向。通常在桥墩台上主梁的两侧各安置一个横向水平千斤顶，千斤顶的高度与主梁的底板位置齐平。在千斤顶的顶杆与主梁侧面外缘之间放置滑块，顶推时千斤顶的顶杆与滑块的聚四氟乙烯板形成滑动面。顶推时，由专人负责不断更换滑块。

横向导向千斤顶在顶推施工中只在两个位置设置，一个是在预制梁段刚刚离开预制场的部位，另一个是在顶推施工最前端的桥墩上，因此，梁前端的导向位置将随着顶推梁的前进不断更换。施工中如发现梁的横向位置有误而需要纠偏时，必须在梁顶推前进的过程中进行调整。对于曲线桥，由于超高而形成单面横坡，横向导向装置应比直线处强劲，且数量要增加，同时应注意在顶推时，内外弧两侧前进的距离不同，要加强控制和观测。

顶推导向及滑动设备应符合下列规定：

1. 顶推梁体横向导向设备和梁底滑动设备应符合设计要求。设计无要求时，横向导向设备宜采用在每一桥墩顶面两侧设置临时导向墩（架）。导向墩（架）与顶推梁体外侧面应留有适当间隙，以便在顶推过程中设专人填放四氟板控制方向。

2. 梁底可采用聚四氟乙烯板作滑板，其面积应根据最大反力计算确定，长度不宜小于40cm。

3. 墩顶滑道（临时支座）表面应平整光滑，安装牢固。

4. 滑道进出口坡度应小于2º，避免滑板产生的线状变形致使聚四氟乙烯板遭受碾压破坏。

（四）施工中的其他设施

1. 导梁

导梁一般为钢导梁，导梁长度、重量、结构类型及与梁体的连接方式应符合设计要求。导梁底面应平直，并与梁体底面位于同一平面内，纵向高程偏差、中线偏差及底面横向高差均不应大于1mm。当用连接件连接时，应先将导梁全部拼装与连接件相连接后，再浇筑混凝土。导梁与梁体连接的预埋件规格、数量、位置应符合设计要求。当用预应力筋连接时，预应力施工应符合设计要求。

导梁的结构需要进行受力状态分析和内力计算，导梁的控制内力是导梁与箱梁连接处的最大正、负弯矩和下弦杆承受的最大支点反力。国内外的实践经验表明：导梁的长度一般取用顶推跨径的 0.6 ~ 0.7 倍，较长的导梁可以减小主梁悬臂负弯矩，但过长的导梁也会导致箱梁接头处负弯矩和支反力的相应增加；导梁过短（0.4L），则要增大主梁的施工负弯矩。

由于导梁在施工中正负弯矩反复出现，连接螺栓易松动，在顶推中每经历一次正负弯矩均需检查和重新拧紧螺栓。施工时要随时观察导梁的挠度。根据施工经验，实测挠度往往大于计算挠度。主要原因是滑块压缩量不一致、螺栓松动、混凝土收缩及温度变化等影响。当导梁前端挠度过大时，可在前方墩顶设置接引千斤顶。

2. 临时墩

临时墩仅在施工中使用，在符合要求的前提下，造价要低且便于装拆。目前用得较多的是用滑升模板浇筑的混凝土薄壁空心墩、混凝土预制板或预制块拼砌的空心墩或混凝土板和轻便钢架组成的框架临时墩。通常在临时墩上不设顶推装置而仅设置滑移装置。

施工时是否设置临时墩需在总体设计中考虑。如卡罗尼河桥，分孔时考虑在中孔内设置一个临时墩。该桥的顶推跨径选用45m，而桥梁的跨径为48m+2×96m+48m，因此，在设计中可以通过设置临时墩来调整顶推跨径，从而扩大了顶推法施工的应用范围。顶推法施工绝大多数为等截面梁，过分加大跨径是不经济的。目前在大跨径内最多设两个临时墩。使用临时墩要增加桥梁的施工费用，但是可以节省上部结构材料用量，需要从桥梁分跨、通航要求、桥墩高度、水深、地质条件、造价、工期和施工难易等方面来综合考虑。

桥跨间设置临时桥墩时，临时桥墩应经过设计检算，具有足够的强度、刚度和稳定性。临时墩上的滑道应设有高程调整设施。

桥梁顶推施工完毕，应将临时墩拆除。

3. 拉索、托架及斜拉索

拉索加劲主梁以抵消顶推时的悬臂弯矩，这样的临时设施在法国和意大利建桥中使用并获得成功。如法国的波里佛桥，长286.4m，分跨为35.7m+5×43m+35.7m，桥宽13.34m，采用单箱，导梁长25m，同时采用拉索，无临时墩。

拉索系统由辅助塔架、连接构件、竖向千斤顶和钢索组成，设置在主梁的前端。拉索的范围为两倍顶推跨径左右，塔架支承在主梁的混凝土固定块上，用钢铰连接，并在该处对箱梁截面进行加固，以承受塔架的集中竖向力。在顶推过程中，箱梁内力不断变化，因此要根据不同阶段的受力状态调节索力。这项工作由设在塔架下端的两个竖向千斤顶来完成，顶推施工也可在桥墩上设托架，以减小顶推跨径和梁的受力。

（五）顶推作业

1. 顶推准备工作

梁段开始顶推前应具备下列条件：

（1）顶推阶段的预应力筋全部张拉完成。

（2）对顶推设备技术状态和滑道、导向及纠偏装置、导梁设置情况进行全面检查并全部符合顶推工艺设计要求。

（3）施工人员全部就位并联络畅通。

2. 顶推

顶推力的大小根据梁体重量和摩擦系数计算确定，摩擦系数根据滑块和滑道的材料通过试验确定。预应力混凝土梁的顶推坡度应与桥梁设计坡度一致。随梁体前移，水平穿心式千斤顶相应移动。

顶推接近到位时，如前方已有先架设的梁，应及时拆除导梁，或将导梁移到梁顶，在先架设的梁顶设置接引千斤顶和滑动支座。到位后，应拆除临时预应力束，并按设计顺序张拉后期预应力筋和压浆，再顶起梁体、拆除滑道和安放正式支座。起顶时，起顶高度及起顶力应根据计算确定。需要时，前、后临近墩可同时起顶，两侧起顶高差不大于 1mm。

顶推施工应符合下列规定：

（1）顶推设备应经检验合格，顶推千斤顶的顶推力不小于计算顶推力的 2 倍。

（2）顶推过程中桥墩（台）的纵向位移不得大于设计允许值。顶升桥梁的起顶反力值不得大于计算反力值的 1.1 倍。

（3）顶升高度不得大于设计要求值，设计无要求时一次最大顶升高度不应大于 5mm。

（4）单点顶推的开始和最后阶段，因竖直千斤顶与梁体间摩擦力不足致使梁体不能前进时，应考虑采取助推措施。

（5）顶推过程应随时观测梁体中线偏移、滑道高程及位移变化，检查墩顶纵向位移和导梁与梁体连接处、梁体接缝处、未压浆的临时预应力筋锚头处等重点部位变形等情况。发现异常现象应立即停止顶推，分析原因及时处理。导梁前端挠度变大可能影响上墩时，应在前方墩顶提前设置接引上墩设施。

（6）顶推过程每一滑道应设专人监视滑道工作状态和保持滑动面清洁，使用非连续滑板时应有人及时喂、接滑板，保证在任何情况下每条滑道上不少于两块滑板，并及时更换磨损严重的滑板。

（7）单点或多点顶推时，左右两条顶推线的水平千斤顶应纵向同步运行（同时、同顶力、同行程顶推）。多点连续顶推时，应在梁上适当位置设置集中控制台，控制各墩台动力装置同步纵向运行，并应根据实际偏差及时调节各千斤顶的速度和行程。

（8）采用牵引拉杆方式顶推时，千斤顶的反力台座、梁体上的拉锚器设置和牵引拉杆的配置应符合工艺设计要求。

（9）顶起梁体过程中，当千斤顶行程及油压达到预计数值而梁体未上升时，不可继续加压，应适当等待观察。

3. 落梁

桥梁顶推至设计位置后，应按设计要求的落梁程序将梁落到永久支座上，落梁施工应符合下列规定：

（1）拆除滑动装置时，顶梁和落梁应符合工艺设计要求。

（2）顶（落）梁时应有保险设施，并随千斤顶活塞起落及时加高或降低。同一梁端的两侧支点应同步起落。

落梁时应以支点反力控制施工，可在不大于计算支点反力值 ±10% 范围内调整梁底高程。

第二节　预制梁架设

一、预制箱梁架桥机架设

（一）高速铁路施工常用架桥机

架桥机为重型起重设备，应把安全性放到首位进行考虑。选择架桥机时，首先要考虑架桥机的结构形式、各支腿在墩台和已架箱梁等结构物上的作用位置和荷载的大小等。其次应从施工的便利性方面考虑，如首末跨的架设等问题。常用架桥机有无导梁式架桥机、下导梁式架桥机、双导梁式架桥机和运架一体式架桥机等。

1. 无导梁式架桥机

无导梁式架桥机一般需跨两跨架梁，起重小车吊梁后沿主梁行走至待架孔位后定点落梁，有以下两种典型结构：

（1）JQ900E型。JQ900E型架桥机为龙门式双主梁三支腿式结构，主要由机臂、1号起重小车、2号起重小车、1号柱、2号柱、3号柱、液压系统、电气系统、柴油发电机组以及安全保护监控系统等部分组成。架桥机架梁作业为跨一孔简支式架梁，由运梁车将梁体运至架桥机尾部喂梁，起重小车吊梁拖拉取梁，空中微调梁体位置就位。

（2）SPJ900/32型。SPJ900/32型架桥机主要结构由主梁、后车结构、中车结构、前支腿结构、起升系统、走行系统、液压系统及电器控制系统组成，其显著特点是以铁路既有器材"八七型铁路抢修钢梁"作主梁，拼组方便，结构变化灵活。工作原理为：架桥机就位，支好前支腿与中车后，1号和2号小车开至作业位置，2号小车起吊预制梁一端并与运梁车驮梁小车同步前行，待到预定位置后，1号小车起吊预制梁另一端，此后1号和2号小车吊梁同步前行到位，落梁。

无导梁式架桥机优点：运架梁为平行作业；过跨作业简便，方便架设首孔梁和末孔梁，对墩台无特殊要求；自行行走进入或脱离架梁工位，在不做任何改动的情况下，可架设小于前支腿、中支腿净跨的任意跨度箱梁。

无导梁式架桥机缺点：过孔作业时呈大悬臂状态，纵向倾覆力矩较大；自重过大，曲线架梁操作困难。

2. 下导梁式架桥机

下导梁式架桥机为非辅助导梁式，它利用下导梁架梁，架梁时前后支腿同时承重，梁体悬停时必须移出下导梁进行过孔，有以下两种典型结构：

（1）JQ900型。JQ900型架桥机由提升机、下导梁、运架桥机台车、纵移起重机及控制系统等组成。工作原理为：利用下导梁作运输通道，提升机的喂梁支腿与前支腿承载后，中支腿展翼，运梁台车将预制梁运送至提升机腹腔内，中支腿收翼承载，喂梁支腿卸载，提升机将预制梁提高于运梁台车，运梁台车退出，利用纵移起重机、托辊将导梁纵移一跨，让出被架预制梁梁体空间，提升机将预制梁直接落放至墩顶上就位安装。

（2）JQX900/32型。JQX900/32型架桥机由主梁、前后支腿、过孔支腿、导梁、吊梁小车、绞车、滚轮架及稳定器等组成。该机对于进隧道前末孔梁架设、降低高度过隧道、出隧道后首孔梁架设等方面的结构设计优点突出。

下导梁式架桥机优点：运架梁为平行作业；架桥机的自重轻、结构简单、稳定性好；吊梁天车采用定点起吊的方式，既避免了吊重走行，又回避了运梁车向架桥机喂梁时吊梁天车和驮梁小车的同步问题。

下导梁式架桥机缺点：下导梁承受荷载大，架设第一孔和最后一孔梁时，需大吨位吊车和运输车辆配合施工，并且每孔梁需要纵移导梁；在架桥过程中，遇到大跨度的连续梁或架设钢混梁时，无法整孔跨越架设，需整机拆卸跨孔，费工费时。

3. 双导梁式架桥机（也称为辅助导梁式架桥机）

双导梁式架桥机的主承重梁支撑于桥墩墩顶及已架设的梁面上，利用双导梁完成过孔作业，有以下两种典型结构：

（1）DF900D 型。DF900D 型架桥机为定点起吊，主要由提梁机主梁、提梁机前后支腿、辅助支腿、前后吊梁天车、导梁天车、导梁机主梁、导梁机前后支腿、导梁吊机、过渡轨桥、驮运支架、液压系统、电气系统等组成。工作原理为：运梁车的驮梁小车驮运预制梁进入提梁机腹内，前后吊梁天车同时将预制梁起吊，驮梁小车退回运梁车上。导梁吊机和辅助支腿将导梁机吊起，使导梁机的支腿离开桥墩，同时启动导梁吊机和辅助支腿的下行走，将导梁机前行，然后导梁天车起吊导梁机，将导梁机前移到预定位置，落下导梁机，前后吊梁天车同时落梁就位，完成一跨梁的架设。

（2）TLJ900 型。TLJ900 型架桥机采用双导梁简支架设、一跨式下导梁移位过孔的结构形式，主要由前后两台吊梁天车、两根箱梁柔性前支腿、刚性后支腿、后支腿台车及顶升装置、辅助支腿、悬臂梁、下导梁、下导梁天车、轨道、电气控制系统、液压系统和动力系统等组成。工作原理为：运梁平车载梁行至架桥机尾部，前吊梁天车吊装梁体前端后，与运梁平车上的后台车配合前移梁体。梁体后端吊装至架桥机尾部，后吊梁天车起吊梁体后端；运梁车返回。前后吊梁天车共同配合前移梁体，行至架桥机架梁段，降低梁体高度并调整梁体就位。

双导梁式架桥机优点：运架梁为平行作业；支撑状态仅处于一孔梁之上，受力简单，自身结构轻巧；易适应曲线和坡道工况下的架桥施工；通过支撑在桥墩上的辅助导梁自行向前过孔，整机稳定，安全稳定系数高；可通过运梁车驮运实现短途运输，简单拆解即可驮运通过双线隧道。

双导梁式架桥机缺点：首末孔梁体架设及变跨时比较费时；不能在隧道口架梁；转换桥梁施工工地时需拆除导梁，辅助作业时间较长，施工不便利；抗风能力差。

4.运架一体式架桥机

运架一体式架桥机由运架梁机和下导梁机两部分组成，其典型结构为900t穿隧道运架一体式架桥机。工作原理为：运架梁机从制梁场取梁，并吊运混凝土箱梁至架桥工地，与下导梁机配合，将混凝土箱梁落放在桥墩上。下导梁机为承载梁，与运架梁机配合进行架桥。架桥作业完成后，下导梁机自行将其支腿变换位置，以便进行下一个架桥循环作业。运架一体式架桥机能够吊运900t混凝土双线整孔箱梁穿越隧道，并可在隧道口进行架设。

运架一体式架桥机优点：可自行进入或脱离架梁工位；将以往由吊梁、运梁和架梁三台设备完成的工作集中在一套设备上完成；不需拆解即可转移架桥工地及穿过隧道，可在隧道口架桥；不需拆解，可原地180°调头转向；自重轻，可降低燃油消耗；可减少现浇梁工段和许多附加设施，节省施工成本。

运架一体式架桥机缺点：每孔梁架设均需纵移导梁，并且导梁纵移是在吊梁工况下进行的，不仅需要较大的驱动力，而且增加了作业的不安全因素；在架设首末孔梁时，需大吨位吊车和运输车辆配合施工；运架梁为顺序作业，既要架梁又要回梁场运梁，架梁效率较低。

（二）高速铁路施工常用提梁机

提梁机是与架桥机、运梁车相配套的特大型专用设备，主要用于在梁场将预制的混凝土箱梁从制梁台位吊至存梁台位。等箱梁养护完成后，再将箱梁吊装至运梁车上。同时，能完成架桥机、运梁车在梁场的组装及拆卸工作。

提梁机的选择应紧密结合制梁场的位置、规模、地质状况以及与待架桥梁的位置关系综合确定。如客运专线以桥梁形式通过制梁场且存在一定高差时，宜采用2台450t轮轨式提梁机构成提升站。

梁场规模较小、制梁台座与存梁台座匹配合适、地质条件较好时，宜采用轮轨式提梁机。相反，梁场规模大、生产周期长、梁场场地基础无法达到要求时，应首先考虑采用轮胎式提梁机。900t提梁机采用何种形式，应综合考虑地基处理的费用（轮胎式提梁机：一般采用换填、水泥稳定土压层；轮轨式提梁机：一般需要在轨道基础下打桩）、复耕费用、多增制梁台座及模板费用以及提梁机购置费用及使用费用综合确定。

1. 轮轨式提梁机

轮轨式提梁机主要由主梁、刚性支腿、柔性支腿、大车走行机构、起重小车、电气控制系统以及司机室、栏杆、梯子、走台等组成。轮轨式提梁机整个设备在预制场固定轨道上运行，在空载时能够将大车走行机构转向90°，从而实现在纵、横向轨道之间进行行走模式转换，满足预制场不同跨度所有箱梁的起吊、转移以及为运梁车装梁等工作。轮轨式提梁机造价低，使用得较多，一般两台组成一套，每台起重量为所吊箱梁的一半，共同抬吊箱梁。除前面所讲的工作外，跨桥的轮轨式提梁机还可完成低位梁场前几孔双线箱梁的架设，再将架桥机和运梁车吊到上面就位。

2. 轮胎式提梁机

轮胎式提梁机主要由主梁、刚性支腿、吊梁小车、车架、主动轮组、从动轮组、转向机构、动力系统、电气系统、液压系统、司机室等组成。轮胎式提梁机分为单台独立工作或两台共同作业，用于铁路客运专线预制场32m、24m及20m双线预制混凝土箱梁的起吊、运输、转移和装车等工作；还可以用于预制场箱梁钢筋骨架和整体内模的吊装、移位。它具有机动灵活、适应性强等优点，特别适合横向布置的梁场。

（三）高速铁路施工常用运梁车

运梁车是与架桥机相配套的特大型专用设备，主要用于将大型箱梁从存梁场运至架桥工地。同时，轮胎式运梁车还能驮运架桥机做长距离桥间转移。运梁车有轮胎式和轮轨式两种形式。

1. 轮胎式运梁车

轮胎式运梁车有门架式和台车式两种，铁路大吨位箱梁多用台车式运梁车运输，而且使用大规格轮胎的居多。这样可减少车轴的数量和缩短车长，有利于运梁车曲线喂梁和行驶。该类运梁车主要由车体、走行轮组、驮梁台车、转向机构、支腿、动力系统、液压系统、电气系统及制动系统等组成。

运梁车的走行轮组通过液压悬挂均衡系统与主梁连成一体，保证每个走行轮组均匀受载，使运梁车能在凹凸不平的路面上行走时，自动调节各轮组对地面的接地压力，避免某一单元件超载，同时使其接地比压不超过路基的容许承载能力。通过对同组别悬挂油缸高压油管的相互连接，使车体三点受力，当车辆行驶在凹凸不平、有纵横坡的路面时，悬挂油缸会随时提供补偿，保持车架水平。运梁车到位后将支腿撑起，承受箱梁部分荷载。走行轮组的驱动采用变量泵—变量马达构成的闭式液压驱动回路，每个驱动轮都具有制动功能。在运输箱梁时，支座表面装有防滑的硬橡胶垫。驮梁台车在驱动机构的作用下，沿运梁车主梁上的轨道向前移动，配合架桥机起重小车进行同步移梁作业。

2. 轮轨式运梁车

轮轨式运梁车受轨道限制，使用得不多。大桥局研制的 YL600 轮轨式运梁车由两部台车及发电车组成，每部台车 32 个车轮，台车组共 64 个车轮，依靠万向支承架实现各台车轮均衡受力，采用悬挂式结构，降低台车高度，增加运梁稳定性。液压平衡系统保证箱梁四支点受力均匀。采用液压马达驱动，无级变速，各车轮在弯道上轮速自动调节，起动与运行平稳。操作系统可实现两部台车单动及联动。

运梁车宜选择具有直行、斜行和八字转向等转向模式的全轮独立转向的运梁车，此种车相对适应环境能力较强，便于梁场规划和向架桥机喂梁。受地域限制且存在驮运架桥机调头等特殊工况作业时，宜选择具有中心回转功能的运梁车。选择运梁车还应特别注意运梁车的轴距、轴线数量和悬挂的中心距、前后端液压支腿的中心距和支撑面积等，这些条件直接影响到已架梁的安全；还应注意枕梁距车端的距离、后驮梁小车走行到最前端时距车端的距离、车体高度，以及后驮梁小车与架桥机的同步配合方式等，这些直接关系到与架桥机的配合。最后应注意运梁车转向和车体升降所采用的计算理论和控制方法，这些对轮胎、悬挂的使用寿命有一定的影响。

（四）架桥机架设

1. 架桥机架梁的一般规定

梁体运输、架设应符合国家现行《特种设备安全监察条例》《起重机械安全监督规定》等的规定。提运架设备的安装、调试和架梁作业均应严格按照操作规程和使用说明书进行施作，并建立完善的检修、保养制度，定期对重要部件进行探伤检查。架梁前应编制相应的架梁施工组织设计、施工工艺的安全操作细则，并认真组织实施。对运架范围内的运架通道应进行验收，保证满足运梁荷载和运行净空要求。运梁车重载在已架好的梁上通行时，应对桥梁进行检算。

2. 架梁工艺

架梁工艺操作包括提梁机提梁、运梁车运梁和架桥机架梁三部分。

（1）利用制梁场的900t提梁机将待架的箱梁起吊至运梁车上,完成装梁作业。

（2）运梁前应检查确认运架设备通过的路线和结构物能安全承受运梁车的荷载。在新建的路基上运行时,轮胎式运梁车的接地比压不能超过路基的允许承载能力。运梁线路的纵横向坡度、最小曲线半径和路面宽度等应符合运架设备走行的要求。走行界限内障碍物应清楚,在平交道口处应设专人防护。运梁车运梁起步及运行时应缓慢平稳,严禁突然加速或急刹车,当运梁车接近架桥机时应一度停车,在得到指令后才能喂梁。架桥机拖架梁时,前后支点高度差不应大于100mm。确认无误后由运梁车将箱梁运至架桥机尾端。

（3）架梁时,梁体到达设计平面位置后,将梁体先落在临时支点千斤顶上,然后调整支点高程及反力。

（五）落梁就位

落梁时,应采用测力千斤顶作为临时支点,在保证每个支点反力与四个支点反力的平均值相差不超过 ±5% 时,采用流动性强的砂浆在支座与支承垫石之间进行重力灌浆,填满空隙,使支座锚固螺栓孔和支座与垫石间隙充满无收缩高强砂浆。待浆体材料强度达到规定强度后,方可撤出千斤顶。临时支点千斤顶撤除前严禁架桥机过孔。同一梁端的千斤顶油压管路应采用单端并联,保证同端的支座受力一致。预制梁就位后,与相邻预制梁端的桥面高差不应大于10mm,支点处桥面高程误差应在 +0 ~ -20mm。

（六）组合箱梁湿接缝施工应符合规定

1. 箱梁端隔板及桥面板连接的结构、尺寸应符合设计要求。

2. 湿接缝模板应与梁体密贴不漏浆。桥面连接板采用吊模板施工时,支、拉杆件应有足够的强度及刚度,保证底模定位牢固不变形。

3. 湿接缝拼接面应凿毛、清理干净。混凝土种类和强度等级应符合设计要求,浇筑完成后应进行保温保湿养护。

4. 横向预应力张拉时,湿接缝混凝土强度应符合设计要求。

二、T梁架设安装和横向联结

（一）隔板及桥面板接缝施工

1. 在施工过程中，应采取措施保证同一孔T梁龄期不超过6d，同一孔梁的横隔板、桥面板预留孔在同一轴线上。

2. 钢筋加工及安装按图纸设计施工，其误差要求应符合《高速铁路桥涵工程施工技术指南》的有关规定。

3. 制孔时，预应力筋孔道应满足设计要求。为控制管道坐标位置，应设置定位网，以保证制孔器（一般为波纹管）顺直，各方向偏差符合设计要求。隔板及桥面板接缝处的预留波纹管应插入T梁预留孔道内30mm以上，孔道对接处要保证密封，防止进浆。

4. 混凝土搅拌、运输、灌注、振捣、养护工艺应符合相关规定。T梁隔板接缝处混凝土应凿毛，灌注混凝土前要充分湿润。

5. 横隔板及桥面板拆模时混凝土强度不得低于设计强度的60%。拆模后，将横向预应力孔道内杂物清理干净，穿入预应力筋。

对已就位的梁片应立即连接T梁梁端及跨中横隔板，将两梁片连成整体。连接钢板需满焊，焊缝厚度不小于8mm。只有将三处横隔板满焊联接完成后方可前移架桥机继续架梁。

由于横隔板焊接工作量大，且在半空施焊，具有平、仰多种焊态，焊接速度影响架梁速度，焊接质量事关架梁安全，因此必须准备足够的熟练焊工和设备，确保架梁进度和质量要求。横隔板焊接时必须采取安全网、安全带等安全保障措施，以确保焊接过程中的人身安全。

（二）横向预应力张拉

当隔板接缝处混凝土强度达到设计值的100%时，方可施加横向预应力。根据设计的张拉力以及试验室出具的千斤顶报告，计算张拉油表度数，并计算单根钢筋的张拉伸长值。钢筋张拉采用双控，以保证张拉的质量符合设计要求。张拉之后的压浆、封锚等工作与预制梁体相同。

（三）T梁的架设施工控制要点

1. 架桥机纵向移动轨道两侧轨顶高度要求对应水平，保持平稳，并严格控制轨距。

2. 架桥机前后两个起吊天车携带 T 梁纵向运行时，前支腿部位要求用 5t 手拉倒链与桥墩拉紧固定，以加强稳定性。

3. 架桥机架梁作业时，要经常注意安全检查，每安装一孔必须进行一次全面安全检查，发现问题立即停止工作，及时处理后方能继续作业，不允许机械及电气设备带故障工作。

4. 架梁作业不能超负荷运行，不得斜吊提升作业。

5. 大风、雨雪天气，停止架梁施工。大风时必须用索具稳固架桥机和起吊天车。架桥机停止工作时要切断电源，由专人在每个轮子前后放置铁鞋制动，以防发生意外。

6. 在架桥机纵移或横移轨道两端，必须设置铁挡（或限位装置），以确保架桥机的安全。

7. 为保证墩顶负责桥梁对位、支座安装人员的安全，须事先安装墩顶围栏、吊篮。墩顶正式围栏安装如果影响桥梁架设时，须安装高度适宜的临时围栏。高空作业人员须使用安全带（安全带的使用须符合相关安全规定）。所有进入架梁现场的人员必须佩戴安全帽。作业区域应设置围护绳，设专人看护，禁止闲杂人员进入作业区。

T 梁架设是一个既简单又复杂的施工工序。简单是因为它就是一个拼装过程；复杂是为了保障施工能够安全正常地进行，必须提前做大量的准备工作（包括人力组织、物力组织、技术组织等准备工作），还有施工过程中每个环节之间的协调和配合工作。只有协调好各环节施工步骤，才能为顺利架设桥梁提供良好的保障。

第三节　桥梁支座及附属工程

一、支座概述

（一）支座要求

桥梁支座需要满足以下的几点要求：第一，桥梁支座要有足够的承载能力，保证可靠的传递反力；第二，支座对桥梁变形的约束要尽可能小，以此适应桥梁的伸缩与转动的需要；第三，桥梁支座要便于安装、养护以及维修，必要的时候要可以更换。

就支座的安装位置而言，虽然在使用中可以进行更换，但更换的成本费用、技术性以及困难性均很大。桥梁中大部分支座可谓是永久性的安装，支座寿命应该与桥梁的寿命相吻合，否则会对桥梁的使用造成不良的后果。近年来，桥梁支座在使用过程中出现了各种各样的质量问题和质量隐患，究其原因可分为产品质量、施工质量和设计选型三方面，应引起高度重视。

（二）桥梁支座的分类

第一，按支座变形可能性分类：固定支座、单向活动支座、多向活动支座。

第二，按支座材料分类：钢支座、聚四氟乙烯支座、橡胶支座、混凝土支座、铅支座。

第三，按支座结构形式分类：盆式橡胶支座、球形支座、铰轴支座、弧形支座、辊轴支座、板式橡胶支座、四氟板式橡胶支座等。

1.盆式橡胶支座

盆式橡胶支座分为固定支座和活动支座两种。固定支座由上座板、密封圈、橡胶板、下座板钢盆、锚固螺栓等组成；活动支座除固定支座中的组成外，还有中间钢塞、聚四氟乙烯板（简称PTEF板）、不锈钢滑板、紧箍圈及侧向滑移装置等。钢盆用钢塞封闭，橡胶承受高达30MPa的压力，紧箍圈阻止橡胶被挤入钢盆和钢塞之间的缝隙。盆式橡胶支座依靠橡胶板竖向变形产生转动；依靠PTFE板和不锈钢板间的滑移产生水平位移。

2.球形钢支座

球形钢支座分为固定支座和活动支座，由上支座板、球冠衬板、下支座板、平面滑板、球面滑板、锚固螺栓等部件组成。其中上支座板、球冠衬板和下支座板多采用铸钢材料。球形钢支座利用球面 FE 板和不锈钢板之间的滑动产生转动；利用平面 PT-FE 板和不锈钢板之间的滑动产生水平位移。与盆式橡胶支座相比，球形钢支座具有使用寿命长、承载力大、转动灵活、可适应梁端大转角和大位移等优点，因而得到广泛应用，常用于大跨度斜拉桥、拱桥等。

3.铰轴滑板钢支座

铁路大跨度钢桥铸钢支座多采用辊轴或铰轴支座，前者是通过平面和圆柱面滚动接触实现转动，后者则通过铰接实现转动。铰轴支座的接触应力较小，接触疲劳寿命长，但传统的钢制铰轴摩擦副常因磨损较严重而无法正常工作。为提高大吨位支座的耐久性，需在接触面处通过特殊工艺和特殊材料实现摩擦副的高耐磨性，将传统的铰轴支座水平移动滚动摩擦副用 PTFE 滑板和不锈钢板的平面摩擦副代替，形成了新型的铰轴滑板钢支座。

铰轴滑板钢支座主要由上摆、铰轴、下摆、衬板、摩擦副、底座及锚固装置等部分组成。支座以上、下摆相对于铰轴的转动来实现转角位移，以摩擦副之间的相对滑动来实现水平位移。支座上、下摆是主要传力构件，采用铸钢件制造。铸钢件表面平顺，加工完成后全面探伤，不允许有裂纹存在。上、下摆之间以铰轴连接，铰轴采用锻钢件，是重要的转动构件，锻造完成后进行全面探伤，表面加工圆顺，不得修补。摩擦副是滑板式铰轴支座的重要部件，由下摆底面镶嵌的滑板及底座上安装的镜面不锈钢板组成，摩擦副使竖向力的传递由点接触或线接触变成了面接触，改善了结构的受力性能，支座的寿命也随之提高。

二、高速铁路桥梁支座安装

（一）支座材料检验和存放

支座到达现场后，必须检查产品合格证、附件清单和有关材质报告单或检查报告，并对支座外观尺寸进行全面的检查。支座和配件质量应满足设计要求，支座连接正常，不得任意松动上、下支座板连接螺栓。

支座存放应避免阳光直接照射、雨雪浸淋，并保持清洁；严禁与酸、碱、油类、有机溶剂等影响支座质量的物体接触，并距热源 1m 以上。

（二）支座安装方式

支座的安装方式分为现浇梁的支座安装、预制梁的支座安装及顶推法施工连续梁的支座安装。

1. 现浇梁的支座安装

现浇梁时，先将支座安设在垫石上，然后在支座周围拼装底模，混凝土直接在支座上浇筑。

对于活动支座，应根据温度计算出支座上下盖板的预偏量，设置预偏量后上下盖板临时锁定。

在梁体混凝土浇筑前当混凝土达到强度并拆除底模后，梁体完成受力体系转换，支座受力工作，活动支座的上下盖板临时锁定应及时拆除。

2. 预制梁的支座安装

预制梁的支座安装大体分两步：支座顶板与梁体底面的连接，支座底板在墩顶与垫石的连接。

（1）支座顶板与梁体底面的连接

支座顶板与梁体底面的连接安装可在存梁台或架梁现场进行，注意单向活动支座的活动方向。支座安装在梁体底部后，应拧紧支座与梁体的连接螺栓。在支座与梁底预埋钢板之间不得有间隙。如有空隙，应采用注浆方式填充。

（2）支座底板在墩顶与垫石的连接

架设梁体时，梁体应先落在千斤顶上，通过千斤顶调整梁体支点高程。再对支座下座板与支承垫石之间及锚栓孔内进行压力注浆。灌浆用模板与垫石顶面应采取可靠措施，防止在重力注浆时发生漏浆。注浆应从支座中心部位向四周进行，直至注浆材料全部灌满为止。待浆体填实并达到设计强度后，才能拆除临时千斤顶，在拆除临时千斤顶前严禁架桥机过孔。最后拧紧下支座板地脚螺栓，拆除支座上下盖板临时连接角钢。

3. 顶推法施工梁体的支座安装

顶推法施工连续梁的支座安装则是先将下座板固定在墩台上，墩台上还应设置临时支座，当主梁顶推完毕，且校正位置后，拆除临时支座，让梁落在支座上。

（三）支座安装要求

支座安装前应按照线路纵向坡度复核活动支座及固定支座位置是否符合设计，特别是单向活动支座的活动方向。顺桥向的中心线必须与主梁的中心线重合或平行，活动支座的上下座板横桥向的中心线应根据温度计算其应错开的距离，但应保持上下座板的中心线平行。

大吨位支座安装时，由于下支座板较大，且为实体构造，往往引起支承垫石部分的灌浆料不易捣固密实，影响支座的传力均匀性及自身的受力状态。可采取在支承垫石顶面设置预埋过渡钢板，钢板上设置足够的灌浆捣固孔，并预留与支座本体的连接构造，同时可在其上设置支座更换接口，如可拆卸的活动挡块等，保证必要时能顺利更换支座。另外，预埋钢板可使竖向荷载均匀分布，减小了局部承压应力，使结构受力合理。

支承垫石的混凝土强度等级不应低于 C50，垫石高度应考虑安装、养护或以后更换支座时的方便，垫石顶面四角高差不得大于 2mm。为便于今后支座更换，安装支座时采用预埋套筒和锚固螺栓的方式。在墩台顶支承垫石部位需预留锚栓孔，同时考虑顶梁时安放千斤顶的位置。

预制梁落梁前，先在支承垫石顶面铺一层 30 ~ 50mm 厚的 C50 干硬性无收缩砂浆，或铺一层 5 ~ 10mm 厚的 C50 环氧砂浆，以保证箱梁就位后 4 个支座受力均匀，最后用 C50 砂浆对下座板与支承垫石之间及锚栓孔内进行压力注浆。

为保证支座与支承垫石顶面安装密贴，达到支座传力均匀及自身受力状态良好目的，要求支座灌浆材料具有超早强、高强、无收缩、高耐磨等特性。灌浆料应具有很好的施工性能，能够自流找平、和易性好，完工后表面光滑平整，且使用方便。

随着桥梁运输量的增加，以及桥梁所承受的负荷不断增长，桥梁支座受到结构预应力的影响越来越大，出现了不同程度的破坏，影响了桥梁的质量和安全。为了保证桥梁的正常使用，需要及时更换损坏的桥梁支座。

三、其他附属工程施工

（一）遮板

遮板又称挡板，位于箱梁翼缘板边缘栏杆或声屏障下，为一竖向混凝土挡板结构，其作用是可以作为桥面防护栏杆或声屏障的基座，也可以保护桥面两侧检修人员及检修车辆的安全，有挡脚板的作用。人行道挡板及人行道遮板各有五种形式，长度分别为 1996mm、1780mm、1680mm、1326mm 及 1261mm。根据桥梁长度进行选型，必要时可适当调整预制件长度。

遮板在梁场集中预制，采用钢模板，分为底模和侧端模两部分。遮板一般施工流程为首先清理底模，安装钢筋并合拢侧端模，随后浇筑混凝土进行养生，最后拆除侧端模，吊装遮板出底模到存放区域。预制构件成品的质量需严格控制，确保表面无露筋、掉角、缺损、开裂，棱角清晰，色泽一致，无气泡。

遮板安装时从箱梁一端向另一端依次吊装摆放，精确对位后将遮板预埋筋与梁上竖墙 A 预埋钢筋焊牢。遮板安装时要保证整体线形顺直，缝隙均匀。安装前进行三维放线控制，逐块检查后安装。

（二）人行道、电缆槽盖板

盖板安装前由梁场根据每种梁型所需的盖板型号规格及数量运输至桥上，并且按照梁型配备分散至防撞墙与遮板之间。盖板安装时在四角位置采用砂浆找平，防止安装完成之后出现顶面不平整、翘角及响动。在安装过程中，要根据要求随时监督、检查。

（三）栏杆、声屏障基础

在安装好的遮板槽口边缘弹上墨线，将每一根立柱和隔柱的位置定准。立柱的安装：按高度要求拉两条线，控制立柱的高度和两边缘的位置，两条线的位置必须准确。扶手的安装：将预制好的扶手直接安放到立柱顶面，注意控制扶手顶面的高程和扶手与扶手间的缝隙，确保顶面、侧面、倒角过渡的连续，调整扶手的整体线形。隔柱的安装：按遮板上的墨线和扶手下表面的榫口，将隔柱插入。

声屏障基础施工与栏杆施工大致相同。

第五章　高速铁路预应力混凝土连续梁（刚构）桥

第一节　高速铁路常用跨度混凝土连续梁基本类型

一、高速铁路常用跨度混凝土连续梁基本类型分析

（一）普通跨度连续梁

连续梁结构刚度大、整体性好，特别是用于高速铁路上，更是具有动力性能好、舒适性好、运营安全性高等优点。

对于普通跨度连续梁双线桥，其梁部可采用两单线桥并置的分离式箱梁结构，也可采用双线单箱整体式结构，而分片式 T 梁结构对于连续梁桥来说并不合适。

单箱整体式结构的腹板数量少，有利于节省圬工数量，并且较厚的腹板有利于提高结构的耐久性和预应力钢筋的布置；单箱整体式箱梁整体性强，抗扭刚度大，结构自重大，列车行驶平稳，旅客舒适度好；从施工角度考虑，普通跨度连续梁桥一般采用膺架法或移动模架造桥机现浇施工，单箱整体式箱梁结构对于模板的制作、拆装、走行等较为方便。因此对于普通跨度连续梁桥，采用单箱整体式结构比较适宜。普通跨度连续梁适宜在地质条件较好、基础沉降相对容易控制时采用；另外，在桥隧之间需要采用现场浇筑的桥梁工点也适当采用。

我国高速铁路普通跨度连续梁桥通用参考图设计以 24m 和 32m 跨度为主，一般采用 2 ~ 3 跨一联形式，如 2×24m、2×32m、3×32m 及（24+32+24）m 预应力混凝土连续梁，采用满布支架法施工。

（二）大（中）跨度连续梁

随着客运专线的大规模建设，客运专线与公路、河流交叉愈加频繁，一般采用预应力混凝土连续梁跨越。预应力混凝土连续梁的跨度不宜过大，跨度过大梁

高和净高接近，桥梁景观效果不佳。另外，由于大跨度梁的后期徐变因素，也不宜过大。目前我国高速铁路已建成的预应力混凝土连续梁最大跨度为 128m。采用大（中）跨预应力混凝土连续箱梁除满足功能要求外，还有一个特点就是受其他干扰因素小，便于早开工，不影响运架，同时连续梁结构自身也较为经济，后期养护维修工作量小，因此大（中）跨度连续梁往往是立交桥的首选桥式。

（三）长联连续梁

普通跨度长联连续梁一般可用于地质条件如中砂、粗砂及以上的高速铁路桥梁，其纵向力传递体系、合理跨度可根据实际工点的地形地貌、水文地质、桥梁长度等具体技术条件选取，地形起伏较大的深谷桥梁一般宜采用固定桥台体系，而地形较平坦的平原区桥梁可采用固定墩或固定墩组体系。从梁部设计情况可知，当联长大于 800m 时，较大的纵向水平力产生的梁体拉应力将导致梁部设计困难或不经济，而受钢轨伸缩调节器的伸缩量控制的最大联长不宜超过 1000m，同时较大的联长将使伸缩装置构造复杂、设计困难。综合以上考虑，并结合国内外现状，普通跨度长联连续梁桥的联长一般不宜大于 800m。

普通跨度长联连续梁桥的结构分为两类：第一类为固定墩组桥梁结构，桥梁中间一个桥墩为固定墩，相邻的两个桥墩为次固定墩，其余墩设置活动支座；第二类为拉压连接器结构，在两联连续梁的中间布置一孔简支梁，简支梁上布置钢轨伸缩调节器，在桥台位置设置固定支座或拉压连接器，其他支座均采用活动支座。

对于固定墩组桥梁体系结构，在连续梁的中间设置钢轨伸缩调节器，联长应小于 500 ~ 600m，联长大于 600m。为减小钢轨伸缩附加力，应在连续梁的两端设置钢轨伸缩调节器或设置其他传力装置。对于拉压连接器桥梁体系结构，在连续梁中间设置钢轨伸缩调节器时，其联长应小于 1000 ~ 1200m。

列车制动或牵引时，桥上无缝线路长钢轨附加纵向力及桥墩所承受的制动力与桥墩纵向水平线刚度等有关，桥墩刚度减小，桥墩制动力随之减小，但长钢轨附加纵向力增加，为控制长钢轨附加制动力不超过允许值，桥墩台刚度不应小于最小水平线刚度。

（四）先简支后连续梁

在高速铁路和客运专线中，为保证列车安全运行及旅客乘坐舒适，要求桥上轨道具有较好的平顺性，桥梁应有足够的强度、刚度，特别是对于无砟轨道，由于扣件调节量的制约，对结构的后期徐变上拱度变形提出严格的要求。对于大量采用的简支梁结构，为达到上述要求，可加大梁高、降低应力水平，形成刚度控制设计。

与相同跨度的简支梁相比，连续梁结构具有显著的特点：受力合理、刚度大、变形小、伸缩缝少及梁端转角小。在大跨度桥梁结构中，它成为首选结构形式，但在普通跨度桥梁中，特别是铁路桥梁中采用。与简支梁相比，它并不具有优势，其主要缺点在于施工方面较为繁杂。

先简支后连续实际上是节段拼装法的一种特殊方式，它由预制节段和湿接缝拼装构成，其节段为整孔简支梁。在施工方面，采用装配式施工法吊装简支梁（先简支），充分利用简支梁施工方便的优点，克服了顶推法和膺架法的缺点；而在受力方面，通过体系转换后形成了连续梁（后连续），结构具有连续梁的受力特征。

从施工、构造、结构刚度、内力分布和变形特性等方面对先简支后连续结构进行了对比分析，由于该类型结构综合了简支梁和连续梁的优点，故具有以下显著的特点：

（1）内力分布更均匀，受力更合理。与简支梁相比，先简支后连续体系的跨中弯矩小得多；与连续梁相比，内支座负弯矩较小，可减少负弯矩区预应力束的根数和顶板齿板数量，方便施工。

（2）后期结构为连续梁体系，结构整体刚度大，在使用阶段其挠度变形小，伸缩缝少，梁端转角小。

（3）结构的预应力小，可大大减小后期徐变上拱度。较小的后期徐变上拱度和活载挠度，使得线路更平顺，对高速行车极为有利，特别适用于无砟轨道。

（4）与简支梁相比，梁高可降低，适合建筑高度受限的场合。

（5）由于采用吊装简支梁+湿接缝施工工艺，与连续梁相比，简化了施工，有利于工厂化生产和机械施工。但与简支梁相比，增加了湿接缝施工工艺，对后期预应力管道安装提出更严格的要求，这是该方法的主要不足。综上所述，对后期徐变上拱度和结构刚度要求很高的普通跨度高速铁路预应力桥而言，先简支后连续结构体系是一种颇具竞争力并值得开发与推广的桥式结构。

二、混凝土连续梁设计要点

（一）采用规范

1.《铁路桥涵设计基本规范》（TB10002—2017）。

2.《铁路桥涵混凝土结构设计规范》（TB10092—2017）。

3.《铁路桥涵混凝土和砌体结构设计规范》（TB10002.4—2005）。

4.《铁路工程抗震设计规范》（GB50111—2006）（2009版）。

5.《铁路架桥机架梁规程》（TB 10213—1999）。

6.《铁路混凝土结构耐久性设计规范》（TB 10005—2010）。

7.《铁路无缝线路设计规范》（TB 10015—2012）。

8.其他相关规范、规程。

（二）材料

1. 混凝土

梁体混凝土强度等级为 C50，封端采用强度等级为 C50 的无收缩混凝土，防撞墙及电缆槽竖墙混凝土强度等级为 C40。

2. 钢材

（1）纵向预应力体系：纵向预应力筋及横梁内预应力筋采用抗拉强度标准值为 1860MPa 的高强度低松弛钢绞线，公称直径 15.2mm，其技术条件应符合相关标准。采用 OVM 系列锚具及锚固体系，张拉采用与之配套的机具设备，管道形成采用金属波纹管成孔。

（2）横向预应力体系：横向预应力筋采用抗拉强度标准值为 1860MPa 的高强度低松弛钢绞线，公称直径 15.2mm，其技术条件应符合相关标准。采用 BM15-5（P）锚具及锚固体系；张拉机具采用 YDC2400 型千斤顶；管道形成采用内径 490mm×19mm 扁形金属波纹管成孔。

（3）竖向预应力体系：竖向预应力筋采用 ϕ25mm 高强度精扎螺纹钢筋，型号为 JL785，极限强度 fpk=980MPa，屈服强度 σ 0.2=785MPa，伸长率 $\delta s \geq 7\%$；锚固体系采用 JLM-25 型锚具；张拉采用 YC60A 型千斤顶；管道形成采用内径 ϕ35mm 铁皮管成孔。

（4）钢筋：光圆钢筋（HPB300）应符合《钢筋混凝土用热轧光圆钢筋》，螺纹钢筋（HRB400）应符合《钢筋混凝土用热轧带肋钢筋》。

3. 支座

采用盆式橡胶支座。

（三）桥面宽度及曲梁布置

防撞墙内侧净宽 9.4m，桥上人行道栏杆内侧净宽 13.2m，桥面板宽 13.4m，桥梁建筑总宽 13.8m。

曲线上梁按曲梁曲线布置，梁体沿线路左线中心线布置，相应的梁体轮廓尺寸均为沿线路左线中心线的展开尺寸，梁体轮廓、普通钢筋、预应力钢束及管道等均以线路左线中心线为基准线沿径向依据曲率进行相应的调整，支座亦按径向布置。

（四）主梁结构构造

主梁采用预应力混凝土连续箱梁结构，计算跨度为（80+128+80）m，支座中心线至梁端 0.85m，梁全长 290.9m。梁高沿纵向按二次抛物线变化，中支点梁高 9.6m（高跨比 1/13.3），边支点及跨中梁高 5.6m（高跨比 1/22.9），中跨跨中直线段长 9m，边跨直线段长 21.95m。截面采用单箱单室、变高度、变截面直腹板形式。箱梁顶宽 13.4m，底宽 7.0m。顶板厚度除梁端附近外均为 450～650mm，按折线变化；腹板厚 640～1100mm，按折线变化；底板由跨中的 520mm 按二次抛物线变化至根部的 1200mm。全联在端支点、中跨跨中及中支点处共设置 5 个横隔板。隔板厚度：边支座处 1.5m，中跨跨中 0.8m，中支点处 3.0m。横隔板设有孔洞，供检查人员通过。箱梁两侧腹板与顶底板相交处外侧均采用圆弧倒角过渡。

（五）主梁预应力体系

主梁采用三向预应力体系。顶、底板纵向预应力钢束采用 19-7ϕ5 钢绞线，腹板采用 15-7ϕ5 钢绞线，OVM 系列锚具；横向预应力钢束采用 4-7ϕ5 钢绞线，采用 BM15（张拉端）及 BM15P（锚固端）锚具。竖向预应力筋采用 ϕ25mm 精轧螺纹钢筋，极限强度 f_{pk}=980MPa，采用 JML-25 型锚具。全桥共布置顶板预应力 118 束，底板预应力 92 束，腹板预应力 112 束，横向预应力 663 束。

（六）主梁平面静力计算

主梁总体结构静力分析按照本梁施工顺序，将整个结构的形成划分为 80 个施工阶段，对施工运营阶段进行了模拟计算。计算过程中考虑荷载包括：自重、预应力、施工临时荷载、活载、支座不均匀沉降等，并考虑施工过程中体系转换影响、混凝土的收缩、徐变引起的内力变化以及对预应力损失的影响。按照最不利组合进行检算。

箱梁横向截取纵向长度为1.0m的梁段，模拟为支承于腹板中心线下缘的闭合框架结构进行计算，计算包括结构自重、二期恒载、特种活载、温度变化、收缩徐变等荷载作用下，箱梁截面横向受力情况。

（七）线形控制

1.挠度计算及预拱度设计

京津城际铁路全线采用无砟轨道，对于桥梁结构的竖向位移、梁端转角等较有砟轨道桥梁有更高的要求，主梁活载作用下的中跨最大竖向挠度为4.94cm（挠跨比为1/2590），边跨为1.95cm（挠跨比为1/4141），小于规范限值1/1000。梁端下挠转角为0.881%。梁体的刚度较大且平顺度高，有利于高速行车。

无砟轨道桥面必须设置预拱度，以保证梁体有更好的平顺度。主梁设计中，采用恒载与1/2静活载所产生的挠度之和，反向设置预拱度；同时，加强施工中的监测工作。

2.工后残余徐变控制

适用于客运专线的预应力混凝土梁的徐变残余值要求严格，铺设轨道后，无砟桥面梁的徐变残余值不得大于10mm。对于徐变的控制，采用以下两种措施。首先，调整预应力钢束的布置，梁体上、下缘受力更加均衡，减小上、下缘的恒载应力差，使梁体在恒载作用下，趋近于轴压状态，这对减小徐变是非常有利的。主梁设计中，通过调整预应力布置，使箱梁上下缘应力差基本控制在5MPa以下。其次，预应力混凝土梁的工后徐变是与时间密切相关的，因此选择合适的二期恒载施工时间，对于减小梁体的工后徐变也是非常有必要的。

设计二期恒载（p=158kN/m）上桥时间按预加应力后60d计算，运营3年后理论计算残余徐变拱度值为边跨3.5mm（向下），中跨2.7（向上）mm，主梁工后徐变残余值较小。铺设无砟轨道在终张拉60d后方可进行。

（八）支座纵向预偏量

支座纵向预偏量系指支座上板纵向偏离理论中心线的位置。设$\triangle_1$为各支点由于体系温差引起的位移量，$\triangle_2$为箱梁在预应力、二期恒载及收缩徐变作用下引起的各支点处的位移量，各支座处的纵向预偏量由式$A=-(\triangle_1+\triangle_2)$求得，式中负号表示按计算所得的位移量反方向设置预偏量。施工过程中应根据具体的合龙温度、预应力情况、施工工期等确定合理的支座预偏量。

（九）主梁自振频率及车桥耦合动力分析

由于列车高速运行，桥梁承受的动力作用大增，冲击和振动强烈，有可能引发车桥共振，造成难以想象的严重后果。因此，桥梁结构除满足一般强度要求外，还必须有足够的动力特性，以保证良好的稳定性和保持桥上轨道的高度平顺状态。因此，要对桥梁结构进行空间分析及车桥耦合动力分析。

第二节　钢筋混凝土刚构连续梁

一、高速铁路钢筋混凝土刚构连续梁桥型特点

铁路客运专线沿线的公路、道路四通八达，解决好立交问题，特别是高度受限制的立交及斜交沟渠问题，对周边地区的经济发展、降低工程投资等都具有非常重要的意义。

钢筋混凝土刚构连续梁中间桥墩与梁部固结形成刚构，边墩及桥台与梁部用活动支座连接。这种桥式主墩与梁部固结提高了结构的整体性，其梁部、桥墩、桥台均可斜做，桥跨结构能够与桥下斜交道路、斜交沟渠协调适应，并降低了梁部结构高度，特别适用于高度受限制的立交及斜交沟渠桥梁。

二、混凝土刚构连续梁设计原则及设计要点

（一）一般设计原则

1. 设计条件

（1）适用范围：适用于 250km/h 或 350km/h 高速铁路。

（2）设计速度：250km/h 或 350km/h。

（3）线路情况：直、曲线（曲线半径 $R \geq 3500m$ 或 7000m），双线线间距 4.6m 或 5.0m。

（4）桥面宽度：桥面顶宽 12.0m 或 13.4m。

（5）设计荷载：结构自重、二期恒载、ZK 活载、混凝土收缩力、基础沉降、

横向摇摆力、制动力或牵引力、离心力、风力、温度力、地震力、长钢轨纵向力、列车脱轨荷载、人行道及栏杆荷载等。

（6）动力特性分析：乘坐舒适性在 250km/h 或 350km/h 时达到优良标准，300km/h 或 420km/h 时达到合格标准。

2. 计算方法

采用空间有限元分析方法，计算各种跨度组合的结构在各种斜交角度时的自振频率，并计算在各种荷载组合作用下结构产生的竖向挠度、横向挠度、梁体扭转角及内力等。建立空间模型，对由于斜交引起的结构的畸变进行详细的计算分析，解决复杂的斜交梁弯、扭、剪受力问题。建立平面杆系有限元模型，分析正交时的挠度、转角及梁体内力，与空间分析结果互为校核。在进行结构空间受力分析时，弹性支承是在刚壁墩墩底节点上加上集中弹簧刚度以模拟基础的弹性变形。

3. 主要技术参数

（1）梁体变形的限值

①梁体竖向挠度限值

刚构连续梁的竖向挠度按《高速铁路设计规范》中规定，取 $L/1800$ 作为限值（其中 L 为跨度），最终竖向刚度以动力仿真分析结果确定。

②梁体水平挠度限值

刚构连续梁的水平挠度按《高速铁路设计规范》中规定，即在列车摇摆力、离心力、风力和温度的作用下，梁体的水平挠度应不大于梁体计算跨度的 $1/4000$。

（2）轨道不平顺限值

活载作用下梁体扭转引起的轨面不平顺限值为：以一段 3m 长的线路为基准，ZK 活载作用下，一线两根钢轨的竖向相对变形量不大于 1.5mm。实际运营列车作用下，一线两根钢轨的竖向相对变形量不大于 1.2mm。

（3）梁体的自振频率限值

刚构连续梁梁体的自振频率限值比照《高速铁路设计规范》的要求。

（4）控制截面应力及裂缝限值

控制截面位于刚壁墩墩顶、次边跨跨中，C40 混凝土容许压应力为 13.4MPa，HRB335 钢筋容许应力 180MPa，裂缝限值 0.2mm。

（5）选用材料

①梁体和刚壁墩均采用 C40 混凝土。

②活动墩顶帽、墩身采用 C30 混凝土。

③支承垫石采用 C40 混凝土。

④钢筋采用 HRB335 钢筋和 HPB235 钢筋。

⑤承台及第一层明挖基础采用不小于 C25 混凝土。

⑥支座采用高速铁路盆式橡胶活动支座。

4. 主要轮廓尺寸

考虑到温度力对连续刚构体系受力的不利影响，在边墩和桥台处设置活动支座时按以下方法办理：3 孔一联时，中间桥墩与梁部固结成为两个刚壁墩，梁端部设置活动支座；5 孔一联时，中间两个桥墩与梁部固结成为两个刚壁墩，其余桥墩采用活动墩，活动墩和边跨梁端部设置活动支座。

钢筋混凝土刚构连续梁的梁跨为中小跨度，角度在 0º ~ 30º，正交时采用双线整体结构形式，斜交时采用双线分离式结构形式，两线梁体之间缝隙为 2cm。梁体横截面采用实体板梁形式，梁体纵向为变截面。

刚构连续梁主要应用于高度受限制的立交桥，根据《公路桥涵设计通用规范》的规定，汽车专用公路和一般二级公路的净高为 5.0m，三、四级公路净高为 4.5m。在实际设计中，按墩台基础顶面 0.5 ~ 1.0m 的埋置深度考虑。

对于跨越沟、路的刚构桥，刚壁墩高和基础的埋置深度更大些，刚壁墩高按 7m、8m、9m 考虑。支座中心距的大小对设计影响较大，支座中心距过大或过小，都将导致一侧梁端的支座受力极其不均，甚至出现负反力，即拉力。

除了满足受力要求外，还必须考虑上支座板纵横向尺寸等主要构造尺寸参数的要求，同时应满足各种施工方法实施的可能性，便于在运营期间的检查、维修及顶梁和支座更换等。

综合上述因素，经过计算和分析，刚构连续梁正交时，双线整体结构形式的支座中心距采用 5.0m；斜交时，双线分离式结构形式的支座中心距采用 2.5m。

因接触网支柱的基础间距为 50 ~ 65m，因此，刚构连续梁桥上必然有接触网支柱，在梁体顶面设置接触网支柱时，可将悬臂板进行局部加强处理。

（二）设计要点

1.刚构连续梁桥的斜交角度分级

铁路上有许多斜交桥梁，以往常用的结构形式有斜框构桥、斜交正做的简支梁或连续梁桥等。斜框构桥为整体基础，存在应力集中问题，不均匀沉降常常导致结构开裂，因此对于较差的地基需要进行加固处理。不仅地基的加固费用较高，而且由于温度效应的影响，斜框构桥仅适用于三孔以下的桥梁。斜交正做的简支梁或连续梁桥通常以加大桥梁跨径来满足斜交桥梁桥下的净空要求，使线路高度和桥梁长度增加很多，特别是线路坡度、桥梁高度、地形条件受到限制时，斜交正做的简支梁或连续梁桥的结构形式往往无法满足要求。铁路客运专线应满足高速度、高舒适度、高安全度的要求，同时具备与周围环境协调适应的特点。为此，需要研究新的桥梁结构形式。桥跨结构能够与桥下斜交道路、斜交沟渠协调适应，特别适用于高度受限制的立交及斜交沟渠桥梁，斜交刚构连续梁桥便应运而生。

鉴于上述原因，应该增加各种斜交角度的刚构连续梁，以满足实际勘测设计中的需求。根据《高速铁路设计规范》中的规定，桥轴线与支承线夹角不宜小于60°，本次设计采用的最大斜交法向角为30°。为了便于开展通用图设计，通过比选，确定必要的角度分级。刚构桥刚壁墩的横向投影宽度为10m，设 α 为连续刚构斜交法向角，L 为 α 角提供的净宽；β 为与道路斜交的法向角，B 为与 β 角配合使用时提供的净宽。

当刚构 α =10° 与道路 β =5° 配合使用时提供净宽相差 0.611m ～ 0.703m，其他刚构 α 与道路 β 配合使用时提供净宽均小于 0.5m。并根据勘测和设计经验及有关的数据统计，适当保留斜交角度，采用较多的角度分级，去除可替代或采用较少的角度分级。

2. 双线分离与双线整体

采用双线分离还是双线整体对梁体受力、支点反力的影响比较大。

梁部与下部结构的连接分为固结和用支座相连接两种形式。固结连接时，双线分离使刚壁墩横向长度减小一半，当斜交角度较大时，墩顶内外侧弯矩变化值比双线整体略小，墩梁固结域受力略好；用支座相连接时，端支座所受最小竖直反力双线分离比双线整体大，中间支座相差不多；斜交桥梁由于弯扭耦合现象的存在，在竖向荷载作用下，横向固定支座和刚壁墩将承受水平力，横向最大水平力不论是端支座，还是中间支座，双线分离均比双线整体小。采用双线分离可基本避免在最不利荷载工况作用下端支座出现拉力；也可使支座和墩台所受横向水平作用力较小，对支座和下部结构受力有利。

此外，双线分离时，对应每线铁路横向放置两个支座，主梁和支座受力均匀。双线整体横向同时放置四个支座，中间个别支座难免出现脱空现象，使主梁受力不均匀。实体板梁由于斜交影响，横向弯矩及扭矩较大，当桥梁跨度较小时，宽跨比已接近于1，结构受力机理相对复杂。因此，主梁、刚壁墩采用双线分离，而对于桥墩，为了取得全桥整体协调一致的景观效果，其桥墩宽度与刚壁墩壁厚度基本相同，为薄板，也采用双线分离。对于基础和台后有土压力作用的桥台，双线联合能使桥墩和桥台获得较大的横向刚度，有利于提高基础承载力和减小基础沉降。

在客运专线斜交刚构连续梁桥的设计中，主梁、刚壁墩以及桥墩采用双线分离，而基础和桥台则采用双线整体设置。双线分离与双线整体应力对比分析见表5-1。

表5-1 双线分离与双线整体应力对比

单位：MPa

项目		双线分离	双线整体
上翼缘纵向正应力	最大值	3.98	3.26
	最小值	-3.74	-3.19
下翼缘纵向正应力	最大值	3.27	3.12
	最小值	-3.15	-3.85
上翼缘横向正应力	最大值	0.06	0.36
	最小值	-0.05	-0.47
扭转剪应力	最大值	0.35	0.62
	最小值	-0.22	-0.49

由表5-1可见，主梁上、下翼缘纵向正应力双线整体比双线分离小5%~15%，而横向正应力和扭转剪应力双线整体却比双线分离大1倍左右。双线整体纵向正应力比横向正应力和扭转剪应力大5~9倍，取线分离纵向正应力比横向正应力和扭转剪应力大10倍以上。

3. 空心板梁与实体板梁

梁截面的形式对结构的自振频率、挠跨比有较大影响。

对于主跨为 24m 的斜交刚构连续梁进行了空心与实体截面比选。双线分离空心板梁与实体板梁静活载挠度、频率比较见表 5-2。其中空心板梁次主墩墩顶与跨中截面等高，而实体板梁边墩墩顶截面加高至 2.15m。

表 5-2　静活载挠度、频率比较

梁截面形式		空心板梁	实体板梁
跨中梁高/m		1.55	1.45
高跨比		1/15.5	1/16.6
静活载下挠度/cm	次主跨	5.5	5.2
	主跨	6.5	6.3
挠跨比设计值	次主跨	1/4363	1/4598
	主跨	1/3692	1/3810
竖向自振频率/Hz		4.32	3.98

由表 5-2 可知，跨中截面挖孔后，桥梁结构内力较实体截面会有所减小，自振频率也会有所提高，但结构受力及构造相对复杂，经过综合比选，建议采用实体截面。边墩墩顶截面主梁采用变高，可有效地减小次主跨静活载挠度，提高结构的竖向刚度。

4. 钢筋混凝土与预应力混凝土

钢筋混凝土与预应力混凝土两种结构类型在刚构连续梁这种结构形式上均可采用。

对于主跨跨度大于 24m 的正交和斜交角度较小的刚构连续梁，可采用预应力的结构形式。预应力混凝土结构的优点有：

（1）耐久性强。

（2）截面尺寸相同的情况下，其刚度较钢筋混凝土结构刚度大。

预应力混凝土结构的缺点有：

（1）对于斜交角度较大的刚构连续梁，预应力计算和锚固构造都比正交桥梁要复杂得多。

（2）预应力结构混凝土收缩徐变产生的次内力较大，对刚壁墩和基础设计不利。

（3）当桥梁设两联以上的刚构连续梁时，接缝处要预留张拉空间，桥墩须做特殊设计。

因此，对于主跨跨度小于等于24m的斜交刚构连续梁，宜采用钢筋混凝土的结构形式。

钢筋混凝土结构具有受力明确、适用范围广、构造简单、易于施工等优点，刚构连续梁主要优点为斜交，而且主跨跨度均在24m以下，因此，采用了钢筋混凝土的结构形式。

5. 刚壁墩合理壁厚

刚壁墩的壁厚对结构的静、动力性能均有一定的影响，为了研究刚壁墩合理的壁厚，主梁梁高不变，刚壁墩顺桥向分别取0.9m、1.05m和1.3m三种壁厚，采用板壳单元模型对结构进行静、动力性能分析，采用实体单元模型对墩梁固结域进行局部应力分析。0.9m、1.05m和1.3m顺桥向壁厚按斜交交角35°换算成刚壁墩垂直壁厚为0.737m、0.86m和1.065m。

（1）刚壁墩壁厚对结构自振特性的影响：随着刚壁墩壁厚的增加，结构的竖向自振频率有所增大，高速铁路对桥梁自振频率的要求随着行车速度的提高而加大，对于行车速度大于250km/h的高速铁路，可适当增加刚构连续梁的壁厚。

（2）不同壁厚刚壁墩墩底截面内力和基顶外力对比：随着壁厚的增加，墩底截面纵向弯矩随之加大，而横桥向弯矩变化不大；基顶外力随壁厚的变化规律与墩底截面相同。

（3）不同壁厚对刚壁墩配筋的影响：随着斜交夹角的增加，刚壁墩横桥向弯矩逐渐加大，刚壁墩属双向偏心受压构件，平行四边形截面受压构件的配筋检算比较复杂。

为了简化设计，将平行四边形的锐角区切除，对矩形截面进行配筋检算。根据墩底截面内力计算结果，其主坐标轴纵、横向弯矩方向，锐角区为双向弯矩墩底截面配筋检算示意产生的拉应力或压应力极值点，存在局部应力集中现象，应对其辅以局部应力分析作为结构设计的依据。

（4）不同壁厚对桩基础单桩承载力的影响：单桩最大轴向力及桩头配筋双线行车略大于单线行车，直线桥梁由双线行车控制桩基础设计。随着壁厚的增加，桩基础单桩最大轴向力和桩头配筋逐渐增大，单桩最小轴向力逐渐减小，但没有出现受拉现象。与壁厚105cm相比，壁厚90cm单桩最大轴向力减小6%，桩头配筋减小27%，壁厚130cm单桩最大轴向力增加12%，桩头配筋减小42%。

6. 合理配跨的选择

决定连续刚构合理跨度的因素主要有刚构连续梁的自振频率、挠跨比、梁端转角和支反力。根据国外相关资料的论述，连续梁的自振频率限值应该满足换算为简支梁跨度对应的自振频率限值。桥梁为5跨连续梁时，其换算跨度为1.5倍的平均跨度。由表5-3可见，在满足挠跨比和梁端转角后，自振频率已经不再控制刚构连续梁的截面设计。

表5-3　刚构连续梁在控制参数

跨度	斜交法向角/(°)	梁高/m	支点距	梁端转角	梁端转角限值	自振频率/Hz	自振频率限值/Hz	最小支反力/kN
（18+3×24+18）m	25	1.45	3	0.74%	1.0%	5.18	3.70	159
（20+3×24+20）m	35	1.45	3	0.96%	1.0%	4.44	3.57	275.6
（20+3×24+20）m	40	1.45	3	0.965%	1.0%	3.98	3.57	151.8

综上所述，斜交刚构连续梁采用的结构形式应该是双线分离的钢筋混凝土实体板梁，刚壁墩的厚度综合考虑自振频率、截面内力、基础受力等方面的内容，配跨应综合考虑刚构连续梁的自振频率、挠跨比、梁端转角和支反力，使结构受力最合理、经济。

斜交刚构连续梁桥除具有较好的动力性能外，还具有梁部建筑高度低、适用范围广、结构形式机动灵活等特点。由于刚构连续梁桥的梁、墩、台均可斜做，铁路能以不同角度跨越道路、河流等，桥下道路顺畅，这些特点使得桥梁和两侧路基高度显著降低，桥梁长度显著减小，从而可使总体工程造价大大降低，达到节省工程投资的目的。

7. 结构的耐久性

通过以下措施来满足结构耐久性要求：

（1）通过采用高性能混凝土控制混凝土配合比，提高混凝土耐久性。

（2）对所用骨料进行成分分析及碱活性试验，应符合《铁路混凝土工程施工技术指南》的要求。

（3）梁体钢筋最小保护层采用 35mm。

8. 结构的安全性、可靠性

（1）进行车桥动力响应分析。

（2）严格控制各种材料的强度、梁体刚度、稳定性等指标，并采用高性能混凝土。

第三节　高速铁路连续梁（刚构）桥施工

预应力混凝土连续梁（刚构）桥施工方法主要有悬臂浇筑、悬臂拼装、顶推法、转体法、支架法等。悬臂浇筑施工具有不受季节、河道水位、建筑物或市区交通的影响，不需大量的支架和临时设备的优点，因此在国内外得到广泛应用，成为大跨连续梁桥主要施工方法。

一、连续梁（刚构）悬臂浇筑施工方法

悬臂浇筑施工是以已完成的墩顶梁段（0 号梁段）为起点，通过挂篮的前移，以桥墩为中心对称地向两侧跨中逐段浇筑混凝土，待混凝土达到设计强度后，张拉预应力束与已成梁段形成整体，再移动挂篮，进行下一节段的施工的循环施工方法。悬臂浇筑每个节段长度一般为 2 ~ 5m。

预应力混凝土连续梁（刚构）桥悬臂浇筑施工一般施工程序如下：

（1）施工墩顶 0 号梁段且墩顶 0 号梁段与桥墩实施临时固结（连续刚构墩顶梁段与桥墩整体浇筑）形成 T 构施工单元。

（2）采用挂篮在 T 构两侧按设计梁段长度，对称浇筑混凝土。

（3）在梁段混凝土达到设计要求的强度、弹性模量及养护龄期后施加预应力。

（4）挂篮前移进行下一梁段施工，直到 T 构两侧全部对称梁段浇筑完成。

（5）边跨非对称梁段施工。

（6）按设计要求合龙顺序进行合龙梁段现浇施工。

预应力混凝土连续梁桥墩和梁为非刚性连接，不能承受施工荷载产生的不平衡弯矩。因此，在悬臂施工前，在0号梁段与桥墩间实施临时固结支承措施，以承受梁体的压力和施工荷载产生的不平衡弯矩。连续梁悬臂施工时，结构呈T形刚构，待合龙后拆除临时固结完成体系转换形成连续梁，在施工过程中存在体系转换，但在合龙施工时不需顶推。连续刚构因其墩梁刚性连接，所以在施工时不设临时支座，少一次体系转换。但连续刚构桥在全桥合龙后，在二期恒载、混凝土收缩徐变以及温度的影响下，有整体向中跨跨中移动的趋势。另一方面，在张拉跨中底板束时主墩会向跨中方向发生水平位移，对桥墩受力不利，同时会产生跨中下挠等问题。一般应在合龙前在合龙端口施加一定的预顶力，给主墩一个背向跨中的水平位移。

二、0号梁段施工

（一）0号梁段总体施工方案

0号梁段是连续梁（刚构）施工的起始段，梁段高，节段长，混凝土浇筑数量大，各向预应力管道及钢筋布置密集交错，整体结构复杂，施工前应制订完善的施工技术方案。

1.0号梁段混凝土原则上应连续浇筑一次成型。当梁体高度大、混凝土数量多或梁体结构复杂时，需要进行竖向分层浇筑。分次浇筑的时间不能过长，一般不超过10d，以避免因前、后浇筑的混凝土收缩和徐变不一致，使后浇筑的混凝土产生裂缝。施工缝的设置应合理。两次安装的外模宜一次安装到位，内模可按混凝土浇筑要求分段安装。连续刚构墩顶梁段混凝土宜与桥墩整体浇筑，梁体与墩身施工缝位置应符合设计要求。

2.0号梁段现浇施工采用的方法一般为支架现浇或在墩上预埋托架、采用型钢或常备式构件拼装为现浇平台。施工时支架选择原则为墩高小于20m时可采用落地支架，当墩高大于20m或跨越流河、沟谷及地基承载力差难于处理时则采用在墩身预埋托架施工。

3.当0号段长度较短，若在其梁段长度上拼装挂篮有困难时，原则上可考虑主梁1号节段与0号节段同时浇筑施工，若不能一次浇筑时，应提前对挂篮联体施工进行结构设计。

4.预应力混凝土连续梁在墩顶梁段施工时,应按设计规定设置墩梁临时固结装置,与0号梁段一起施工。

5.连续梁永久支座应在底模安装前安装,固定支座和活动支座安装位置及方向应符合设计和规范要求。

(二)0号梁段施工流程

1.连续梁

墩顶中线、高程测量检查→桥墩预埋件检查→支架及托架拼装、预压→临时及永久支座安装→底模安装→内、外侧模安装→底板及腹、隔板钢筋安装→底、腹板预应力管道安装→顶模、端模安装→顶板钢筋及预应力管道安装→混凝土浇筑、养护→端模及侧模拆除、梁端凿毛→预应力筋张拉→预应力孔道压浆、封锚→底模、内模及托架拆除。

2.连续刚构

墩顶中线、高程测量检查→桥墩预埋件检查→支架及托架拼装、预压→墩顶混凝土凿毛清理、预埋钢筋调直整理→悬臂梁段底模安装→内模、外侧模安装→底板及腹、隔板钢筋安装→底、腹板预应力管道安装→顶模、端模安装→顶板钢筋及预应力管道安装→混凝土浇筑、养护→端模及侧模拆除、梁端凿毛→预应力筋张拉→预应力孔道压浆、封锚→底模、内模及托架拆除。

梁体底模板应在加载预压前设置预拱度,并根据加载预压结果进行调整。预拱度的设计应考虑下列因素:

(1)由梁体自重、二期恒载、1/2活载及混凝土收缩徐变、预应力施加等引起的梁体竖向挠度。

(2)支(托)架在荷载作用下的弹性和非弹性变形。

(3)支架基础沉降变形。

(三)临时支座(支墩)

墩梁临时固结既要求能在永久支座不承受压力的情况下能承受梁体压力和施工过程中产生的不平衡弯矩,又能在承受荷载的情况下容易拆除。按其结构布置位置分为两种:一是在桥墩顶面永久支座的两侧设置临时支座;二是当桥梁的跨度很大或者桥墩顶面长、宽尺寸较小时,宜在桥墩纵向两侧设置临时支墩(或支架)以支撑悬臂浇筑梁体。

1. 临时支座结构

连续梁墩顶临时支座，一般对称设置在永久支座两侧的箱梁腹板下。支座的承载能力及结构尺寸应根据梁底宽度及腹板数量经设计计算确定，一般每一桥墩上设置 4 个临时支座。墩顶临时支座应在 0 号梁段立模前安装，临时支座的顶面高程不得低于永久支座，与永久支座高差允许值为 0 ～ 2mm。

临时支座结构采用强度等级不低于 C40 混凝土浇筑，在上下两块钢筋混凝土块间夹垫厚度约为 10cm 硫黄砂浆（或用油毡纸等作隔离）。墩顶临时支座，应按设计要求设置竖向钢筋使其与墩梁连接，竖向钢筋在梁体及墩顶的预埋锚固长度应满足构造要求。在临时支座所对应的墩顶及梁底混凝土内均设有不少于三层的水平钢筋网片予以加强。当设计采用在桥墩内设置预应力锚固钢筋与梁体实施预应力张拉连接时，应在桥墩施工时按设计要求准确穿管预埋竖向连接钢筋。

临时支座拆除时，可用喷灯烧化硫黄砂浆，也可用切割器切割拆除等。

2. 临时支墩

临时支墩一般是在桥墩纵向两侧采用钢管、钢管混凝土或支架作墩梁临时锚固体系支承。具体采用形式需要根据桥梁自重和不平衡弯矩经计算确定。每墩一般对称设 4 根钢管。钢管支墩柱底与承台固结形成整体，支墩顶和底部钢管内四周布置竖向抗拉钢筋，钢筋伸入梁体和承台锚固长度应符合设计要求。

（四）0 号梁段现浇支架施工

1. 墩旁托架

0 号梁段现浇托架结构是采用预先在墩身预埋钢板和锚筋（也可在墩身预留孔洞），在预埋钢板上焊（栓）接而成。托架由型钢组拼焊接而成。托架的数量、布置根据箱梁结构进行计算确定。

2. 落地支架

当采用满堂式落地支架现浇时，地基处理范围应比支架平面投影周边宽100cm 以上；基础范围内地面附着物和腐殖土、淤泥、冻融循环深度内的冻土等软弱土质应全部清除，清理后的坑槽应及时填筑、避免积水浸泡；桥梁墩台的基坑应填筑到承台顶面以上，且不低于地下水位；地基表层清除后的坑槽应填筑到原地面以上。填筑应分层进行、逐层压实；填筑材料及其压实度应满足地基承载力要求；处理完成后的地基应进行承载力检测，合格后方可施工垫层；

基础周边应设置排水沟，排水沟及基础至排水沟之间宜采用砂浆抹面封闭，地表水引排到基础 5m 以外。梁柱式支架的明挖基础和桩基础应按相关规范进行施工。

（1）碗扣式支架的搭设

根据设计图纸按支架设计高度和基础高程对所需要的杆件数量及型号进行配置。支架搭设施工前应计算并放出梁体各控制点的高程，并在垫层顶面标识出支架立杆的平面位置。支架安装按一端向另一端或从跨中向两端延伸，按照垫木、底座、立杆、水平杆（水平加固件）、剪刀撑的顺序自下向上逐层搭设，每层高度不宜大于 3m。支架整体搭设应横平竖直，顶、地托支垫平稳，横杆入碗口，碗扣须锁紧，要严格控制立杆的垂直度和纵、横剪刀撑的搭设间距和数量，确保支架整体稳定。支架四周及中间竖向剪刀撑均应从底到顶连续设置。

（2）梁柱式支架的搭设

支墩预埋件位置及高程应准确设置，并根据施工现场吊装设备能力和场地条件分节、分层安装；剪刀撑应随支架立柱安装进程及时进行安装，在剪刀撑未安装之前，应采取临时措施稳定立柱。立柱顶纵、横梁应与立柱连接牢固，横梁与支座之间有空隙时，应采用适当厚度的钢板填塞密实并焊接牢固。当采用钢楔、砂箱或机械千斤顶等作落架设施时，应采取措施，确保其安装牢固。

（五）0号梁段模板安装

底模安装前，应严格按照梁体结构尺寸要求控制顶面分配梁的高程，在固定平台上分段整体吊装底模；底模的分配梁的间距、规格应严格按设计要求布置，当底梁设有楔块时，应有保险措施确保其安装牢固。

侧模可采用挂篮的外模，辅以木模拼装。若采用木模，板面之间要求平整，接缝采用平缝，模板缝隙采用双面胶密封，防止漏浆。侧模在拼装台上拼装好，根据 0 号段的侧面面积，分块加工进行吊装。侧模应采取对拉和在内箱对撑的方式加固，以克服混凝土产生的侧压力。侧模加固所用的对拉拉杆和背杠的规格及纵、横布置间距应符合设计要求。模板在安装时还应与浇筑工作相结合。当竖向采用分次浇筑时，应将外模一次安装到位，内模按浇筑要求分阶段安装，以方便插入振捣器和施工缝处理。内模与底模间应设置拉杆牢固定位，防止浇筑混凝土时内模上浮。

端模安装宜采用侧模夹端模的形式安装，端模的预应力管道位置应按设计要求准确布置。在安装纵向预应力管道和钢筋时。将其从端模预留孔的相应位置穿入和穿出。在混凝土浇筑前，用棉纱堵塞端模上预留孔的缝隙，以防止漏浆。

模板与混凝土接触面均应涂刷脱模剂。钢模板宜选用具有防锈作用、不含水分的脱模剂；木模板宜选用液状石蜡、机油类或滑石粉混合液作脱模剂。

（六）支架预压

支架加载前，应按规定设置好支架及基础的监测断面和监测点，每个横断面一般布置 5 个监测点。预压材料一般选用砂袋和钢材，加载方式为堆载。当采用托架施工且施工场地受限造成堆载困难时，可在承台或墩顶预埋锚筋，通过竖向钢绞线（或精轧螺纹钢筋）反拉方式对托架平台进行加载。预压荷载应符合设计要求，当设计无要求时，不应小于支架所承受最大施工荷载的110%。加载位置和顺序尽量与梁体荷载一致；加载按施工荷载的60%、100%、110%分三级加载；加载和卸载均应对称、均匀、分层、分级进行，严禁集中加载和卸载；各级加载完成 1h 后进行支架的变形观测，第三级荷载加载后，应间隔 6h 监测各监测点的位移量，当连续 12h 监测位移平均值之差不大于 2mm 时，方可卸除预压荷载。

（七）钢筋及预应力管道安装

1.绑扎底板下层钢筋网片，安装底板管道定位钢筋。

2.绑扎底板上层钢筋网片，采用槽形钢筋将上、下层钢筋网片按设计要求的间距布置卡住，并将上、下钢筋网片支承焊牢。

3.腹板钢筋骨架插入底板钢筋网片定位，安装腹板根部的倒角钢筋，安装腹（隔）板的竖向预应力筋、安装底（腹）板纵向预应力筋的锚头垫板，穿入预应力管道。

4.安装顶板及翼缘板下层钢筋网片。再安装腹板上部的倒角钢筋，然后安装顶板管道定位井字筋、锚头垫脚板及螺纹钢筋，穿顶板预应力管道。

（八）混凝土施工

1.原材料选择及配合比设计

水泥进场后，应按其品种、强度、证明文件以及出厂时间等情况分批检查验收，各项指标均需达到国标要求，同一结构部位应使用同一种水泥，以保证混凝土外观、色泽一致；细骨料宜采用中粗河砂，细骨料应级配良好、质地坚硬、颗粒洁净、粒径小于 5mm；粗骨料粒径应控制在 5 ~ 25mm，含泥量必须满足规范要求方可使用；外加剂应注意与水泥及矿物掺合料的相容性试验。

梁体为高性能混凝土，具有高强、早强、缓凝等特性，同时应具有良好的工作性能。

2. 混凝土浇筑

（1）连续梁 0 号段混凝土浇筑的顺序应按从悬臂端开始向桥墩方向水平分层，进行纵、横向对称连续浇筑；连续刚构按照中部底板→悬臂端底板→中部腹板→悬臂端腹板→墩顶隔板→顶板的顺序纵、横向对称施工。翼缘板浇筑时应先将顶板与腹板相连部位的混凝土填满捣实后，然后从两侧悬臂向中间对称浇筑混凝土。

（2）混凝土应采用输送管、溜管、串筒等下料至工作面，混凝土自由落体高度不应大于 2m。

（3）混凝土振捣采用插入式振捣器进行，移动间距不应超过振动器作用半径的 1.5 倍，与侧模应保持 50 ~ 100mm 距离，插入下层混凝土 50 ~ 100mm。每处振动应将振动棒垂直、自然地插入混凝土中，该处振捣完毕后，应边振动边慢慢提出振动棒，避免振动棒碰撞模板、钢筋和其他预埋件。每一振动部位，必须振动到该处混凝土密实为止，一般为 20 ~ 30s，以混凝土不再下沉及出现气泡、表面呈现平坦、泛浆为止。浇筑腹板混凝土时还应用木槌敲击模板，以保证混凝土内实外美。

3. 混凝土养护

顶板混凝土浇筑完，待混凝土收浆时进行抹面，然后对混凝土外露面进行严密覆盖，实行保温保湿养护，养护时间不得小于 14d。在养护过程中，通过预先埋设的测温元件对梁体混凝土的温度进行监控。拆模时梁体混凝土表面温度与环境温度相差不宜大于 15℃，梁体拆模后，当环境温度低于 5℃或高温天气时，梁体内、外暴露表面应喷涂混凝土养护剂。

4. 梁段接缝处理

梁端模板拆除后，需对梁端接缝面进行凿毛，凿毛时混凝土强度要求为人工凿毛应不小于 2.5MPa，机械凿毛不小于 10MPa，凿毛后应使梁体接缝面露出不小于 75% 新鲜混凝土面积。

（九）预应力施工

1. 预应力筋在使用前施工单位必须做张拉、锚固试验，并应进行管道摩阻、喇叭口摩阻等预应力损失测试，对设计单位提供的钢筋张拉控制应力进行适当调整，调整值应经设计确认，以保证预应力准确。

2. 预应力筋张拉顺序应按先纵向、再竖向、后横向顺序进行。

3. 预应力筋张拉应在梁段混凝土强度达到设计值的 95%、弹性模量达到设计值的 100% 后进行，且必须保证张拉时混凝土的龄期不小于 5d；纵向预应力筋应两端同步且左右对称张拉，最大不平衡束不超过 1 束。张拉顺序应为先腹板、再顶板、后底板，从外向内左右对称进行。

4. 竖向预应力筋应左右对称单端张拉，宜从已施工端顺序进行。竖向预应力筋应采用两次张拉方式，即在第一次张拉完成 1d 后再补张拉。

5. 横向预应力筋应从梁体两侧交替单端张拉，宜从已施工端顺序进行。每一梁段伸臂端的最后 1 根横向预应力筋，应在下一梁段横向预应力筋张拉时进行，防止由于接缝梁段两侧横向压缩不同引起开裂。

6. 竖向和横向预应力筋张拉滞后，纵向预应力筋不宜大于 3 个悬浇梁段。预应力施加完毕后，应及时压浆。

7. 采用夹片锚具时预应力筋的张拉方法：

0 →初始应力（终张拉控制应力的 10% ~ 20%）→张拉控制应力（测预应力筋骨伸长值）→静停 5min，校核到张拉控制应力→主油缸回油锚固→副油缸供油卸千斤顶。

8. 预应力张拉时应采取预应力筋张拉应力与预应力筋伸长值双控措施，预应力值以油压表读数为主，以预应力筋伸长值进行校核。实际伸长值与理论伸长值之差，不得超出理论值的 ±6%。

（十）预应力管道压浆

1. 孔道压浆应尽量采用真空辅助压浆工艺。压浆应在预应力筋终拉完成后 48h 内完成。

2. 孔道压浆应按先纵向、再竖向、后横向的顺序进行。纵向预应管道压浆顺序应从下而上进行压浆；竖向预应力应从最低点开始向上压浆，同一孔道压浆应连续进行一次完成。

3. 压浆时，浆体温度应在 5℃ ~ 30℃。冬期压浆过程中及压浆后 3d 内，梁体温度不应低于 5℃，否则应采取预热和保温措施。

（十一）梁体封锚

1. 封锚处混凝土表面应凿毛和清理干净，并对锚具进行防锈处理。

2. 应按设计要求对封锚（端）进行防水处理。

3. 锚穴内应按设计要求设计钢筋网。

4. 封锚（端）混凝土应符合设计要求，当设计无要求时，应采用与梁体同等级及以上的混凝土封锚。并应采用保湿、保温养护。

（十二）支架拆除

0 梁段支架的落架和拆除应在梁体预应力施工完成后进行，支架的落架应按纵桥向对称均衡、横桥向基本同步的原则分阶段循环进行支架落架。

三、悬臂浇筑节段施工分析

（一）悬臂浇筑节段施工流程

施工准备→挂篮安装→底、外模板调整→底、腹板钢筋及预应力管道安装→内、端模安装→顶板钢筋、预应力管道安装→混凝土浇筑、养护→拆端模、穿预应力筋→预应力筋张拉、压→落底模、挂篮前移。

（二）挂篮的分类

挂篮是悬臂浇筑混凝土施工的主要施工设备，它是一个能沿梁顶轨道移动的活动承重结构。其作用原理是锚固悬挂在已施工的前端梁段上，在挂篮上进行下一梁段的模板、钢筋、预应力管道的安设，混凝土浇筑和预应力张拉，压浆等作业。完成一个节段的循环后，挂篮即可前移并固定，进行下一节段的悬灌，如此循环直至悬臂浇筑完成。挂篮结构的主要特点是其主要承重桁架均应放于箱梁的腹板位置。随着连续梁（刚构）桥的普及，挂篮的结构形式也越来越多，其结构设计日益先进，结构受力更趋合理。

挂篮按构造形式可分为：桁架式、斜拉式、型钢式及复合式挂篮四种；挂篮按倾覆平衡方式分为压重式、锚固式和压重与锚固结合式三种；挂篮按走行方法分为一次走行到位和两次走行到位两种。桁架式挂篮在挂篮使用中是最为常用的，根据其不同结构、不同受力特点，又分为平行桁架式挂篮、弓弦式挂篮、菱形挂篮和三角式挂篮。

下面主要介绍按构造形式进行的分类：

1. 桁架式挂篮

（1）平行桁架式挂篮

平行桁架式挂篮的上部结构一般为等高桁架，采用万能杆件或贝雷梁组拼作为挂篮的承重结构。由于其主桁为标准构件，所以具有拼装快捷、简便、成本低等优点。但是该挂篮由于其自身载荷大，承重能力低，适合小跨度、节段重量较轻的连续梁或连续刚构桥。

（2）弓弦式挂篮

弓弦式挂篮结构的主桁外形似弓形。其结构主要由弓弦桁架、前吊杆及后锚栓、走行系统、模板系统等四部分组成。弓弦桁架的弧杆全为拉杆，腹杆为压杆，一般由万能杆件组拼而成。为消除桁架拼装时产生的非弹性变形，在桁架拼装时对桁架施加预应力使弦杆上翘，同时改变了桁架的受力。

弓弦式挂篮的受力与菱形挂篮基本相同，不同的是曲面桁架弓弦杆除后锚杆外，还需要在中部提供预应力锚固，以减少局部杆件的受力。

由于其杆件以常备式构件为主，桁高随弯矩大小而变化，受力较为合理，但是缺点是杆件数量多，制作安装精度要求高。

（3）菱形挂篮

菱形挂篮主要由菱形桁架、悬吊系统、走行系统、模板及张拉等操作平台五部分组成。菱形桁架是挂篮的主要承重结构，其构件一般用型钢组焊成箱型结构；其走行系统一般分为主桁走行系统，底模、外模、内模走行系统；菱形挂篮具有结构简单，受力明确，挂篮前、后部分施工操作空间大等优点，是较为常用的挂篮。但挂篮主桁前横梁离桥面较高，施工人员上、下调整立模高程时不便。挂篮受力特点为挂篮荷载约一半通过后吊杆传至桁架上节点，另一半荷载通过底模后锚传至已浇梁体底板。

（4）三角式挂篮

三角式挂篮结构除主受力结构采用三角架外，其余各部结构均与菱形挂篮相同。挂篮三角形组合系统主要由纵梁、立柱、斜拉杆等组成。三角架下为支座和走行反扣及轨道等。纵梁根据刚度和强度计算需要可用钢板或型钢组焊。在三角挂篮设计的早期，因斜杆只受拉力，所以常用钢带组成，由于钢带横向刚度较小，因此将斜拉钢带改为型钢组焊成的方形截面梁，这样有利于将两片三角架间的横向连接系设置在后斜拉杆间。立柱为型钢组焊件，立柱在实际设计时一般比理论长度短 20mm 左右，装上立柱和斜拉带后需要用千斤顶顶起立柱，用钢板垫塞在柱底与纵梁结合处，以消除三角桁架的非弹性变形。

三角式挂篮由于悬吊结构简单，受力明确，承重能力大，和弓弦式、菱形挂篮相比，其前横梁靠近梁面，重心低，施工、走行稳定性较好，常用于单节梁段重的大跨度连续梁（刚构）桥或斜拉桥悬灌施工。但由于其前横梁靠近桥梁面，不适用于施工设计要求先张拉竖向预应力筋后移挂篮的悬臂施工。

三角式挂篮的受力特点与菱形挂篮基本相似。

2. 斜拉式挂篮

（1）滑动斜拉式挂篮

滑动斜拉式挂篮的主要结构包括纵梁、各种横梁、斜拉带系、模板系统、滑梁、上下限位装置等。

滑动斜拉式挂篮的上部采用斜拉体系代替梁式或桁架式结构的受力，而由此引起的水平分力，通过上下限位装置（或称水平制动装置）承受，主梁的纵向倾覆稳定由后端锚固压力维持。该挂篮由于轻且无平衡重等特点，可以说是国内目前最轻的挂篮之一。但当跨度和梁高都较大时，由于斜拉杆长度较大，弹性伸长较大，而且上下限位装置的水平力随之增大，故其应用受到限制。

滑动斜拉式挂篮的受力特点是浇筑的梁段混凝土重力传至斜拉杆，后端通过后锚杆将垂直力传至箱梁底板混凝土上。由于斜拉杆为拉力杆，故其轴向力分解为垂直力和水平力，其水平力通过底平台纵梁传至尾部，由下限位器承担。斜拉杆在上部将轴向力传给上主梁，将垂直力由主梁传给箱梁顶板，水平分力由主梁传给上限位器，并由竖向预应力筋压紧限位拉板与混凝土桥面间产生的摩擦力平衡。

（2）预应力斜拉式挂篮

预应力斜拉式挂篮的最大特点是利用梁体内腹板的预应力筋拉住模板，从而使得挂篮结构简化，重量变轻。但该挂篮系利用梁部结构自身的预应力束锚固刚性模板，使得临时设施数量减少，但因属永久结构和临时结构相结合，需经设计同意方可采用。

3. 型钢式挂篮

型钢式挂篮是桥梁施工中用于悬臂浇筑（悬浇施工）的一种临时承载结构，主要用于大跨径桥梁（如连续梁桥、刚构桥）的节段施工。其核心由型钢（如工字钢、槽钢等）焊接或螺栓连接而成，具有强度高、刚度大、适应性强的特点。

4. 复合式挂篮

复合式挂篮有些类似菱形挂篮，其结构受力明确，具有较大的承载能力，重量也比较轻，但因其前端主桁架悬空，前吊点位置升高，起降吊杆用人工不方便，宜采用液压提升系统控制，施工简便，但这样会增大一次性投入。复合式挂篮出现较晚，但该型挂篮具有较大的承载能力，适用性广，操作迅速简便，可反复多次使用。

（三）挂篮现场安装及验收要求

1. 挂篮制作与安装技术要求

（1）挂篮制作加工完成后应进行试拼装。

（2）挂篮在现场组拼后，应全面检查其安装质量并进行加载试验，符合设计要求后方可正式投入使用。

（3）挂篮构件及模板的制作与安装应准确、牢固，安装误差应符合相关规范要求；挂篮所需要的各吊杆和下限位拉杆孔道应按设计尺寸预埋准确。

（4）挂篮走行轨道铺设应严格按整长布置。

（5）挂篮前支座下垫应为刚性支垫，并应支垫牢实。

2. 挂篮验收

挂篮验收的内容包括原材料及半成品、焊接工程、紧固件连接工程、零件及部件加工工程等的质量证明文件；对重要焊接结构除应进行探伤外，还需要进行必要的拉力试验。挂篮在施工过程中应进行质量控制检查，符合要求后才能进行下一工序的施工，各阶段的检查结果均应形成书面记录。挂篮安装完成后应组织进行系统全面质量检查，满足设计要求后才能准备加载试验。

（四）悬臂浇筑节段施工

在0号梁段施工时，应按挂篮施工设计要求精确预埋预留孔和预埋件，在挂篮安装前检查确认符合要求后可进行挂篮安装。

1. 挂篮安装

（1）挂篮应在0号梁段的纵向预应力筋张拉压浆完成后开始进行对称安装。当0号梁段的长度不满足独立挂篮安装要求时，应采用两个挂篮联体安装，浇筑首个悬臂施工节段。应提前编制挂篮联体、解体及加长的施工作业指导书。

（2）挂篮拼装前，可将各部位大件如主桁片、主桁横向连接系、内外模桁架等预先组拼，组拼件大小可根据起吊设备的起重能力确定。挂篮拼装应保证拼装过程的强度和稳定性。

（3）拼装主要顺序为：安装轨道→吊装主桁架及主桁横向连接系→安装主

桁后横梁及后锚→锚固主桁→安装前横梁及前吊系统→安装底模前后横梁及底模后吊系统→安装底模板→安装内外模及滑梁悬吊系统→安装挂篮纵向张拉平台及安全防护结构→调整挂篮中线及立模高程。

（4）挂篮在浇筑梁段中所产生变形的调整，可采用调整前吊杆高度，也可通过装在后锚梁处的千斤顶朝下压主桁后横梁来实现。

2. 挂篮加载试验

（1）加载试验目的：挂篮组拼完成投入使用前，应全面检查安装质量，并应进行走行试验和加载试验。加载预压的目的是消除挂篮的非弹性变形和掌握挂篮实际承载情况，并在挂篮的加载过程中测得挂篮的弹性和非弹性变形值，为箱梁施工线形控制提供数据。

（2）挂篮加载试验方案：挂篮预压可采用砂袋堆载法、水箱加压法等。砂袋堆载法是在已安装完成的挂篮上铺设好底模，将与箱梁的混凝土荷载一致的砂袋压重于底模上，实施分级压重。使用该法时要严格称量每袋砂的质量，并防止雨水进入已称量过的砂袋中，要有防雨措施。

挂篮预压荷载为最大施工荷载的1.2倍。预压时可按60%、75%、100%、120%分四级进行加载。前三级加载完毕分别持荷30min后进行变形测量，最后一次加载完毕持荷60min后进行各项测试。加载过程中，记录挂篮各级荷载的变形数据，经过分析得出挂篮实际挠度，为箱梁施工控制提供准确的数据。变形稳定后再分级卸载。

3. 钢筋与预应力管道施工

挂篮安装锚固完成并验收合格后，开始主梁的悬臂梁段钢筋施工。悬臂浇筑梁段的钢筋加工、连接及安装和预应力管道施工与0号段钢筋及预应力管道施工基本相同，同时还应注意以下施工要点：

（1）底板钢筋与腹板钢筋的连接应牢固，且宜采用焊接；底板上、下两层钢筋网应采用两端带弯钩的竖向筋进行连接，使之形成整体，连接筋的数量和规格应符合设计要求；顶板底层的横向钢筋宜采用通长筋。

（2）钢筋与预应力管道相互影响时，钢筋仅可移动，不得切断。若挂篮的预埋件与梁体钢筋位置发生冲突需要切断钢筋时，应在工序完成后，将切断的钢筋连接好再补孔。

（3）悬浇节段预应力束管道在浇筑前，应在金属波纹管内插入硬塑料内衬管，以防管道压瘪和损伤；管道的定位钢筋应用短钢筋做成井字型，并与箱梁钢筋网焊接牢固，定位钢筋网架间距直线段宜为 0.5m，曲线段还应适当加密，以混凝土振捣过程中波纹管道上浮，导致预应力张拉时产生沿管道的法向分力，轻则产生梁体的内力不合理，重则产生混凝土崩裂，酿成质量事故。

4. 混凝土悬臂浇筑施工

（1）在梁段混凝土浇筑前，应提前对混凝土原材料进行检查、验收。预先做好梁段高性能混凝土配合比设计。

（2）主梁悬灌节段采用全断面一次性浇筑，纵桥向从悬臂远端开始，向已完成的梁段分层浇筑，并在最先浇筑的混凝土初凝前完成本梁段的混凝土浇筑；横桥向先浇筑箱梁底板倒角，再浇底板，再浇筑腹板，最后浇顶板混凝土，同一端梁中心线两侧左右对称下料浇筑。

（3）浇筑混凝土时两个悬臂端应对称均衡地进行浇筑，两端施工不平衡偏差不得超出设计允许值，设计未规定时，不得超过梁段一个底板的重量，以保证 T 构平衡稳定。

（4）混凝土连续梁（刚构）悬臂节段浇筑施工，应制订线形控制工作计划和措施，以便及时进行每一梁段的施工监测和全桥施工联测工作。并根据梁段施工线形误差，及时进行预拱度计算和采取跟踪调整预拱度措施，保证全桥施工线形符合设计要求。

（5）悬臂浇筑施工跨越既有铁路、公路等时，应采取有效的安全防护措施。

（6）安装并调试前移动力设施。

（7）挂篮移位过程中，T 构两端的挂篮应同步前移。挂篮移动速度不宜大于 0.1m/min，就位时中线偏差不应大于 5mm。

5. 预应力张拉及压浆施工

预应力张拉及压浆施工技术同 0 号段。

6. 挂篮施工移位

已浇筑梁段的纵向预应力筋张拉压浆完成后，T 构两端的挂篮需前移至下一梁段，挂篮移位时主要技术要求如下：

（1）测量标出已施工梁段的中线及高程，并宜按间距不大于 0.5m 测量标出移位横向间距标线，以观测 T 构两端挂篮对称同步前移。

（2）在已浇筑梁段铺设滑道等走行设施，并锚固牢固。

（3）确认挂篮各走行的前、后吊杆及后锚反扣走行轮等已安装完成，并处于承力状态。

（4）解除挂篮主桁架及底模后锚、各吊杆支点处的锚固。

（5）在挂篮主桁架尾端设一组反向导链，可制动挂篮，在走行轨道前支座到位处设限位块。

7. 挂篮拆除

挂篮拆除一般应在浇筑梁段的位置拆除，当桥下条件受限时，应考虑退至 0 号梁段进行拆除。拆除顺序为：底模→内、外侧模→滑梁→吊杆→前横梁→横联→主桁架→走行装置→走行轨道→钢枕。

四、边跨现浇段施工

（一）边跨现浇段支架的类型

1. 落地支架

落地支架可分为梁柱式支架和满堂式支架两大类。满堂式支架根据所用立杆材料不同，主要有碗扣式支架和门式支架等，不允许使用扣件式钢管支架作现浇梁的承重支架。碗扣式钢管支架结构由基础、立杆（含底座、顶托）、纵横向连接系（含水平杆、剪刀撑等）、立杆顶分配梁、模板等部分组成。

梁柱式支架结构应由基础、支墩（含支墩顶分配梁和落架装置）、纵梁、横梁、模板等部分组成。

2. 挂篮平台支架

利用已浇筑的箱梁节段悬浇施工所用的挂篮作边跨现浇段现浇支架，挂篮底模前端纵梁接长后支承在边跨交界墩盖梁顶面（当边跨长度较短时可直接支承主桁架底模纵梁的前端，不需接长），中间利用挂篮的前吊点悬吊，挂篮底模后端锚固在已浇筑梁段底面，由于现浇段和合龙段截面尺寸与标准段不等，其承载情况不同，因此需要适当根据计算修改底模。

3. 墩身预埋托架

墩身预埋托架是在施工交界墩时，根据现浇段底面高程，按照一定的高度预埋牛腿托架在交界墩上，墩身施工完成后拼装为托架平台，其结构与 0 号块现浇托架基本相同，但应注意以下施工要点：

（1）边跨现浇梁段总体宽度一般会比交界墩盖梁宽，而预埋牛腿支架宽度不能完全解决梁体施工，翼缘板部分的施工需要考虑预先在施工盖梁的时候预埋锚环在盖梁顶面，锚固外挑杆件来满足施工需要。

（2）在墩身预埋托架现浇施工边跨现浇段会使盖梁及墩柱处于单边受力状态，应对墩柱进行偏压计算，若墩柱结构不能满足偏载要求时，需在引桥侧考虑反拉等措施来使墩柱受力平衡。

支架应预留施工预拱度，确定施工预拱度时应考虑以下几方面：

①支架承受全部荷载下的非弹性变形。

②各构件接头处的非弹性变形挤压值。

③结构自重和100%梁体荷载作用结构产生的弹性变形。

④基础沉降产生的非弹性变形。

（二）支架系统的加载预压

1. 支架系统安装完成后，应进行检查，验收合格后方可进行预压。支架预压的荷载应符合设计要求，当设计无要求时应不小于最大施工荷载的110%。

2. 预压加载部位及顺序应与边跨梁段施工时支架实际受力相一致。

3. 支架预压荷载可按照预压总荷载的60%、100%、110%分级次加载。每级加载完成1h后进行支架的变形观测，测点纵向布置在边跨段的两端、$L/4$、$L/2$处（L 为梁段长度），横桥向测点布置在边跨截面的底板、腹板中间位置。支架预压加载完毕后宜每6h测一次变形值。当连续12h监测位移平均值之差不大于2mm时，方可终止预压，卸除预压荷载。支架预压加载和卸载应按照对称、分层、分级的原则进行，严禁集中加载和卸载。

4. 支架预压荷载卸载时，应按预压加载时的分级逐步卸载，并在卸载的过程中进行沉降量观测。

（三）钢筋、混凝土和预应力施工

边跨现浇段的钢筋、混凝土和预应力施工与0号段钢筋、混凝土和预应力施工技术相同。

（四）支架拆除

1. 待混凝土强度、弹模达到设计要求后，外侧模、端模和内模可拆除。底模及支架系统必须待边跨合龙段施工完成后，按照体系转换施工的总体要求进行。支架拆除时间应在边跨合龙施工完成之后，根据设计要求的混凝土强度等级、混凝土养护时间和混凝土与环境之间的温差等决定。

2. 支架拆除顺序应严格按照设计要求进行。当设计无要求时，应从梁体变形最大处的支架节点开始按横桥向同步卸落，然后向两端对称、均匀卸落相邻支架节点。

3. 落架应分级、对称循环进行。

4. 拆除悬吊式支架时，应预先制定好拆架专项措施，宜按从下至上的原则进行拆除。

5. 拆除满堂式支架应按自上往下、后搭先拆的原则进行拆除。

6. 支架拆除过程中，应注意观察梁端支架变形。如发现异常，应立即停止落架并及时采取加固措施。

第六章　隧道施工准备

第一节　隧道基本知识

一、隧道工程的分类

第一，从隧道所处的地质条件来分，可以分为土质隧道和石质隧道。

第二，从隧道的长度（L）来分，可以分为短隧道（铁路隧道规定 $L \leq 500$m；公路隧道规定 $L \leq 500$m）、中长隧道（铁路隧道规定 500m $< L \leq 3000$m；公路隧道规定 500m $< L < 1000$m）、长隧道（铁路隧道规定 3000m $< L \leq 10000$m；公路隧道规定 1000m $\leq L \leq 3000$m）和特长隧道（铁路隧道规定 $L > 10000$m；公路隧道规定 $L > 3000$m）。

第三，按国际隧道协会（ITA）定义的隧道横断面积的大小标准来分，可以分为极小断面隧道（$2 \sim 3$m^2）、小断面隧道（$3 \sim 10$m^2）、中等断面隧道（$10 \sim 50$m^2）、大断面隧道（$50 \sim 100$m^2）和特大断面隧道（大于100m^2）。

第四，从隧道所在的位置来分，可以分为山岭隧道、水底隧道和城市隧道。

第五，从埋深的深度来分，可以分为浅埋隧道和深埋隧道。

第六，按照用途来分，可以分为交通隧道、水工隧道、市政隧道和矿山隧道。

（一）交通隧道

交通隧道的作用是提供交通运输和人行的通道，以满足交通线路畅通的要求，一般包括以下几种：

1.铁路隧道

铁路隧道直接穿山而过，既可以使线路顺直，避免许多无谓的展线，缩短线路，又可以减小坡度，使运营条件得以改善，从而提高牵引定数，多拉快跑。

2. 公路隧道

高速公路对道路的修建技术提出了较高的标准，要求线路顺直、坡度平缓、路面宽敞等。

公路隧道的修建在改善公路技术状态、缩短运行距离、提高运输能力以及减少事故等方面起到了重要的作用。

3. 水底隧道

当交通线路需要跨越江、河、湖、海、洋时，一般可以选择的方案有架桥、轮渡和隧道。

河道通航需要较高的净空，而桥梁受两端引线高程的限制。当无法抬起必要的高度时，就要采用水底隧道。

水底隧道的优点是不受气候影响，不影响通航，引道占地少，战时不暴露交通设施目标等，越来越受到人们的青睐。

4. 地下铁道

地下铁道是解决大城市交通拥挤、车辆堵塞问题，且能大量快速运送乘客的一种城市交通设施。

地下铁道可以使很大一部分地面客流转入地下而不占用地面面积。它没有平面交叉，因而可以高速行车，且可缩短车次间隔时间，节省乘车时间，便利乘客的活动。在战时，还可以起到人防的功能。

5. 航运隧道

当运河需要越过分水岭时，克服高程障碍成为十分困难的问题。如果修建航运隧道，把分水岭两边的河道沟通起来，既可以缩短船只航程，又可以省掉船闸的费用，使航运条件大为改善。

6. 人行地道

为了提高交通运送能力，减少交通事故，除架设街心高架桥以外，也可以修建人行地道来穿越街道或跨越铁路、高速公路等。这样可以缓解地面交通压力，少占用地面空间，同时大大减少交通事故。

（二）水工隧道

水工隧道是水利工程和水力发电枢纽的一个重要组成部分。水工隧道包括以下几种：

1. 引水隧道：用于进行水资源的调动或把水引入水电站的发电机组，产生动力资源。引水隧道有的内部充水因而内壁承压，有的只是部分过水，因而内部只受大气压力而无水压，分别称之为有压隧道和无压隧道。

2. 排水隧道：是把发电机组排出的废水送出去的隧道。

3. 导流隧道或泄洪隧道：它是水利工程中的一个重要组成部分，可疏导水流并起补充溢洪道流量超限后的泄洪作用。

4. 排沙隧道：用来冲刷水库中淤积的泥沙，把泥沙裹带运出水库。有时也用来放空水库里的水，以便进行库身检查或修理建筑物。

（三）市政隧道

市政隧道是城市中安置市政设施的地下孔道。

1. 给水隧道：城市自来水管网遍布市区，必须有合理规划和布置的地下孔道来安置这些管道。地下孔道既不破坏市容景观，也不占用地面，并且可避免遭受人为的损坏。

2. 污水隧道：本身导流排污或在隧道中安放管道排污。一般排污隧道的进口处多设有拦渣隔栅，把漂浮的杂物拦在隧道之外，以免涌入造成堵塞。

3. 管路隧道：用于煤气、暖气、热水等管路的放置。

4. 线路隧道：用于输送电力的电缆以及通信电缆的放置。

在现代化的城市中，将以上四种具有共性的市政隧道，按城市的布局和规划，合建一个大隧道，称之为共同管沟。共同管沟是现代城市基础设施科学管理和规划的标志，也是合理利用城市地下空间的科学手段，是城市市政隧道规划与修建发展的方向。

5. 人防隧道：为战时的防空目的而修建的防空避难隧道。人防隧道内除应设有排水、通风、照明和通信设备以外，还应考虑储备饮水、粮食和必要的救护设备。此外，在洞口处还需设置各种防爆装置，以阻止冲击波的侵入。同时，要做到多口连通、互相贯穿，在紧急时刻，可以随时找到出口。

（四）矿山隧道

在矿山开采中，常设一些为采矿服务的隧道，从山体以外通向矿床，并将开采到的矿石运输出来。

1. 运输巷道：向山体开凿通到矿床的隧道称为主巷道，是主要出入口和主要的运输干道。由主巷道再开辟巷道通往各个开采面。

2. 给水隧道：送入清洁水为采掘机械使用，并将废水及积水通过泵抽排出洞外。

3.通风隧道：净化巷道中的空气，创造良好的工作环境，用通风机及时把有害气体和污浊空气排除出去，并把新鲜空气补充进来。

二、高速铁路隧道的特点

高速铁路以其运行速度高、线路平直、安全舒适、节约时间等特点，比其他交通工具有更多的优越性。高速铁路的隧道工程具有占地少、环境污染小、结构安全可靠、拆迁量小和对城市干扰小等优点。从技术上来看有以下几个主要特点：

（一）空气动力学效应

当高速列车进入隧道时，强烈冲击处于隧道中的静止空气场，空气的黏性以及隧道壁面和列车表面的摩阻作用使得被排开的空气不能像在隧道外那样及时、顺畅地沿列车两侧和上部形成绕流。于是列车前方的空气受到压缩，列车后方则形成一定的负压，产生一个压力波动过程。这种压力波动又以声速传播至隧道口形成反射波，回传、叠加，产生一系列复杂的空气动力学效应。

当高速列车通过隧道时，产生的压缩波实态和大小与许多因素有关。其中主要有：列车速度、列车断面积、列车长度、列车头部形状、隧道断面积、隧道长度、隧道内道床的类型等。因此，在高速铁路设计时，应从车辆及隧道两方面采取措施，以减缓空气动力学效应。

高速列车运行引起的问题有：

（1）由于瞬变压力造成旅客及乘务人员耳膜不适，舒适度降低。由于车内外压差对车辆产生危害。

（2）高速列车进入隧道时，会在隧道出口产生微气压波，发出轰鸣声，并会对邻近建筑物产生危害。如果隧道净空较小，且洞口处没有缓冲结构，则会发生强烈的爆破声，引起扰民问题。

（3）行车阻力增大，使运营能耗增大，并要求机车动力增大。

（4）形成空气动力学噪声（与车速的 $6\sim8$ 次方成正比）。

（5）列车风加剧，影响隧道维修养护人员在洞内通车情况下作业。

（6）列车克服阻力所做的功转化为热量，在洞内积聚引起温度升高等。

（二）可靠性和结构耐久性要求高

所谓可靠性，是指结构在规定的时间内，在正常规定的条件下，完成预定功能的能力，包括安全性、适用性和耐久性。

所谓结构耐久性，是指结构及其部件在可能引起材料性能劣化的各种作用下能够长期维持其应有性能的能力。高速铁路隧道由于其运营速度比较高，对结构和各种运营设施所产生的作用影响也就比较大，对相应工程结构的可靠性和耐久性的要求也就相应提高。

例如，高速铁路隧道对衬砌混凝土的裂缝要求就特别严格，因为高速铁路隧道内空气压力在不断变化，特别是洞内会车情况下，压力的波动对结构的表层稳定是不利的。欧洲及日本的研究成果表明：同样的一条裂纹，对普速铁路隧道来说在外荷载停止发展后将不再继续变化，而高速铁路隧道就不同了，即使外荷载停止了发展，但在频繁变化的洞内空气压力波的作用下，裂缝还将继续发展，从而降低隧道衬砌耐久性和使用功能，甚至危及行车安全。因此，在高速铁路隧道设计中，要采取有效措施减少隧道衬砌裂缝。

（三）对环境的影响更加明显

环境包括自然环境、生态环境和周边人文环境。高速铁路列车以较高的速度运行，其产生的轮轨噪声、机械噪声、弓网噪声和空气动力学等噪声将比普速列车明显，对环境的影响也比普速列车大。例如，列车进入隧道后，形成压缩波，当压缩波传到隧道出口突然释放形成微气压波时，会对洞口的环境造成一定的影响，严重时会产生爆破音，影响附近的建筑物和居民的正常生活。所以，高速铁路隧道的修建应该更加重视对环境的影响，围绕降低噪声，减少对自然环境、生态环境和周边人文环境的破坏，采取不同于普速铁路隧道的工程措施。

（四）防灾救援要求高

高速铁路隧道中运行的主要是高速度的旅客列车，一旦发生事故和灾害，后果比一般铁路要严重得多。如何避免高速度的旅客列车在隧道内发生事故和灾害，以及旅客列车在隧道内因故停车时，如何快速疏散乘客，发生灾害事故时如何快速救援等，是高速铁路隧道应该重点考虑的问题。相对普速客货共线的铁路隧道来讲，高速铁路隧道对防止发生事故和灾害以及快速救援的要求更高。

三、隧道结构构造

开挖后的隧道，为了保持围岩的稳定性，一般需要进行支护和衬砌。支护的主要方式有：锚杆、钢架、钢筋网、喷射混凝土及其组合。衬砌的主要方式有：

整体式模筑混凝土衬砌、装配式衬砌、锚喷混凝土衬砌和复合式衬砌等。

（一）整体式模筑混凝土衬砌

整体式模筑混凝土衬砌是指就地灌注混凝土衬砌，也称模筑混凝土衬砌。其工艺流程为：立模→灌注→养生→拆模。模筑衬砌的特点是：对地质条件的适用性较强，易于按需要成型，整体性好，抗渗性强，并适用于多种施工条件，如可用木、钢模板或衬砌模板台车等。

依照不同的地质条件，或是按照不同的围岩级别，又有直墙式和曲墙式两种形式。

1. 直墙式衬砌

直墙式衬砌适用于地质条件比较好的情况，属于我国铁路隧道围岩分级中的Ⅱ、Ⅲ级围岩，有时也可用于Ⅳ级围岩。围岩压力以竖向为主，几乎没有或仅有很小的水平侧向土压力。衬砌由上部拱圈、两侧竖直边墙和下部铺底三部分组成。

在地质条件较好时，为了节省圬工，也可以采用大拱脚薄边墙衬砌。其缺点是大拱脚支座施工困难，在非均质岩层中很难用钻爆法做出整齐稳定的支座。

在地质条件尚好，侧压力不大，但又不宜采用大拱脚喷混凝土边墙衬砌时，为了节省边墙圬工，可以简化边墙。一种方法是降低边墙建筑材料的等级，如将混凝土边墙改为石砌边墙；另一种方法是采用柱式边墙或连拱式边墙，统称为花边墙。

2. 曲墙式衬砌

曲墙式衬砌适用于地质条件比较差，岩体松散破碎，强度不高，又有地下水，侧向水平压力也相当大的Ⅲ、Ⅳ和Ⅴ级围岩情况。曲墙式衬砌由顶部拱圈、侧面曲边墙和底部仰拱（或铺底）组成。仰拱的作用是抵御底部围岩压力和防止衬砌沉降，并使衬砌形成一个环状的封闭整体结构以提高衬砌的承载能力。

（二）装配式衬砌

装配式衬砌是将衬砌分成若干块构件，这些构件在现场或工厂预制，然后运到坑道内用机械将它们拼装成一环接着一环的衬砌。这种衬砌的特点是：拼装成环后立即受力，便于机械化施工，改善劳动条件，节省劳力。目前多在使用盾构法施工的城市地下铁道中采用。

这种衬砌具备以下优点：

1. 一经装配成环，不需养生时间，即可承受围岩压力。

2. 预制的构件可以在工厂成批生产，在洞内可以机械化拼装，从而改善了劳动条件。

3. 拼装时，不需要临时支撑，如拱架、模板等，从而节省大量的支撑材料和劳力。

4. 拼装速度因机械化而提高，缩短了工期，还有可能降低造价。

装配式衬砌的构造应满足下列条件：①强度足够而且耐久。②能立即承受荷载。③装配简便，构件类型少，形式简单，尺寸统一，便于工业化制作和机械化拼装。④构件尺寸大小和重量适合拼装机械的能力。⑤有防水的设施。

（三）锚喷混凝土衬砌

锚喷混凝土衬砌是指锚喷结构既作为隧道初期支护，又作为隧道永久结构的衬砌形式。它具有衬砌及时、施工方便和经济的显著特点。纤维喷射混凝土中的纤维能够显著改善喷混凝土的性能，在围岩整体性较好的军事工程、各类用途的使用期较短及重要性较低的隧道中广泛使用。在铁路、公路隧道设计规范中，都有根据隧道围岩地质条件、施工条件和使用要求可采用锚喷衬砌的规定。

铁路隧道设计规定中规定，锚喷衬砌设计应符合下列要求：

1. 锚喷衬砌内轮廓线应比整体式衬砌适当加大，除考虑施工误差和位移量外，应再预留 10cm 作为必要时补强用。

2. 遇下列情况不应采用锚喷衬砌：地下水发育或大面积淋水地段；能造成衬砌腐蚀或特殊膨胀性围岩地段；最冷月平均气温低于 -5℃地区的冻害地段；有其他要求的隧道。

（四）复合式衬砌

复合式衬砌把衬砌分成两层或两层以上，可以是同一种形式、方法和材料施作的，也可以是不同形式、方法、时间和材料施作的。目前大都采用内外两层衬砌。

复合式衬砌是先在开挖好的洞壁表面喷射一层早强的混凝土（有时也同时施作锚杆），凝固后形成薄层柔性支护结构（称初期支护）。它既能容许围岩有一定的变形，又能限制围岩产生有害变形，其厚度多在 5 ~ 20cm 之间。一般待初期支护与围岩变形基本稳定后再施作内衬（二次衬砌）。为了防止地下水流入或渗入隧道内，可以在外衬和内衬之间设防水层，其材料可采用软聚氯乙烯薄膜、聚异丁烯片、聚乙烯等防水卷材或喷涂防水涂料等。

复合式衬砌可以保证初期支护施作及时，刚度小，易变形，与围岩密贴，从而能保护围岩和加固围岩，促进围岩的应力调整，充分发挥围岩的自承能力。二次衬砌完成后，衬砌内表面光滑平整，可以防止外层风化，装饰内壁，增强安全感。它既能够充分发挥喷锚支护的优点，又能发挥二次衬砌永久支护的可靠作用。

复合式衬砌是目前隧道工程常采用的衬砌形式。其设计、施工工艺过程与其相应的衬砌及围岩受力状态均较合理，十分符合衬砌结构的力学变化过程。其质量可靠，能够达到较高的防水要求；也便于采用喷锚、钢支撑等工艺。因此，它是比较合理的结构形式，是目前铁路隧道主要的结构形式。

四、洞门与明洞

（一）洞门

洞门是隧道洞口用圬工砌筑，用以保护洞口、排放流水并加以建筑装饰的支挡结构物。它联系衬砌和路堑，是整个隧道结构的主要组成部分，也是隧道进出口的标志。

1. 洞门的作用

（1）减少洞口土石方开挖量。洞口段范围内的路堑是根据地质条件以一定坡率开挖的，当隧道埋置较深时，开挖量较大。设置隧道洞门可以起到挡土墙的作用，减少土石方开挖量。

（2）稳定边、仰坡。修建洞门可减小引线路堑的边坡高度，缩小正面仰坡的坡面长度，使边坡及仰坡得以稳定。

（3）引离地表水流。地表水流往往汇集在洞口，如不排除，将会侵害线路，妨碍行车安全。修建洞门可以把水流引入侧沟排走，确保运营安全。

（4）装饰洞口。洞口是隧道唯一的外露部分，是隧道的正面外观。修建洞门可起装饰作用，特别在城市附近、风景区及旅游区内的隧道更应配合当地的环境，给予艺术处理进行美化。

2. 洞门的形式

由于隧道洞口所处的地形、地质条件不同，洞门形式也有所不同，主要有如下几种：

（1）环框式洞门

环框式洞门，即只镶饰隧道衬砌两端部分，适用于隧道洞口仰坡极为稳固，岩层坚硬，节理不发育，不易风化，地形陡峻而又无排水要求的情况。其作用是加固洞口，减少雨后洞口滴水的作用，并对洞口做出简单的装饰。

（2）端墙式洞门

端墙式洞门俗称一字式洞门，适用于地形开阔，岩层较为坚硬完整，山体压力很小的洞口地段，由端墙、洞门顶排水沟组成。端墙的作用是抵抗山体纵向推力及支持洞口正面上的仰坡，保持其稳定。洞门顶水沟用来将仰坡流下来的地表水汇集后排走。

（3）柱式洞门

柱式洞门是从端墙式洞门发展起来的，它实际也是一种端墙形式的洞门。当岩层有较大主动侧压力时，如仍像端墙式洞门那样采用同一厚度的端墙，则过于安全，浪费圬工。为此，区别受力大小，将洞门设计成横向不等厚，且最厚处即为柱形的柱式洞门。柱式洞门适用于洞口地形较陡，地质条件较差，岩层有较大侧压力，仰坡有下滑可能性的地段，或洞口处地形狭窄，受地形或地质条件限制，设置翼墙无良好基础或不能设置翼墙的地段，这时可以在端墙中部设置两个断面较大的柱墩，以增加端墙的稳定性。

（4）翼墙式洞门

当洞口地质较差（Ⅳ级及以上围岩），山体纵向推力较大时，可以在端墙式洞门的单侧或双侧设置翼墙。翼墙在正面起到抵抗山体纵向推力，增加洞门的抗滑及抗倾覆能力的作用。两侧面保护路堑边坡，起挡土墙作用。翼墙顶面与仰坡的延长面相一致，其上设置水沟，将洞门顶水沟汇集的地表水引至路堑侧沟内排走。

（5）台阶式洞门

当洞门处于傍山侧坡地区，地面横坡较陡，洞门一侧边坡较高时，为了减小仰坡高度及外露坡长，可以将端墙一侧顶部改为逐步升级的台阶形式，以适应地形的特点，减少仰坡土石开挖量。这种洞门也具有一定的美化作用。

（6）斜交式洞门

当线路方向与地形等高线斜交时，可采用平行于地形等高线方向与线路成斜交的洞门。

在松软地层中，不宜采用斜洞门。斜洞门与线路中线的交角不应小于45º，一般斜洞门与衬砌斜口段是整体砌筑的。由于斜洞门与线路中线斜交，因而洞口环节衬砌跨度加大，衬砌斜口段的受力情况复杂，施工也不方便，因此，只有在十分必要时才采用。

（7）喇叭口式洞门

高速铁路隧道，为了减缓高速列车的空气动力学效应，对单线隧道，一般设喇叭口缓冲段，同时兼作隧道洞门。

由上述可知，洞门的形式较多，洞门形式应根据洞口的地形、地质条件、隧道程度和所处的位置等确定，特别要注意洞口施工后地形改变的特点。

（二）明洞

明洞是隧道的一种变化形式，它用明挖法修筑。所谓明挖是指把岩体挖开，在露天修筑衬砌，然后回填土石。这样修筑的构筑物，外形几乎与隧道无异，有拱圈、边墙和底板，净空与隧道相同，和地表相连处，也设有洞门、排水设施等。

明洞一般修筑在隧道的进出口处，当遇到地质差且洞顶覆盖层较薄，用暗挖法难以进洞时，或洞口路堑边坡上有落石而危及行车安全时，或铁路、公路、河渠必须在铁路上方通过，且不宜做立交桥或涵渠时，均需要修建明洞。它是隧道洞口或线路上起防护作用的重要建筑物，在铁路线上使用得较多。

明洞的结构类型常因地形、地质和危害程度的不同，有多种形式，采用最多的为拱式明洞和棚式明洞两种。

1. 拱式明洞

拱式明洞由拱圈、边墙和仰拱（或铺底）组成，它的内轮廓与隧道相一致，但结构截面的厚度要比隧道大一些，可分为路堑式对称型、路堑式偏压型、半路堑式偏压型、半路堑式单压型。

（1）路堑式对称型

路堑式对称型明洞适用于路堑边坡处于对称或接近对称，边坡岩层基本稳定，仅防边坡有少量坍塌、落石，或用于隧道洞口岩层破碎，覆盖层较薄而难以用暗挖法修建隧道时。

在挖出路堑的基面上，先修建与隧道衬砌相似的结构，然后在上面回填覆盖土石，夯紧并覆盖防水黏土层。层上留有排水的沟槽，以防止地面水的渗入。两侧墙外填以浆砌片石，使其密实。

（2）路堑式偏压型

路堑式偏压型明洞适用于两侧边坡高差较大的不对称路堑。它承受不对称荷载，拱圈为等截面，边墙为直墙式，外侧边墙厚度大于内侧边墙的厚度。

（3）半路堑式偏压型

半路堑式偏压型明洞适用于地形倾斜，低侧处路堑外侧有较宽敞的地面供回填土石之用的地段，以增加明洞抵抗侧向土压力的能力。此种明洞承受偏压荷载，拱圈为等截面，内侧边墙为等厚直墙式，外侧边墙为不等厚斜墙式。

（4）半路堑式单压型

在傍山隧道的洞口或傍山线路上半路堑地段，一侧边坡陡立且有塌方、落石的可能，对行车安全有威胁时；或隧道必须通过不良地质地段而急需提前进洞时，由于外侧地形狭小，地面陡峻，无法回填土石以平衡内侧压力，此时都宜修建半路堑单压型明洞。由于它受到单侧的压力，虽然它的结构内轮廓与隧道一致，仍是左右对称的，但结构截面却是左右不同的，内侧边墙为等厚直墙，外墙需要相对地加大，而且必须把基础放在稳固的基岩上。有时，拱圈也可能采用变截面，以抵抗单侧的压力。

当外侧地形较低，不能保持回填土的天然稳定坡度，或是按天然稳定坡度则边坡将延伸很远时，可以在结构的外墙顶上接高一段挡墙，用以拦截土石的流走，称之为耳墙式拱形明洞。

2. 棚式明洞

当山坡的塌方、落石数量较少，山体侧向土压力不大，或因受地质、地形限制，难以修建拱形明洞时，可以修建棚式明洞。

棚式明洞常见的结构形式有盖板式、刚架式和悬臂式三种。

（1）盖板式棚洞

盖板式棚洞是由内墙、外墙及钢筋混凝土盖板组成的简支结构。顶上不是拱圈而是平的盖板，其上回填土石，以保护盖板不受山体落石的冲击。

内墙一般为重力式墩台结构，厚度较大，用以抵抗山体的侧向土压力，它的基础必须放在基岩或稳固的地基上。若是侧坡较陡，地面水不大，坡面稳定而坚实，采用重力式内墙开挖量太大时，也可以用钢筋混凝土锚杆挡墙的形式。

外墙不受侧向土压力，仅承受梁和盖板的竖向荷载时，它要求的地基承载力较小，此时外墙可以较薄，或可以根据落石的严重与否以及地质情况，采用立柱式（梁式）或连拱墙式结构。当外侧基岩较浅，地基基础承载力较大时，可采用立柱式。

（2）刚架式棚洞

地形狭窄，山坡陡峻，基岩埋置较深而上部地基稳定性差时，可采用刚架式或长腿式外墙，将基础置于稳固的地基上，称为刚架式棚洞（或长腿式棚洞）。该种棚洞主要由外侧刚架、内侧重力式墩台结构、横顶梁、底横撑及钢筋混凝土盖板组成，并做防水层及回填土石处理。

（3）悬臂式棚洞

对稳固而陡峻的山坡，外侧地形难以满足一般棚洞的地基要求，而且落石不太严重时，可修筑悬臂式棚洞。

悬臂式棚洞内墙为重力式，上端接筑悬臂式横梁，其上铺以盖板，在盖板的内端设平衡重来维持结构受外荷载作用下的稳定性。同时为了保证棚洞的稳定性，要求悬臂必须伸入稳定的基岩内。但是，由于对内墙的稳定性要求很严，施工必须十分谨慎，又因其是不对称结构，所以应当慎重选用。

第二节 隧道工程施工准备

一、施工调查

（一）施工调查的意义

通过施工调查，可以了解和核对线路的全面情况、重点工程情况和沿线的施工条件等，确定符合实际情况的施工布置和施工方法，确定材料来源和运输方法，落实各项辅助工程的设置，规划临时工程，作为编制施工组织设计和概预算的重要依据。施工调查的质量直接关系到隧道工程施工的合理性。因此施工调查既是设计部门勘测设计中的一项重要工作，也是施工企业在基本工程开工前必须进行的一项工作。

（二）施工调查的内容

施工调查应包括下列内容：

1. 地理环境、气象、水文水质情况。

2. 辅助坑道、洞口位置及相邻工程情况。

3. 施工运输道路、水源、供电、通信、施工场地、征地拆迁情况，弃渣场地基容纳能力等。

4. 原材料及半成品的品种、质量、价格及供应能力等，爆破器材的供应情况、供货渠道及管理方式等。

5.交通运能、运价、装卸费率等。

6.可供利用的劳动力资源状况，包括工费、就业情况等。

7.生活供应、医疗、卫生、防疫、民俗及居民点的社会治安情况等。

8.生态、环境保护的一般规定和特殊要求。

9.对隧道施工有直接和间接影响的其他问题。

施工调查前应查阅设计文件和相关资料，制定调查大纲。调查结束后根据调查情况编写书面的施工调查报告。

（三）施工调查报告的内容

施工调查报告主要包括下列内容：

1.工程概况，包括工程环境，工程地质，水文地质，工程规模、数量、特点。

2.临时设施方案，包括临时房屋、材料厂、施工便道及码头、电力及通信干线等的选择、规模和标准。

3.砂、石等当地材料的供应方案。

4.生产生活供水、供电方案，施工通信方案。

5.施工方案建议。

6.当地风俗习惯及注意事项。

7.环保要求及注意事项，可能对环境造成的影响。

8.施工调查中发现的有关设计问题和优化设计建议。

9.有待进一步调查落实的问题。

二、技术准备

技术准备是在施工调查之后，为了工程能够保质保量地按期完成，在施工之前进行的准备工作。

第一，设计文件现场核对。

第二，施工方案选择及资源配置。

第三，施工作业指导书编制。

第四，施工技术交底。

第五，工地及营地建设。

第六，施工复测和控制测量。

（一）设计文件现场核对

隧道工程施工前，应重点对设计文件中的拆迁工程、工程设计方案、工程措施、大型临时工程等进行现场核对，并做好核对记录。

设计文件核对应包括下列内容：

1. 设计文件相互间的一致性、系统性，是否存在差、错、漏、碰。重点是各设计专业接口工程的相互衔接。

2. 隧道平面及纵断面参数计算是否正确。

3. 设计工程数量计算是否正确，超前地质预报设计内容是否完整。

4. 设计的洞口地形、地貌，地上、地下管线和周边建筑物等是否与现场一致。

5. 隧道穿越不良地质段的设计方案、工程措施的合理性、可实施性，应急预警系统是否完善。

6. 弃渣场的结构设计、位置及容量是否满足施工需要和环保要求。

7. 洞口位置，洞口边、仰坡的稳定程度，辅助坑道的类型和位置等。

8. 洞口排水系统是否完善。隧道排水与桥涵、路基排水设施及农田灌溉系统的配合、衔接是否合理，排水沟、天沟等的尺寸及排水设施的结构图是否完备、细致。

9. 大型临时设施和过渡工程的设置位置、规模和数量是否合理，能否满足工程施工需要。在设计文件核对后，应将结果及存在问题以书面形式报送建设、设计、监理等相关单位。

（二）施工方案选择及资源配置

隧道施工方案应根据施工条件、地质条件、隧道长度、隧道横断面、埋深深度、工期要求、环境保护、资源配置等因素综合选定。

地质复杂及高风险隧道应结合周边环境及现场实际情况，分析工程及水文地质资料，进行风险评估，制订施工技术方案和专项应急救援预案。

资源配置应与隧道施工方案相匹配，按照拟订的施工方案和进度安排，计算主要材料、设备、关键施工机械的数量及分阶段消耗量，确定分阶段的进料时间、储存及供应数量。

隧道开挖及运输等大型机械配置应按照经济、高效原则进行配套，并符合下列规定：

1. 机械设备的进场时间要满足项目节点工期安排要求。

2.机械设备的选用顺序依次为自有、租用、购置设备。

3.机械设备的组合应进行效率与费用的综合技术经济比较。

隧道物质材料的配置应满足生产需要、降低成本的要求。按照甲供、甲控、自购材料的规格、数量、供应时间节点要求，制订相应的招标采购计划。对于特殊的物资，应提供较准确的供应计划。如有变化提前通知生产厂家及时调整，确保按时供货。

人力资源配置应按隧道规模、进度安排、工序专业类别等要求，编制人力资源需求和使用计划，在满足施工组织的基础上，实现人力资源精干高效。

资金管理应按照工程规模、进度计划、合同价款及支付条件确定管理目标和计划，编制资金流动计划和财务用款计划，对资金的使用应严格监控。

（三）施工作业指导书编制

高速铁路隧道施工应针对隧道的特殊过程和关键工序编制施工作业指导书，使施工人员掌握特殊过程和关键工序的作业程序、施工方法、质量标准，了解安全、节能环保等有关注意事项。

施工作业指导书应按照标准化管理要求，将先进成熟的工艺工法、科学合理的生产组织与建设标准、质量目标、安全要求以及现场施工条件相结合，做到图文并茂，简明易懂，可操作性强。高速铁路隧道工程施工作业指导书编制范围应包括隧道开挖、初期支护、基底处理、防排水、二次衬砌、超前地质预报、监控量测等。特殊岩土及不良地质隧道还应编制针对性的作业指导书。

施工作业指导书应包括下列主要内容：①适用范围；②作业准备；③技术要求；④施工程序与工艺流程；⑤施工要求；⑥劳动组织；⑦材料要求；⑧设备机具配置；⑨质量控制及检验；⑩安全及环保要求。

高速铁路隧道工程施工应通过组织现场作业交底和人员培训，确保施工人员全面掌握作业指导书的内容和要求。

（四）施工技术交底

高速铁路隧道施工技术交底应实行分级交底制度，施工技术交底应该覆盖所有参与工程施工的管理人员、技术人员、作业人员。

1.对项目部各部室及技术人员的交底主要包括下列内容：

（1）隧道地质情况、水文情况、围岩等级等工程概况，工程的重难点、施工调查情况。

（2）安全、质量、环保、工期目标及主要节点进度计划安排等。

（3）隧道总体施工组织方案、施工场地布局、大型临时设施及过渡工程方案。

（4）总体施工顺序、技术方案，长及特长隧道及其平行导坑、斜井、竖井的通风、运输方案；采用的新技术、新结构、新材料和新工艺。

（5）主要工程材料、设备、劳动力安排及资金计划。

（6）特殊岩土和不良地质地段的施工方法、安全技术措施。

（7）重大安全技术、环保措施。

（8）主要危险源、应急预案及抢险救援机构和设备。

2. 对作业队的技术交底主要包括下列内容：

（1）总体施工组织安排及施工方案，包括长、特长隧道及其平行导坑、斜井、竖井的设备配置及通风、运输方案。

（2）工程质量、安全、环保、进度目标及保证措施。

（3）施工方法、操作规程及施工技术要求。

（4）新技术、新工艺操作要求。

（5）分部、分项工程划分。

（6）施工作业指导书。

（7）设备加工图、拼装图及使用说明。

（8）试验参数及理论配合比。

（9）控制测量桩橛、监控量测等。

（10）重大危险源、应急救援措施及抢险救援结构和设备。

3. 对作业班组的技术交底主要包括下列内容：

（1）各工序施工中可能出现的安全风险、安全注意事项、急救包使用及紧急情况下的应急救援措施、紧急逃生措施。

（2）工序施工方法、施工工艺流程及施工先后顺序、工序间衔接处理等。

（3）施工工艺细则、操作要点。

（4）作业标准和质量验收标准等。

（5）工程结构物尺寸、里程、中心位置、高程等；有关施工详图和加工图，包括爆破设计、开挖轮廓、支护结构、模板制作设计、钢筋配筋、结构尺寸大样图等。

（6）使用材料规格及材质要求、圬工等级、施工配合比等。

（7）设备加工图、拼装图及其操作要领，大型施工机械操作规程、安全使用、维修保养规则等。

（8）质量通病预防措施。

（9）施工安全及技术措施。

（10）劳动保护及环境保护有关注意事项。

施工技术交底应形成书面记录，并履行复核、签认手续，交底可采用会议、口头或书面形式。交底资料应留存备查。

（五）工地及营地建设

1.生产区、辅助生产区和办公生活区的布置应符合以下规定：

（1）生产区应按工序有效衔接、布局紧凑等原则，并结合隧道具体情况进行布置。

（2）辅助生产区宜临近隧道洞口布置，炸药库、油料库等有特殊要求的场所应满足相关规定。

（3）办公生活区应与生产区和辅助生产区分开设置，采取相应的分隔措施并保证安全距离。办公生活区宜设在人员相对集中和出入方便的地点。

2.施工场地布置应包括下列内容：

（1）各种生产、生活房屋。

（2）混凝土搅拌站、预制场及砂石料场。

（3）风、水、电设施场地。

（4）轨道运输的洞外出渣线、编组线、牵出线、其他作业线、卸渣码头及转运场。

（5）汽车运输道路的引入和运输相关设施场地。

（6）大型机具设备的组装和检修场地。

（7）临时存渣场。

（8）场内临时排水系统。

3.临时工程施工应符合下列要求：

（1）高压、低压电力线路及变压器和通信线路应统一布置，及早建成。

（2）各种房屋按其使用性质应符合相应的消防安全规定。爆破器材库、油库的位置应符合有关安全规定；房屋区应有畅通的给排水系统，并避开高压电线。

（3）严禁将营地等设施布置在受洪水、泥石流、落石、滑坡、雪崩等自然灾害威胁的地点。

（4）施工便道的设置不得危及隧道洞口工程的安全。

（5）高位水池应远离隧道中线修建。

（6）洞口段为不良地质时，不应在其洞顶修建房屋和其他建筑。

（7）临时工程及场地布置应采取保护自然环境的措施。

（8）隧道弃渣场应按设计进行复垦或绿化，坡脚应进行防护。

施工场地布置时，在水源保护地区和施工饮用水源区内不得取弃土、破坏植被等，不得设置搅拌站、洗车台、充电房等，并不得堆放任何含有害物质的材料或废弃物。

隧道内、外施工场所应设置警示标识，并配以相应的警示语。

工程竣工时，应修整、恢复受到施工破坏或影响的自然环境。

（六）施工复测和控制测量

1. 施工复测应按下列程序进行：

（1）勘测设计单位对施工单位进行交接桩以后，施工单位应对所交的控制点进行复测，复测应包括下列内容：

① GPS 点的基线边长度。

②导线点的转角、导线点间的距离。

③水准点间的高差。

④复测应与相邻标段进行贯通测量，确保标段施工交界处正确衔接。

（2）复测结果与设计单位的勘测成果不符时，必须再次复测进行确认。当确认设计单位勘测资料有误或精度不符合规定要求时，应积极与设计单位协商，对勘测成果进行改正。

（3）控制点复测完成后应编制详细的复测成果书并形成交桩文件，复测成果应报送监理单位和设计单位，复测成果满足要求并经监理单位批复后方可进行后续的测量工作。

2. 隧道长度大于 1000m 时，应根据隧道横向贯通精度的要求进行平面控制测量设计；隧道相邻两开挖口间的路线长度大于 5000m 时，应根据隧道高程贯通精度的要求进行隧道高程控制测量设计。

第三节　洞口工程施工

一、边（仰）坡开挖及防护

（一）边（仰）坡开挖

根据地形、地质条件，土方和强风化岩一般采用挖掘机开挖及装渣，自卸汽车运渣，人工配合清理边（仰）坡开挖面。不得掏底开挖或上下重叠开挖。对于较硬的土层采用人工手持风镐进行凿除。石方一般采取松动爆破，机械和人工配合清理。石质地层仰坡开挖需要爆破时，应以浅眼松动爆破为主，且预留光爆层。开挖时应随时检查边坡和仰坡，如有滑动、开裂等现象，应适当施缓坡度或采取适当的加固措施。

隧道洞口边（仰）坡开挖前应先清除边（仰）坡上的植被、浮土、危石，做好边（仰）坡的临时截水天沟，截水天沟距边（仰）坡开挖边线不小于5m。将地表水和边（仰）坡积水引离洞口，以防地表水冲刷而造成边（仰）坡失稳。

洞口边（仰）坡开挖按设计控制坡度，自上而下，分层开挖，随挖随支护，随时监测、检查山坡稳定情况。开挖过程中边（仰）坡上的浮石、危石要及时清除，坡面凹凸不平处予以修整平顺。挖掘机开挖后预留20～30cm进行人工修坡，清除虚土。对于边（仰）坡土层较硬的围岩采用人工手持风镐进行凿除，减少对边（仰）坡原状土的扰动，确保边（仰）坡稳定，防止洞口边（仰）坡坍塌。

开挖过程中，边（仰）坡以外的植被不得破坏，尽可能确保土体植被的完整。

（二）边（仰）坡防护

边（仰）坡开挖后及时进行打锚杆、挂钢筋网、喷混凝土临时防护，以防围岩风化、雨水渗透而滑塌。当边仰坡较高时，应分层开挖，分层防护。

1. 砂浆锚杆施工

砂浆锚杆施工工艺流程为：钻孔→清孔→注浆→插入杆体。钻孔可采用YT-28凿岩机，锚杆预先在洞外按设计要求加工制作，施工时锚杆钻孔位置及孔深必须精确，锚杆要除去油污、铁锈和杂质。先用YT-28凿岩机按设计要求钻凿锚杆孔眼，达到标准后，用高压风清除孔内岩屑，用注浆泵将水泥砂浆注入孔内，然后将加工好的杆体插入孔内，并将锚杆与钢筋网焊为整体。待终凝后按规范要求抽样进行锚杆抗拔试验，抗拔值不小于设计值的 90%。

2. 钢筋网安设

钢筋网在锚杆施作后安设，钢筋类型及网格间距按设计要求施作。钢筋网在初喷混凝土后根据被支护坡面的实际起伏状铺设，与被支护坡面间隙小于 3cm，钢筋网与钢筋网连接处、钢筋网与锚杆连接处点焊在一起，使钢筋网在喷射混凝土时不易晃动。钢筋网在加工厂加工成片。

3. 喷射混凝土施工

喷射混凝土骨料用强制式拌合机分次投料搅拌，为减少回弹量，降低粉尘，提高一次喷层厚度，可采用混凝土喷射机湿式喷射作业。

喷射混凝土一般分为初喷和复喷两次进行。初喷在开挖完成后立即进行，以尽早封闭暴露坡面，防止雨水渗透而滑塌。复喷混凝土在锚杆和挂网安装后进行。

喷射混凝土分段、分片由下而上顺序进行，每段长度不超过 6m，一次喷射厚度控制在 4 ~ 6cm 以内，喷射时插入长度比设计厚度大 5cm 的铁丝，每 1 ~ 2m 设一根，作为控制施工喷层厚度用，后一层喷射在前层混凝土初凝后进行，新喷射的混凝土按规定洒水养护。最少养护时间不少于 7d（终凝 2h 以后）。

二、洞门施工

（一）洞门施工工艺流程

1. 端墙式洞门施工

（1）端墙应在土石方开挖后及时完成，基础超挖部分应用与基础同级的混凝土和基础同步浇筑，端墙及挡墙、翼墙的开挖轮廓面应符合设计要求。

（2）端墙混凝土施工前根据施工范围，搭设脚手架至端墙顶，以便固定侧向模板和墙面装饰施工，搭设中应预留出隧道进出洞运输通道位置。

（3）端墙混凝土一般以拱顶、帽石底为界分三次立模浇筑成型。模板及支(拱)架应根据洞门结构形式、荷载大小、地基土类别、施工设备、施工工艺等条件设计。浇筑混凝土应两侧对称进行，不得对衬砌产生偏压。

（4）端墙与洞口衬砌连接方式应符合设计要求。为加强端墙与衬砌的整体性，一般明洞衬砌和端墙设置连接钢筋，连接钢筋（端墙锚筋）与衬砌中的纵筋要绑扎牢固。

（5）端墙的泄水孔应与洞外排水系统及时连通。

（6）隧道洞门端墙和挡墙、翼墙、挡土墙在墙体施工的同时，按设计图纸要求设置反滤层、泄水孔、施工缝等，其设置应满足设计要求和防排水施工要求。

（7）隧道洞门的截、排水设施应与洞门工程同步施工，当端墙顶部水沟置于填土上时，填土必须夯填密实，必要时应加以铺砌，端墙背后回填土应在明洞两侧分层对称进行。

（8）隧道洞门检查梯、隧道铭牌、号标的结构样式和设置位置符合设计要求。

2.斜切式洞门施工

斜切式衬砌结构内轮廓线与正洞内轮廓线相同，一般可利用洞身衬砌台车配合洞口斜切段定型钢模进行混凝土施工。洞门前檐及洞门端模可采用5cm厚的木模，以便根据其特殊构造一次性完成混凝土施工。斜切段衬砌为扩大断面结构时，可利用洞身衬砌台车改装或制作可供循环利用符合扩大断面结构的衬砌台车组织施工。

混凝土在搅拌站集中拌制，运输车运输至浇筑点，然后泵送混凝土浇筑，采用插入式振捣棒振捣，外侧模板按混凝土浇筑分层厚度分层支立，在每层混凝土浇至该层外模口10cm时安装下一层外模，如此循环直至拱顶。每层外模（可采用木模或组合钢模）在安装前应加工制作成整体，使其能短时间安装就位，防止混凝土浇筑间断时间过长形成人为施工缝。

施工时应注意：

（1）斜切式洞门坡面较平缓时，应尽量与自然地形坡度相一致，为避免开挖边（仰）坡时局部坍塌破坏原地貌，宜采用非爆破方法开挖。

（2）洞门混凝土达到设计强度后，及时回填边、仰坡超挖部分，恢复自然地形坡面。

（3）浇筑混凝土洞门的模板及拆模要求：

①斜切式洞门的斜坡面内外模板和挡头板应专门设计和制作，配套使用。

②模板及支（拱）架应具有足够的强度、刚度和稳定性，能承受所浇筑混凝土的重力、侧压力及施工荷载。

③模板及支架安装必须稳固牢靠，模板及支架与脚手架之间不得相互连接。模板接缝必须严密不漏浆。

④模板与混凝土的接触面必须清理干净并涂刷脱模剂。

⑤混凝土浇筑前，模板内的积水和杂物应清理干净。

⑥拆除模板及支（拱）架的条件：当洞门结构跨度大于 8m 时，混凝土强度必须达到其设计强度标准值的 100%；当洞门结构跨度小于等于 8m 时，混凝土强度必须达到其设计强度标准值的 70%。

（二）洞门基础施工

洞门施工前，必须完成仰坡外的截、排水沟，对大气降雨形成的地表径流进行有效拦截，防止洞门基坑开挖后，在降雨期洞口周围大量雨水汇集，冲刷浸泡基坑，降低基底承载力。

在确保洞门施工前一切准备工作就绪后，包括人员、物资、机具等准备到位，对挡墙、翼墙、端墙或明洞外侧大边墙的基坑进行准确测量放样，复核基坑轴线、高程，确保位置符合设计要求。

当基坑边坡岩质较好、地层稳定时，采取垂直开挖，并对边坡进行临时喷锚防护；当基坑较深，垂直开挖不具备条件或难以保证边坡稳定时，根据现场地形情况和基坑边缘与已施作结构物的距离大小，适当采取放坡开挖，并加强对开挖边坡的有效加固，防止边坡失稳。基坑开挖过程中，除做好地表防排水工作外，坑内应设置水泵抽排地下水，水泵抽水能力选择渗水量的 1.5 ～ 2.0 倍，为防止排出的水回流、回渗，用胶管或水槽将水引至远处。

基坑采用挖掘机开挖，人工配合，遇坚石时采用浅眼松动爆破开挖。机械开挖至设计基底高程以上20cm时，由人工采用风镐挖至设计高程，确保基底不超挖。当岩面倾斜时，将岩面凿平，使承重面与重力成垂直角度，以防滑移，并清除基底面松动碎石块和杂物，基底高程符合设计要求。

端墙及挡墙、翼墙基础、缓冲结构的基底承载力必须满足设计要求，承载力可采用静力触探试验或标准贯入试验检测，当设计对基础有特殊处理要求时，基坑开挖后及时进行基础处理加固。施工中，应仔细核对基础地质资料，遇黄土地层时，还应对黄土湿陷性进行现场试验，以准确确定湿陷范围和厚度，并根据试验结果及时调整处理措施。对于有湿陷性的黄土地基，一般采取灰土换填的方式进行处理，即先将基底相应厚度的湿陷性黄土挖出，然后分层夯填灰土，换填完毕后，按设计要求对换填层进行现场原位试验。

端墙及挡墙、翼墙基础位于软硬不均的地基上时，除按设计要求处理外，还应在软弱地基分界处设沉降缝。基础沉降缝与明洞沉降缝上下应处于同一截面上，并保持贯通，沉降缝缝宽和沉降缝填塞应符合有关规范或设计要求。

辅助坑道口洞门基础施工完成后，应及时对洞外地表按设计要求采用 M10 浆砌片石铺砌，防止雨水下渗，将汇水引排至洞口排水系统中。

正洞口洞门基础完成后，适时做好洞口排水系统与明洞或暗洞侧沟排水系统的衔接。

（三）洞门防排水及回填

斜切式洞门结构明挖施工段的拱部和边墙外露部分，均应先涂刷水泥基防水涂料。填土部分的拱墙先施作 3cm 厚的 M10 水泥砂浆保护层，再铺设防水板，在防水板外施作 3cm 厚的 M10 水泥砂浆保护层后再回填。

端墙背后排水管网可采用外包土工布的打孔波纹管，排水管在路基面高度处采用 PVC 管排入侧沟。端墙后横向排水管要求以不小于 3% 的坡度设置。

挡墙在路基面处及以上部分应设置泄水孔，并上下左右交错布置。为防止泄水孔堵塞，应在泄水孔进口处设置反滤层，并在最低排泄水孔下部设置黏土隔水层。反滤层材料除了用填石外，也可考虑使用无纺布。

为便于隧道中心水沟排水，隧道洞口需设置检查井。当采用墙式洞门时，检查井设在距洞口里程 3m 处；当采用斜切洞门时，检查井设在隧线分界里程外路基范围内；当桥隧相连，洞口外无法设置检查井时，应根据具体设计图进行施工。

当洞口边（仰）坡设置骨架护坡防护时，斜切洞门应在平台上坡脚处设置水沟，将水引排至线路两侧或自然沟；端墙式洞门在挡墙上部或挡墙侧的平台上设置挡水板，并将水引至吊沟，翼墙侧引至墙顶沟槽。

洞门端墙及挡墙、翼墙后的空隙应根据实际情况，及时采用土石或改良土等回填密实，以确保边（仰）坡稳定。回填的土石不得含有石块、碎砖、灰渣及有机杂物，也不得有冻土。回填施工应均匀对称进行，并分层夯实，其两侧回填土面高差不得大于 50cm，人工夯实每层厚度不得大于 25cm，机械夯实每层厚度不得大于 30cm。洞门端墙及挡墙、翼墙墙背超挖较少时，采用墙体同级材料回填，超挖较多时采用的回填材料应符合相关规定。隧道边坡超挖部分采用 M10 浆砌片石嵌补至坡面齐平，勿使墙后水流堵塞或造成积水现象。

（四）施工注意事项

1. 端墙及挡翼墙后的空隙须及时回填，并保证回填密实。

2. 洞门要求挡翼墙与端墙连接良好，并应及时施作。

3. 洞门结构的所有基础均需置于稳固地基上，基底虚渣、风化层及积水等必须清除干净。

4. 当洞门端墙范围内的衬砌基础小于端墙基础深度时，须加深衬砌基础，使其与端墙基础深度一致。

5. 采用斜切式洞门时应最大限度地减少边（仰）坡的开挖和刷坡，隧道门结构力求简洁、美观。

6. 边（仰）坡连接处的刷方应采用圆弧顺接开挖，防护应因地制宜，根据各洞门的具体设计情况采用合理的防护形式。

7. 对洞口端墙排水系统应定期检查其畅通性，当有堵塞时应及时疏通。

8. 隧道洞门的截、排水设施应与洞门工程同时施工，当墙端墙顶部水沟置于填土上时，填土必须夯填密实，必要时应加以铺砌。

（五）施工控制要点

1. 根据洞门形式，按设计要求放出洞门点位和基础开挖轮廓线，确保轮廓和位置准确。

2. 基坑开挖中做好安全防护，地基承载力必须满足要求，防止基底承载力不足，影响结构质量。

3. 按设计要求浇筑混凝土或砌筑浆砌片石基础，材料质量和结构尺寸必须符合设计要求。

4. 墙身施工时，砌筑或浇筑混凝土或回填均应两侧对称进行，不得对衬砌产生偏压，并保证其位置准确和墙面平顺。

5. 墙身浇筑混凝土前，加强模板及支架的检查，浇筑中派专人指挥，杜绝漏浆、跑模，保证洞门圬工外观质量。

6. 加强细部构造技术交底管理，层层复核，严格按技术交底作业，确保墙身的反滤层、泄水孔、变形缝设置符合设计要求。

7. 砌体砂浆应饱满，砌缝做到整齐、无通缝。沉降缝整齐垂直、上下贯通。

8. 洒水养护时间不得少于 7d，以保证混凝土养护质量，必要时延长养护期。

9. 混凝土拆模强度必须达到设计或有关规定要求后方可拆模，并提高成品保护意识，模板拆除时防止表面及棱角受损。

10. 洞门检查梯、隧道铭牌、号标的设置应符合设计要求，严格控制位置、尺寸、字体等，并确保外观质量，做到字体统一，大小一致，线条流畅，颜色均匀。

三、明洞及缓冲结构

（一）基本概念及施工工艺流程

明洞是设在隧道洞口部或路堑地段，为防止边（仰）坡的崩塌影响行车安全，用明挖法修建的掩土建筑物。明洞不同于一般隧道，因为它不是在地层内先挖出坑道，然后修建结构物的，而是在露天的路堑地面上，或是在敞口的基坑内，先修筑结构物，然后再回填覆盖土石。在隧道的进出口处，当遇到地质差且洞顶覆盖层较薄，用暗挖法难以进洞时；或洞口路堑边坡上受坍方、落石、泥石流等威胁而危及行车安全时；或铁路、公路、河渠必须在线路上方通过，且不宜做立交桥或暗洞时；或为了减少隧道工程对环境的影响，保护环境和景观，洞口段需延长时，均需要修建明洞。明洞是隧道洞口或线路上起防护作用的重要建筑物。

（二）基底处理

土质挖方到基底高程后清理浮土，进行地基承载力试验，与设计图纸核对，地基承载力达到设计要求后，准备进行下道工序；如地基承载力不够，报业主、监理、设计单位变更设计，可采取浆片、混凝土换填等处理措施。

石质挖方到设计高程后清理浮渣，对进入到仰拱范围内的孤石进行小炮处理，经验收合格后进入下道工序。

（三）仰拱及填充混凝土施工

1.中心排水管施工

按照设计开挖中心排水管沟槽，浇筑管座混凝土，安装中心排水管，回填沟槽。施工过程中注意排水管安装要平顺，与管座间填充密实；沟槽按照设计回填，要求密实平整；按照设计预留检查井和引水管。

2.钢筋制作、安装

仰拱钢筋在钢筋加工厂定制的模具上制作，注意按照规范要求错开钢筋搭接位置，保证搭接长度，钢筋存放在钢筋棚内或用防水布包严，防止锈蚀。

仰拱钢筋加工后运至现场绑扎，绑扎前对钢筋的位置进行放样；绑扎过程中严格控制钢筋位置、间距、保护层厚度、搭接焊缝长度和质量、钢筋绑扎点数量。

3.模板制作、安装

模板可采用大块木模或钢模进行现场的拼制，模板的刚度及平整度应符合要求，支撑可采用钢管，确保支撑的牢固稳定，对拼缝不严密的局部采用膨胀胶进行填塞封堵，防止混凝土浇筑时出现漏浆造成混凝土出现麻面。

4.混凝土浇筑

混凝土采用搅拌站集中拌和，运输车运至施工地点直接入模进行浇筑。混凝土拌和及运输过程应确保混凝土质量，避免混凝土出现离析及混凝土坍落度损失过大，影响混凝土质量。混凝土振捣应确保混凝土满足内实外光的质量要求。仰拱回填的片石强度及大小必须符合要求。

5.施工控制要点

（1）施工前必须清除隧底虚渣、淤泥和杂物，超挖部分应采用同级混凝土回填。

（2）混凝土应整体浇筑一次成型，填充混凝土应在仰拱混凝土终凝后浇筑，填充混凝土强度达到5MPa后允许行人通过，达到设计强度的100%后允许车辆通行。

（3）仰拱、仰拱填充施工前须将上循环混凝土仰拱接头凿毛处理，并按设计要求设置止水带。

（4）根据设计要求，施工缝处钢筋应断开，并要注意与拱墙衬砌施工缝处于同一垂直面上。

（5）仰拱顶面高程和曲率应符合设计要求，高程允许偏差为 ±15mm。

（6）混凝土结构表面应密实平整、颜色均匀，不得有露筋、蜂窝、孔洞、疏松、麻面和缺棱掉角等缺陷。

（7）仰拱填充表面坡度应符合设计要求，坡面应平顺、排水畅通、不积水。

（四）明洞衬砌施工

1.台车拼装、定位

明洞衬砌施工采用整体式模板台车一次浇筑。模板台车按照隧道净空周边加大5cm设计，预留变形量和施工误差，预防衬砌侵入隧道净空。模板台车加工后运到现场进行拼装，拼装过程中及时修整模板的平整度和模板间的错台。模板台车设上下扶梯和工作平台，并在工作平台四周设扶手，确保施工人员安全。

模板台车拼装完成后应检查验收，仔细检查模板的弧度、平整度、模板错台、构件间连接的牢固性。

模板台车验收合格后行进至明洞位置根据测设的中心线就位，主要控制模板平面位置和拱顶高程，以及支撑的牢固性。台车定位借助测量仪器，用全站仪将隧道衬砌中心线测出，并用钢钉钉点做好标记，找出衬砌台车的中心，用吊垂找出台车中心线与衬砌中心线的偏差后进行调整，直至两中心线重合。再用水准仪测出衬砌台车中心顶面的高程，算出与衬砌中心顶面高程的差值后调整高度。分别测出左右两个脚点的方位，与设计方位对比，找出差值后进行调整。至此，台车的位置定位完成。将台车的支撑螺旋杆全部撑开并扭紧，每根螺旋杆必须都由专人负责检验，以防松动（混凝土浇筑过程中也要不定时地进行检验）。绑扎钢筋完毕后，用钢模板将台车端头封闭，封闭后的端头要密合，不能出现较大的缺口，要保证混凝土施工过程中，外模及堵头模板不漏浆。

2. 钢筋绑扎

拱圈钢筋在钢筋加工场加工，加工时注意按照规范要求错开钢筋搭接位置，保证搭接长度。加工后运至现场绑扎，绑扎前对钢筋的位置进行放样；绑扎过程中严格控制钢筋位置、间距、保护层厚度、搭接焊缝长度和质量、钢筋绑扎点数量。

钢筋绑扎中注意安装预埋件，要求预埋件固定牢固，防止混凝土浇筑过程中移动。

3. 外模安装

外模要有一定的刚度，拼接密实、支撑牢固。检查重点为模板缝隙和支撑牢固程度，避免跑浆和跑模。

两头端模同样要求拼接密实、支撑牢固。洞门处的端模尤为重点，要保证浇筑后位置正确、光滑平整。端模安装过程中按照设计要求安装环向止水带。

4. 混凝土浇筑

将台车上所有的工作和检查窗口全部打开，从衬砌台车的一侧接入混凝土输送泵的输送管道，调试混凝土搅拌设备后开始浇筑。混凝土在浇筑过程中要保证左右两侧同步浇筑，以平衡混凝土自重所带来的偏压力，防止将台车挤压偏位，造成胀模。混凝土入模后要及时振捣，振捣时间要适中，不能太长也不能太短，以免造成混凝土离析或不密实。在施振过程中要注意对预留及预埋件的保护，以免将其损坏，失去作用。在弧顶部位的混凝土可采用附着式振捣器对其进行振捣。在施工过程中要保证混凝土的坍落度及良好的流动性以填充拱部的剩余空间。

混凝土施工完成后，要在规定的时间内进行拆模，以防止时间过长，混凝土附着于模板表面，不易拆除，最终导致粘连，影响混凝土表面的美观。泵送混凝土的拆模待混凝土强度达到 8MPa 后进行。

混凝土拆模后，要及时进行养护，以保证混凝土的强度按期增长。在实际施工中，可采用洒水养护。待混凝土强度达到要求后，方可取消对混凝土的养护。

5. 施工要求

（1）衬砌不得侵入隧道设计轮廓线，浇筑混凝土前应复测中线、高程和模板的外轮廓尺寸。

（2）混凝土灌注前及灌注过程中，应对模板、支架、钢筋骨架、预埋件等进行检查，发现问题应及时处理，并做好记录。

（3）混凝土振捣时，不得碰撞模板、钢筋和预埋件。

（4）衬砌施工缝端头必须进行凿毛处理，并用高压水冲洗干净。

（5）按设计要求预留沟、槽、管、线及预埋件，并同时施作附属洞室混凝土衬砌。

（6）混凝土衬砌灌注自下而上，先墙后拱，对称浇筑。在施工过程中，如发生停电应立即启动备用电源，确保混凝土浇筑作业连续进行。

（7）泵送混凝土结束时，应对管道进行清洗，但不得将洗管残浆灌到已浇筑好的混凝土上。

（8）钢筋混凝土衬砌地段，必须用与衬砌混凝土相同配合比的细石混凝土或砂浆制作垫块，确保钢筋保护层的厚度。

（9）明洞混凝土的浇筑应设挡头板、外模和支架。

（10）需要及时回填的明洞，内模板支架应在回填至拱脚位置且混凝土强度达到设计强度的70%后方可拆除。

（五）回填绿化及排水系统

在明洞及洞门混凝土施工完成后，待混凝土的28d抗压强度达到设计要求后，便可对明洞进行回填。洞顶回填的材料应选用均匀的碎石土，回填时要分层回填并压实，因不宜在明洞衬砌上施加过大压力，故压实工具应选用小型机具（如打夯机），其夯实厚度及强度要严格按照路基标准进行。回填的最后一层为耕植土，主要为日后的绿化工作做好准备，故耕植土可松铺。洞顶要做好排水系统，如洞顶排水沟等，保障洞顶排水顺畅，无积水，以减轻洞内的防排水压力，达到综合防排的效果。

明洞回填施工应符合下列要求：

1. 明洞回填应加强对防水层及排水系统的保护，不得损坏防水层及排水系统。

2. 侧墙回填应对称进行，石质地层中岩壁与墙背空隙较小时可用与墙身同级混凝土回填；空隙较大时可用片石混凝土回填密实。回填至与拱顶齐平后，再分层满铺填筑至设计高度。

3. 应用小型机械分层进行拱顶回填，分层厚度不大于 0.3m，两侧回填土面的高差不得大于 0.5m。夯填超过拱顶 1.0m 以上后方可采用大型机械回填。

4. 表土层需作隔水层时，隔水层应与边、仰坡搭接平顺，防止地表水下渗。

隧道洞口的缓冲结构可以消减列车进入隧道时诱发的空气动力学效应。缓冲结构的净空断面积大于隧道净空断面积，并在顶部和边墙上开有窗口，可以缓解列车运行空间条件骤变的程度，从而起到消减微气压波的作用。缓冲结构紧邻隧道洞门，其施工要求与明洞施工没有明显区别。

第七章 隧道开挖技术

第一节 开挖方法

隧道施工就是要挖除坑道范围内的岩体，并尽量保持坑道围岩的稳定。显然，开挖是隧道施工的第一道工序，也是关键工序。在坑道的开挖过程中，围岩稳定与否，虽然主要取决于围岩本身的工程地质条件，但无疑，开挖对围岩稳定状态有直接而重要的影响。因此，隧道开挖的基本原则是：在保证围岩稳定或减少对围岩扰动的前提条件下，选择恰当的开挖方法和掘进方式，并应尽量提高掘进速度。即在选择开挖方法和掘进方式时，一方面应考虑隧道围岩地质条件及其变化情况，选择能很好地适应地质条件及其变化，并能保持围岩稳定的方法和方式；另一方面应考虑坑道范围内岩体的坚硬程度，选择能快速掘进，并能减少对围岩扰动的方法和方式。

隧道施工中，开挖方法是影响围岩稳定的重要因素之一。因此，在选择开挖方法时，应对隧道断面大小及形状、围岩的工程地质条件、支护条件、工期要求、工区长度、机械配备能力、经济性等相关因素进行综合分析，采用恰当的开挖方法，尤其应与支护条件相适应。

隧道开挖方法实际上是指开挖成形方法。按开挖隧道的横断面分布情形，开挖方法可分为全断面开挖法、台阶开挖法、中隔壁开挖法等。

一、全断面开挖法

全断面开挖法是按设计轮廓线一次爆破开挖成形，再施作衬砌的施工方法。

（一）适用条件

全断面开挖法一般适用于Ⅰ、Ⅱ、Ⅲ级围岩，Ⅳ、Ⅴ级围岩在采取有效措施稳定开挖面后，也可采用全断面开挖法。

（二）特点

1. 可以减少开挖对围岩的扰动次数，有利于围岩天然承载拱的形成。

2. 全断面开挖法有较大的作业空间，有利于采用大型配套机械化作业，提高施工速度，防水处理简单，且工序少，便于施工组织和管理。

3. 对地质条件要求高，围岩必须有足够的自稳能力。

4. 由于开挖面较大，围岩相对稳定性降低，且循环工作量相对较大。

5. 当采用钻爆法开挖时，每次深孔爆破振动较大，因此要进行精心的钻爆设计和严格的控制爆破作业。

（三）施工注意事项

1. 加强对开挖面前方的工程地质和水文地质的调查。对不良地质情况要及时预测预报、分析研究，随时准备好应急措施（包括改变施工方法），以确保施工安全和工程进度。

2. 控制一次同时起爆的炸药量和循环进尺，降低爆破振动对围岩的影响，确保开挖工作面的稳定。

3. 各工序机械设备要配套。如钻眼、装渣、运输、初期支护、模筑衬砌等主要机械和相应的辅助机具（钻杆、钻头、调车设备、气腿凿岩钻架、注油器、集尘器等），在尺寸、性能和生产能力上要相互配合，工作方面能环环紧扣，不致彼此互受牵制而影响掘进，以充分发挥机械设备的使用效率。注意经常维修设备及备有足够的易损零部件，以确保各项工作的顺利进行。

4. 加强各辅助作业和辅助施工方法的设计与施工检查。尤其在软弱破碎围岩中使用全断面开挖时，应对支护后围岩的变形进行动态量测与监控，使各辅助作业的三管两线（即高压风管、高压水管、通风管、电线和运输路线）保持良好状态。

5. 重视和加强对施工作业人员的技术培训，使其能熟练掌握各种机械的操作方法，并进一步推广新技术，不断提高工效，改进施工管理，加快施工速度。

6. 全断面开挖法选择支护类型时，应优先考虑锚杆、喷混凝土、挂网、钢架等支护形式。

二、台阶开挖法

台阶开挖法就是将开挖断面分两部或多部开挖，可根据地层条件、断面大小和机械配备情况选用。台阶开挖法可分为上、下两部或上、中、下三部开挖，其演变有三台阶七步开挖法、弧形导坑预留核心土法等。

（一）适用条件

二台阶法适用于双线隧道Ⅲ级以上围岩，也可用于单线隧道Ⅳ级以上围岩地段；三台阶法可用于高速铁路双线隧道Ⅲ、Ⅳ级围岩，单线隧道Ⅵ级围岩。

（二）特点

1. 灵活多变，适用性强。凡是软弱围岩、第四纪堆积地层，均可采用二台阶法作为基本方法。地层变好或变坏时，可以及时变换成其他方法。

2. 台阶开挖法具有足够的作业空间和较快的施工速度。台阶法有利于开挖面的稳定性，尤其是上部开挖支护后，下部作业则较为安全。

3. 上下部作业有干扰，应注意下部作业对上部稳定性的影响。另外，台阶开挖会增加围岩扰动次数。

（三）二台阶开挖法

1. 二台阶开挖法分类

二台阶开挖法也称正台阶法，根据台阶长度可分为长台阶法、短台阶法和超短台阶法（也称微台阶）三种。

（1）长台阶法

长台阶法是将断面分成上半断面和下半断面两部分进行开挖，上、下断面相距较远，一般上台阶超前50m以上或大于5倍洞跨。施工时上、下部可配置同类机械进行平行作业。当隧道长度较短时，亦可先将上半断面全部挖通后，再进行下半断面施工，即为半断面法。

长台阶法的开挖断面小，有利于维持开挖面的稳定，适用范围较全断面法广，在Ⅰ~Ⅴ级围岩中均可采用，在上、下两个台阶上分别进行开挖、支护、运输、通风、排水等作业，因此台阶长度要适当长些。但台阶长度过长，会增加支护封闭时间，同时增加通风排烟、排水的难度，降低施工综合效率，台阶长度一般在50~80m之间。

（2）短台阶法

短台阶法也是分成上、下两个断面进行开挖，只是两个断面相距较近，一般上台阶长度小于5倍，但大于1～1.5倍洞跨。台阶长度既要实现分台阶开挖，又要实现支护及早封闭。

短台阶法可缩短支护结构闭合时间，改善初期支护的受力条件，有利于控制隧道围岩的变形，适用范围广泛，Ⅲ～Ⅴ级围岩均可采用。

短台阶法的缺点是上台阶出渣时对下半断面施工的干扰大，不能全部平行作业。为解决这种干扰，可采用长皮带运输上台阶的石渣，或设置由上半断面过渡到下半断面的坡道，将上台阶的石渣直接装车运出。过渡坡道的位置可设在中间，亦可交替地设在两侧。过渡坡道法适用于断面较大的双线隧道。

（3）超短台阶法

超短台阶法也是分成上、下两个断面进行开挖，但上台阶仅超前距离小于1倍洞跨（一般为3～5m），只能采用交替作业。台阶长度小于3m时，无法正常进行钻眼和拱部的喷锚支护作业；台阶长度大于5m时，利用爆破将石渣翻至下台阶有较大困难，必须采用人工翻渣。

由于超短台阶法初次支护全断面闭合时间短，更有利于控制围岩变形，所以其适用于Ⅴ～Ⅵ级围岩，要求及早封闭断面的场合。

超短台阶法的缺点是上、下断面相距较近，机械设备集中，作业时相互干扰大，生产效率低，施工速度较慢。

2.二台阶开挖法施工作业

二台阶开挖法施工要求如下：

（1）钻爆开挖时应采用弱爆破，爆破时严格控制炮眼深度及装药量。

（2）台阶高度应根据地质情况、隧道断面大小和施工机械设备情况确定，其中上台阶高度以2～2.5m为宜。

（3）下台阶断面开挖应两侧交错进行，下台阶开挖后仰拱应紧跟。施工中应解决好上下台阶的施工干扰问题，下部应减少对上部围岩、支护的扰动。

（4）施工中，应按有关规范及要求进行监控量测，及时反馈结果，为支护参数的调整、浇筑二次衬砌的时机提供依据。

（5）上台阶施作钢拱架时，采用扩大拱脚和锁脚锚杆等措施控制围岩和初期支护变形，必要时施作临时仰拱。

（6）下台阶在上台阶喷射混凝土达到设计强度70%以上时开挖，当岩体不稳定时需缩短进尺，必要时分下台阶左右两部开挖，并及时施作初期支护和仰拱。

（7）下台阶施工时要保证初期支护钢架整体顺接平直，螺栓连接牢靠。

（8）上台阶开挖超前一个循环后，上下台阶可同时开挖。

（四）三台阶开挖法

三台阶开挖法是将隧道分成上、中、下三个断面进行开挖。三台阶开挖法可用于双线隧道Ⅲ、Ⅳ级围岩，单线隧道Ⅳ级围岩地段。

三台阶的划分应遵循以下两点：一是拱部第一台阶矢跨比不得小于1/5，且台阶高度在满足人工作业空间需求的前提下尽量低。矢跨比小于1/5，则支护的力学性能更接近于梁而不是拱，很危险，所以一般情况下，拱部第一台阶矢跨比按照1/5 ~ 1/3确定；降低拱部第一台阶高度的意义在于，当掌子面发生滑塌时，其停止滑塌的条件就是塌体形成坡面，所以，降低拱部第一台阶高度有助于尽快稳定滑塌。二是第二台阶底应位于隧道断面圆心高度位置。第二台阶底位于隧道断面圆心位置的意义在于，当围岩发生变化时，有利于工法的转变。如围岩由Ⅲ级变为Ⅳ级时，由于Ⅲ级围岩一般采取二台阶开挖法施工，且其台阶划分是以圆心为准的，只要先暂停中台阶掘进而只掘进上台阶，约两个循环后三台阶的形式就形成了（刚开始上台阶的渣扒至中台阶即可，不必运出）；当围岩由Ⅳ级变为Ⅲ级时，只要暂停上台阶的掘进，两三个循环后，二台阶的形式即形成。

上台阶长度的确定主要考虑两个条件：一是满足凿岩机作业所需长度要求，二是不得小于上台阶高度。中台阶长度的确定主要考虑满足挖掘机作业空间需求和确保上台阶稳定。上、中台阶长度一般为5 ~ 8m。

（五）弧形导坑预留核心土法

弧形导坑预留核心土法是在上部断面以弧形导坑领先，其次开挖下半部两侧，再开挖中部核心土的方法。

1. 适用条件

弧形开挖预留核心土法可用于单线隧道Ⅳ ~ Ⅵ级围岩，双线隧道Ⅲ ~ Ⅵ级围岩地段。

2. 特点

（1）能适应不同跨度和多种断面形式，与CD(CRD)、双侧壁等开挖工法相比，没有需拆除的临时支护，节省投资。

（2）在地质结构复杂多变、软硬围岩相间的隧道施工中，便于灵活及时地调整施工工法，进度稳定，工期保障性强。

（3）无需增加特殊设备，施工投入少，工艺可操作性强。

（4）开挖工作面稳定性好，施工比较安全。

3. 施工要求

（1）环形开挖每循环长度宜为 0.5 ~ 1m。

（2）开挖后应及时施作喷锚支护，安装型钢支撑或格栅支撑，每两榀钢架之间应采用钢筋连接，并应加设锁脚锚杆，初期支护形成闭合断面的位置距拱部开挖面不宜超过 30m。

（3）预留核心土面积的大小应满足开挖面稳定的要求，一般不小于整个断面的 50%。

（4）当地质条件差，围岩自稳时间较短时，开挖前应在拱部设计开挖轮廓线以外进行超前支护。

（5）上部弧形，左、右侧墙部，中部核心土开挖各错开 3 ~ 5m 进行平行作业。

（6）仰拱要超前二次衬砌且分别全幅浇筑，全断面衬砌时间根据监控量测确定，全断面衬砌距离掌子面一般不超过 70m。

（六）三台阶七步开挖法

三台阶七步开挖法是以弧形导坑开挖留核心土为基本模式，分上、中、下三个台阶七个开挖面，各部位的开挖与支护沿隧道纵向错开平行推进的隧道施工方法。

1. 适用条件

三台阶七步开挖法适用于开挖断面为 100 ~ 180m²，具备一定自稳条件的Ⅳ、Ⅴ级围岩地段隧道施工。

2. 特点

（1）施工空间大，方便机械化施工，可以多作业面平行作业。部分软岩或土质地段可以采用挖掘机直接开挖，工效较高。

（2）当地质条件发生变化时，便于灵活、及时地转换施工工序，调整施工方法。

（3）适应不同跨度和多种断面形式，初期支护工序操作便捷。

（4）在台阶开挖法的基础上，预留核心土，左右错开开挖，利于开挖工作面稳定。

（5）当围岩变形较大或突变时，在保证安全和满足净空要求的前提下，可尽快调整闭合时间。

3.施工控制要点

（1）三台阶七步开挖法施工应做好工序衔接。工序安排应紧凑，尽量减少围岩暴露时间，避免因长时间暴露引起围岩失稳。

（2）初期支护应及时封闭成环，全断面初期支护闭合时间宜控制在15d左右，有条件时应尽量缩短闭合时间。

（3）仰拱应超前施作，仰拱距上台阶开挖工作面宜控制在30～40m，铺设防水板、二次衬砌等后续工作应及时进行。

（4）二次衬砌距仰拱宜保持两倍以上衬砌循环作业长度，但不得大于50m。

（5）在满足作业空间和台阶稳定的前提下，应尽量缩短台阶长度，核心土长度应控制在3～5m，宽度宜为隧道开挖宽度的1/3～1/2。

（6）三台阶七步开挖法施工应严格控制开挖长度，根据围岩地质情况，合理确定循环进尺，每次开挖长度不得超过1.5m；开挖后立即初喷3～5cm混凝土，以减少围岩暴露时间。

（7）严格按设计要求施作超前支护，控制好超前支护外插角；严格按注浆工艺加固地层，保证隧道在超前支护的保护下施工。

（8）隧道周边部位应预留30cm人工开挖，其余部位宜采用机械开挖；局部需要爆破时，必须采用弱爆破，不得超挖。施工时应严格控制装药量，减少对围岩的扰动。

（9）中、下台阶左、右侧开挖应错开，严禁对开，左右侧错开距离宜为2～3m。

（10）钢架应严格按设计及规范要求加工制作和架设。钢架应架设在坚实基面上，严禁拱（墙）脚悬空或采用虚渣回填。钢架应与锁脚锚杆（管）焊接牢固。

（11）隧道超挖部位必须回填密实，严禁初期支护背后存在空洞。必要时初期支护背后应进行充填注浆，保证初期支护与围岩密贴。

（12）施工过程中可采用增加拱（墙）脚锁脚锚杆（管）、增设钢架拱（墙）脚部位纵向连接筋、扩大拱（墙）脚初期支护基础及增设拱（墙）脚槽钢垫板等增强拱（墙）脚承载力措施控制变形。

（13）应加强监控量测工作，根据量测结果，及时调整支护参数，确定二次衬砌施作时间，进行信息化施工管理。

（14）完善洞内临时防排水系统，严禁积水浸泡拱（墙）脚及在施工现场漫流，防止基底承载力降低。当地层含水量大时，上台阶开挖工作面附近宜开挖横向水沟，将水引至隧道中部或两侧排水沟排出洞外。必要时应配合井点降水等措施，降低地下水位至隧道仰拱以下，确保施工顺利进行。反坡施工时，应设置集水坑将水集中抽排。

三、中隔壁开挖法（CD 法）

中隔壁法（CD 法）是将隧道分为左右两大部分进行开挖，先在隧道一侧采用台阶法自上而下分层开挖，待该侧初期支护和中隔墙临时支护完成，且喷射混凝土达到设计强度 70% 以上时再分层开挖隧道的另一侧，其分部次数及支护形式与先开挖的一侧相同。

（一）适用条件

中隔壁法一般适用于Ⅳ、Ⅴ级围岩浅埋双线隧道，软弱围岩或三线隧道采用中隔壁法时宜增设临时仰拱。

（二）施工要求

1. 各部开挖时，周边轮廓应尽量圆顺，减小应力集中。

2. 各部的底部高程应与钢架接头处一致。

3. 左右部的开挖高度应根据地质情况、隧道断面大小和施工设备确定。每侧按两部或三部台阶开挖，开挖后应及时施作初期支护、中隔壁。

4. 后一侧开挖形成全断面时，应及时完成全断面初期支护闭合。

5. 开挖时，同层左、右两侧纵向错开 10 ~ 15m，单侧上下台阶长度一般为 3 ~ 5m。

6. 先行侧的中隔壁应设置成向外鼓的弧形，并应向后行侧偏斜 1/2 个钢拱架宽度。

7. 各部开挖时，相邻部位的喷射混凝土强度应达到设计强度的 70% 以上。

8. 在灌注二次衬砌前，应逐段拆除中隔壁临时支护。拆除时应加强量测，一次拆除长度应根据量测结果确定，一般不宜超过 15m。临时支护拆除后应及时施作仰拱和二次衬砌。

9. 特殊情况下可将中隔壁浇筑在仰拱中，待铺设防水板时再割断。

第二节　钻爆开挖

一、钻眼设备

隧道工程中常使用的凿岩机有风动凿岩机和液压凿岩机。另有电动凿岩机和内燃凿岩机，但较少采用。其工作原理都是利用镶嵌在钻头体前端的凿刃反复冲击并转动破碎岩石面成孔。有的可通过调节冲击功大小和转动速度以适应不同硬度的石质，达到最佳成孔效果。

（一）风动凿岩机

风动凿岩机俗称风钻，以压缩空气为动力。它具有结构简单，制造容易，操作方便，使用安全，不怕超负荷和反复启动，在多水多尘的恶劣环境中仍能正常使用等优点，但压缩空气的供应设备比较复杂，能量利用率低，工人劳动强度大，动力投资费用高，且噪声大。

根据支持和向前推进方式的不同，风钻又可分为手持式、气腿式、伸缩式、导轨式四种。手持式凿岩机的质量为 10 ~ 25kg，可用在中硬或坚硬岩石中。气腿式凿岩机的质量为 23 ~ 50kg，气腿的推力除了支持凿岩机的质量外，还可对凿岩机产生向前的推力，它在工作面上的就位和转移都很容易，主要用在坚硬岩石上钻水平或倾斜的炮眼。伸缩式凿岩机的质量一般在 40kg 左右，它附有气腿，与主机在同一纵向轴线上连成一体，立于地面钻朝上的炮眼。导轨式凿岩机一般重 36 ~ 110kg，架设在导轨上，由自动推进器向前推进，适于安装在凿岩台车上，能钻凿各个方向的炮眼，在中硬以上岩石中使用。

（二）液压凿岩机

液压凿岩机与风动凿岩机相比，具有以下主要特点：

1. 动力消耗少，能量利用率高。液压凿岩机动力消耗仅为风动凿岩机的 1/3 ~ 1/2；液压凿岩机的能量利用率可达 30% ~ 40%，风动的仅为 15%。

2. 凿岩速度快。液压凿岩机比风动凿岩机的凿岩速度快 50% ~ 150%。在花岗岩中纯钻进速度可达 170 ~ 200cm/min。

3. 液压凿岩机的液压系统设计配套合理，能自动调节冲击频率、扭矩、转速和推力等参数，适应不同性质的岩石，以提高凿岩功效，且润滑条件好，各主要零件使用寿命较长。

4. 环境保护较好。液压钻的噪声比风钻降低 10 ~ 15dB；液压钻也没有像风钻那样的排气，工作面没有雾气和粉尘，空气较清新。目前液压钻已广泛应用于隧道工程中。

5. 液压凿岩机构造复杂，造价较高，质量大，附属装置较多，多安装在台车上使用。

（三）液压凿岩台车

将多台凿岩机安装在一个专门的移动设备上，实现多机同时作业，集中控制，称为凿岩台车。液压凿岩台车多为国外引进，目前国内也有制造。

其特点为：钻机为液压钻，比风动钻机提高了电能利用率；钻进速度快，钻眼深；施工人员少，劳动强度低；对操作技术要求高，施工环境好；工程成本高，维修要求高；软岩中不能充分发挥其优势。

凿岩台车按其走行方式可分为轨道走行、轮胎走行、履带走行三种；按其结构形式可分为实腹式、门架式两种。

实腹式凿岩台车通常为轮胎走行，可以安装 1 ~ 4 台凿岩机及一支工作平台臂。其立定工作范围为宽 10 ~ 15m，高 7 ~ 12m，可适用于不同断面的隧道中。但实腹式凿岩台车占用坑道空间较大，需与出渣运输车辆交会避让，占用循环时间，尤其是在隧道断面不大时，机械避让占用的非工作时间就更长。故实腹式凿岩台车多应用于断面较大的隧道中。

门架式凿岩台车的腹部可以通行出渣运输车辆，减少机械避让时间。门架式凿岩台车通常为轨道走行式，安装 2 ~ 3 台凿岩机。门架式凿岩台车多用于中等断面（20 ~ 80m²）的隧道开挖，开挖断面过小或过大则都不采用。

轮式和轨行式凿岩台车均可打 3.9m、5.15m 炮眼，眼径 48mm，大中空眼径 102mm。凿岩台车也在不断发展，多臂有 5 ~ 6 个臂，炮眼直径为 48mm、63mm、76mm、102mm、152mm 不等，可在不同位置打不同作用的炮眼，更加先进。

按控制的自动化程度来分，凿岩台车可以分为人工控制、电脑控制、电脑导向三种。

人工控制是由人工控制操纵杆来实现钻机的定位、定向和钻进。钻眼位置由工程师标出，钻眼方向则由操作手按经验目测确定。

电脑控制凿岩台车的所有动作都在电脑的控制下进行，必要时可由操作手进行干预。

电脑导向凿岩台车不仅具有电脑控制功能，而且可以在隧道定位（导向）激光束的帮助下进行自动定位和定向，因此能进一步缩短钻眼作业时间，提高钻眼精度，减少超欠挖量。

（四）钻头和钻杆

钻头直接连接在钻杆前端（整体式）或套装在钻杆前端（组合式），钻杆尾则套装在凿岩机的机头上，钻头前端则镶入硬质高强耐磨合金钢凿刃。凿刃起着直接破碎岩石的作用，它的形状、结构、材质、加工工艺是否合理都直接影响凿岩效果和其本身的磨损。

凿刃的种类按其形状可分为片状连续刃及柱齿刃（不连续）两类。片状连续刃又有一字形、十字形等几种布置形式，柱齿刃有球齿、锥形齿、楔形齿等形状之分。

常用钻头的直径有 38mm、40mm、42mm、45mm、48mm 等，用于钻中空孔眼的钻头直径可达 102mm，甚至更大。超过 50mm 的钻孔施工时，需要配备相应型号和钻孔能力的钻机施工。钻头和钻杆均有射水孔，压力水即通过此孔清洗岩粉。

二、爆破器材

（一）炸药的性能

炸药爆炸是一种高速化学反应的过程。在这个过程中，炸药物质成分发生改变，生成大量的气体物质，并释放大量的热能，表现在对周围介质的冲击、压缩、破坏和抛掷作用。炸药的性能取决于其所含化学成分。掌握炸药等爆破材料的性能，对正确使用、储存、运输，确保安全和提高爆破效果，具有重要意义。炸药的主要性能如下：

1.敏感度

炸药的敏感度简称感度，是指炸药在外界起爆能作用下发生爆炸反应的难易程度，也就是炸药爆炸对外能的需要程度。根据外能形式的不同，炸药感度主要有以下几种：

（1）热敏感度。指炸药爆炸的最低温度，它表示炸药对热的敏感度，亦称爆发点。

（2）火焰感度。表示炸药对火焰（明火星）的敏感度。有些炸药虽然对温度比较迟钝，但对火焰却很敏感，如黑火药一接触明火星便易燃烧爆炸。

（3）机械感度。指炸药对机械能（摩擦、撞击）作用的敏感程度。一般来说，对于撞击比较敏感的炸药，对摩擦也比较敏感。一般以试验次数的爆炸百分率来表示。

（4）爆轰感度。指炸药对爆炸能的敏感程度。通常在起爆能作用下，炸药的爆炸是由冲击波、爆炸产物流或高速运动的介质颗粒的作用而激发的。不同的炸药所需的起爆能也不同。爆轰感度一般用极限起爆药量表示。

2. 爆速

炸药爆炸时爆轰作用在炸药内部的传播速度称为爆速。不同成分的炸药有不同的爆速，但一般来说密度越大的炸药其爆速也越高。但硝铵类炸药装药密度大于 1.15 g/cm³ 时，爆速反而会下降。相同成分的炸药，其爆速还受装填密实程度、药量、含水率和包装材料等因素的影响。

3. 爆力

炸药爆炸时对周围介质做功的能力称为爆力（或爆炸威力）。炸药的爆力越大，其破坏能力越强，破坏的范围及体积也越大。一般来说，爆炸产生的气体物质越多，爆炸速度越快或爆温越高，则其爆力越大。炸药的爆力通常用铅柱扩孔试验法测定。铅柱扩孔容积等于 280cm³ 时的爆力称为标准爆力。

4. 猛度

炸药爆炸后对与之接触的固体介质的局部破坏能力称为猛度，这种局部破坏表现为固体介质的粉碎性破坏程度和范围大小。一般来说，炸药的爆速越高，其猛度越大。炸药的猛度通常用铅柱压缩法测定，以铅柱被爆炸压缩的数值（mm）表示。

5. 爆炸稳定性

爆炸稳定性是指炸药经起爆后，能否连续、完全爆炸的能力，其主要受炸药的化学性质、爆轰感度以及装药密度、药包大小（或药卷直径）、起爆能量等因素的影响。

（1）临界直径。工程爆破采用柱状装药时，常用药卷的"临界直径"来表示炸药的爆炸稳定性。临界直径是指柱状装药时，被动药卷能发生殉爆的最小直径。临界直径越小，其爆炸稳定性越好。如铵梯炸药的爆炸稳定性较好，其临界直径为 15mm。浆状炸药的爆炸稳定性较差，其临界直径为 100mm，但加入敏化剂后其临界直径降为 32mm，也能稳定爆炸。

工程爆破中，为保证装药卷能稳定爆炸而不发生断爆，在选择药卷直径时应注意以下两点：一是药卷直径不小于炸药的临界直径。装药直径越大，其爆炸越稳定。当药卷直径超过其值（极限直径）后，爆炸稳定性将不随药卷直径而变化。二是若因需要减少炸药用量而缩小装药（药卷）直径时，则应相应选用爆轰感度较高的炸药或加入敏化剂以降低其临界直径。

（2）最佳密度。对于单质猛炸药，其装药密度越大，则其爆速越大，爆炸越稳定。对于工程用混合炸药，在一定密度范围内，也有以上关系。炸药爆炸稳定，且爆速最大时的装药密度称为"最佳密度"。如硝铵类炸药的最佳密度为 $0.9 \sim 1.19g/cm^3$，乳化炸药一般为 $1.05 \sim 1.30g/cm^3$。但随后爆速又随着炸药密度的增加而下降，直至某一密度时，爆炸不稳定，甚至拒爆，这时炸药的密度称为"临界密度"。

（3）管道效应。工程爆破中，常采用钻孔柱状药卷装药，若药卷直径较钻孔直径小，则在药卷与孔壁之间有一个径向空气间隙。药卷起爆后，爆轰波使间隙中的空气产生强烈的空气冲击波，这股空气冲击波速度比爆轰波速度更高，它在爆轰波未到达之前，即将未爆的炸药压缩，当炸药被压缩到临界密度以上时，就会导致爆速下降，甚至熄爆，这种现象称为管道效应。为减少管道效应，可减小间隙，或采用高感度、高爆速的炸药。

6. 殉爆距离

一个药包爆炸（主动药包）后，能引起与它不相接触的邻近药包（被动药包）爆炸，这种现场称为"殉爆"。发生殉爆的原因是主动药包爆炸产生冲击波和高速气流，使临近药包在其作用下爆炸。是否发生殉爆，则主要取决于主动药包的药量和爆力、被动药包的爆轰敏感度、主动药包与被动药包之间的距离和介质性质。当主动、被动药包采用同性质炸药的等直径药卷时，则用被动药包可能发生殉爆的最大距离来表示被动药包的殉爆能力，称为"殉爆距离"，当然它也反映了主动药包的致爆能力。

7. 安定性

炸药的安定性是指其物理化学性质的安定性，主要表现为吸湿、结块、挥发、渗油、老化、冻结和化学分解。如硝铵炸药吸湿性很强，也容易结块，因此需人工解潮和碾碎后再使用。胶质炸药易老化和冻结，老化的胶质炸药敏感度和爆速将降低，威力减小；冻结的胶质炸药敏感度高，使用危险，必须解冻后才允许使用。硝铵炸药安定性差，易分解，在运输和存放中应通风避光，不宜堆放过高。

（二）隧道工程中常用的炸药

工程用炸药一般以某种或几种单质炸药为主要成分，另外加一些外加剂混合而成。目前，隧道爆破施工中使用最广泛的是硝铵类炸药。硝铵类炸药的主要成分为硝酸铵，占 60% 以上，其次是梯恩梯或硝酸钠（钾），占 10% ~ 15%。

1. 浆状（水胶）炸药

浆状炸药是由氧化剂溶液、敏化剂、胶凝剂为基本成分组成的混合炸药。水胶炸药是在浆状炸药的基础上应用交联技术，使之形成塑性凝胶状态，进一步提高了炸药的化学稳定性和抗水性，炸药结构更均一，提高了传爆性能。浆状（水胶）炸药具有抗水性强、密度高、爆炸威力大、原料广、成本低和安全等优点，常用在露天有水深孔爆破中。

2. 乳化炸药

以硝酸铵、硝酸钠水溶液与碳质燃料通过乳化作用形成的乳脂状混合炸药称为乳化（胶）炸药。其外观随制作工艺不同而呈白色、淡黄色、浅褐色或银灰色。乳化炸药具有爆炸性能好、抗水性能强、安全性能高、环境污染小、原料来源广和生产成本低、爆破效率比浆状及水胶炸药更高等优点。有关资料表明，在地下开挖中保持原使用 2 号岩石炸药孔网参数不变的情况下，乳化炸药可使平均炮孔利用率稳定在 90%，平均炸药单耗较 2 号岩石炸药下降 1.359%。在露天爆破中，使用乳化炸药每立方米岩石炸药耗量比混合炸药（浆状炸药 70% ~ 80%，铵油炸药 30% ~ 20%）降低 23.1%，延米炮孔爆破量增加 18.2%，石渣大块率从 0.97% ~ 1.0% 下降到 0.6% ~ 0.7%，尤其适用于硬岩爆破。

3. 硝化甘油炸药

硝化甘油炸药又称为胶质炸药，是一种高猛度炸药，它的主要成分是硝化甘油（或硝化甘油与二硝基乙二醇的混合物）。硝化甘油炸药抗水性强、密度高、爆炸威力大，因此适用于水和坚硬岩石的爆破。它对撞击摩擦的敏感度高，安全性差，价格昂贵，保存期不能过长，容易老化而使性能降低，甚至失去爆炸性能，一般只在水下爆破中使用。

隧道爆破使用的炸药一般均由厂制或现场加工成药卷，药卷直径有 22mm、25mm、32mm、35mm、40mm 等，长度为 165 ~ 500mm，可按爆破设计的装药结构和用药量来选择使用。

4. 煤矿许用炸药

对于瓦斯隧道，由于掘进工作面的空气中大部分都有瓦斯或煤尘，当其在空气中的含量达到一定浓度时，一旦遇到电火花、明火及爆破作业，就有可能引起爆炸。因此，用于瓦斯隧道掘进中的炸药应当具备一定的安全条件。对于不同瓦斯等级的煤矿所使用的炸药，应具有相应的安全等级。

煤矿许用炸药是指允许用于有瓦斯和煤尘爆炸危险作业面的炸药，应该符合以下要求：

①应对能量有一定的限制，其爆热、爆温、爆压和爆速都要求低一些，使爆炸后不致引起空气的局部高温。

②应有较高的起爆敏感度和较好的传爆能力，以保证其爆炸的完全性和传爆的稳定性，这样就使爆炸产生物中未反应的炽热固体颗粒大大减少，从而提高其安全性。

③有毒气体生成量应符合国家有关规定，氧平衡接近于零。一般来说，正氧平衡的炸药在爆炸时易生成氧化氮和初生态氧，容易引起瓦斯发火。负氧平衡的炸药，爆炸反应不完全，会增加未反应的炽热固体颗粒，容易引起二次火焰，导致瓦斯发火。

④炸药成分中不能含有金属粉末，以防止爆炸后生成炽热的固体颗粒。

为使炸药具有上述特性，应在煤矿需用炸药组分中添加一定量的消焰剂，常用的消焰剂有食盐、氯化钠或其他类的物质。

（三）起爆材料（系统）

起爆材料包括实施爆破时激发炸药所需要的一系列起爆和传爆材料，如导火索、雷管、导爆索、继爆管、塑料导爆管等。设置传爆起爆系统的目的是在距装药（药包或药卷）以外的安全距离处通过发爆（点火、通电或激发枪）和传递，使安设在药包或药卷中的雷管起爆，并引发药包或药卷爆炸，从而达到爆破岩石的目的。

1. 导火索与火雷管

导火索是用来点燃火雷管的配套材料，它能以较稳定的速度连续传递火焰给火雷管，并使火雷管在火焰作用下爆炸。导火索的燃烧速度取决于索芯黑火药的成分和配比，一般在 110 ~ 130s/m 的范围内，缓燃导火索则为 180 ~ 210s/m 或 240 ~ 350 s/m。导火索具有一定的防潮耐水能力，在 1m 深常温静水中浸 2h 后，其燃烧速度和燃烧性能不变。普通导火索不能在瓦斯或有矿尘爆炸危险的场所使用。

通过导火索燃烧后喷出火星引爆的雷管，称为火雷管。火雷管是最简单的一种雷管，一端开口，另一端封闭成窝穴状起聚能作用。火雷管成本低，使用比较简单灵活，不受杂散电流的影响，应用广泛。但受撞击、摩擦和火花等作用时容易引起爆炸。

雷管号数按其起爆能量的大小分为 10 个等级（号数）。号数愈大，起爆能力愈强。隧道工程中常用的是 6 号和 8 号雷管。

2. 电雷管

电雷管是在火雷管中加设电发火装置而成的。电雷管是用导电线传输电流使装在雷管中的电阻发热而引起雷管爆炸的。

电雷管可分为即发电雷管和迟发电雷管。

为实现延期起爆，迟发电雷管的延期时间是在即发电雷管中加装延期药来实现的。延期时间的长短均用段数来表示。

迟发电雷管按其延期时间差可分为秒迟发和毫秒迟发系列。国产秒迟发电雷管按延期时间的长短分为 7 段，段数越大，延期时间越长。最长延期时间为（7.0+1.0）s。国产毫秒迟发电雷管有 5 个系列，其中，第二系列是工程中常用的一个时间系列；第一、第五系列为高精度系列；第三、第四系列的延期时间间隔分别为 100ms 和 300ms。

发爆电源可用交、直流照明或动力电源，也可以用各种类型的专用电起爆器。对于康钢丝电雷管，一般要求在 10ms 的传导时间内，其发火冲量（$K=It$）最小不得低于 25 $A^2 \cdot ms$，最大不得超过 45 $A^2 \cdot ms$。

在有杂散电流的条件下，应采用抗杂散电流电雷管。

3. 塑料导爆管与非电雷管

（1）塑料导爆管。塑料导爆管是用来传递微弱爆轰给非电雷管，使之爆炸的传爆材料之一，因其是由瑞典科学家诺雷尔（Nonel）首创的一种新型传爆材料，故也称诺雷尔管。它是在聚乙烯塑料管的内壁涂有一层高能炸药，管壁上的高能炸药在冲击波作用下可以沿着管道方向连续稳定爆轰，从而将爆轰传播到非电雷管使雷管起爆。弱爆轰在管内的传播速度为 1600 ~ 2000m/s，但因其微弱，而不致炸坏塑料管。

塑料导爆管有以下优点：抗电、抗火、抗冲击性能好；起爆、传爆性能稳定，甚至在扭结、180° 对折、局部断药、管端对接的情况下均能正常传爆。它不能直接起爆炸药，应与非电毫秒雷管配合使用。其在运输和使用过程中抗破坏能力强，安装简单，使用方便，价格便宜，且可作为非危险品运输，因而在隧道工程中被广泛应用，尤其是在带电环境施工和炮眼数较多时使用，更能发挥其优势。

（2）非电雷管的构造及延期时间系列。非电雷管需与塑料导爆管配合使用。国产非电雷管的延期时间也可分为毫秒、半秒、秒迟发三个系列。

（3）导爆管的发爆及连接网络。导爆管可用 8 号火雷管、导爆索、击发枪、专用激发器等发爆。其连接和分支可集束捆扎雷管继爆，也可以用连通器连接继爆。

4. 导爆索与继爆管

导爆索是以单质猛炸药黑索金或泰安作为索芯的传爆材料。它经雷管起爆后，可以直接引爆其他炸药。根据适用条件的不同，导爆索主要分为普通导爆索和安全导爆索两种。

普通导爆索是目前生产和使用较多的一种，它具有一定的防水性能和耐热性能，但在爆轰传播过程中火焰强烈，所以只能用在露天爆破和没有瓦斯的地下爆破作业。爆速不小于 6500m/s。

安全导爆索是在普通导爆索的药芯或外壳内加了适量消焰剂，使爆轰过程中产生的火焰变小，温度降低，不会引爆瓦斯或矿尘，专供有瓦斯或矿尘爆炸危险的地下爆破作业使用。爆速不小于 6500m/s。

因导爆索能直接引爆炸药，故在隧道工程中，当采用小直径药卷间隔装药时，常用导爆索将各被动药卷与主动药卷连接，以使被动药卷均能连续爆炸，从而减少数量或简化装药结构，实现减少装药量，达到有控制的弱爆破目的。在装药量计算时，应将导爆索的爆力计入炸药用量中。

继爆管是一种专门与导爆索配合使用的，具有毫秒延期作用的起爆器材。

导爆索与继爆管具有抵抗杂散电流和静电引起爆炸危害的能力，装药时可不停电，增加了纯作业时间，所以导爆索—继爆管起爆系统在矿山和其他工程爆破中得到了广泛应用。其缺点是成本比毫秒电雷管系统高，且在有瓦斯的环境中危险性高，网络中的导爆索不能相互交叉。

三、炮眼的种类和作用

隧道开挖爆破的炮眼数目与隧道断面、围岩级别、爆破方法等有关，多在几十至几百个范围内，炮眼按其所在断面的位置、爆破作用、布置方式和有关参数的不同，可大致分为以下几种：

（一）掏槽眼

针对隧道爆破只有一个临空面的特点，为提高爆破效果，先在开挖断面的适当位置，布置一些装药量较多的炮眼，先行爆破，炸出一个槽腔，为后续炮眼的爆破创造出新的临空面。

（二）辅助眼

位于掏槽眼与周边眼之间的炮眼，统称为辅助眼。1 ~ 4 为掏槽眼；5 ~ 10 为辅助眼；其余为周边眼，其作用是扩大掏槽眼炸出的槽腔，为后续和周边眼爆破创造出临空面。通常把靠近掏槽眼并有扩大掏槽作用的炮眼称为"辅助掏槽眼"或"扩槽眼"；把靠近周边眼的一排炮眼称为"内圈眼"。

辅助眼的布置主要是解决间距和最小抵抗线问题，一般最小抵抗线为炮眼间距的 60% ~ 80%。

（三）周边眼

沿隧道周边布置的炮眼称为周边眼。其作用是炸出较平整光滑的隧道断面轮廓。按其所在位置的不同，又可分为"帮眼""顶拱眼""底板眼"。

周边眼的作用是爆破后使坑道断面达到设计的形状和规格。周边眼原则上沿着设计轮廓均匀布置，间距和最小抵抗线应比辅助眼小，以便爆出较为平顺的轮廓。

四、常用掏槽形式和主要参数

掏槽爆破炮眼布置有许多不同的形式，归纳起来可分为斜眼掏槽、直眼掏槽和混合掏槽。以下根据隧道断面的大小，对常用的掏槽形式进行论述。

（一）小断面隧道掏槽技术

所谓小断面，一般指断面面积在 20m² 以下的平行导坑或大断面施工的超前上导坑、下导坑，分部开挖的局部断面等。

一般情况下，掏槽眼应布置在开挖面的中下部；但在岩质软硬不均的岩层中，应布置在岩层较为薄弱的位置。另外，掏槽眼必须比其他眼深 0.15 ~ 0.25m，才能为扩槽眼创造出足够深度的临空面，以保证循环掘进进尺。

小断面隧道掏槽眼爆破主要有斜眼掏槽和直眼掏槽两种形式。

1. 斜眼掏槽

斜眼掏槽主要有两种形式：锥形掏槽和楔形掏槽。

（1）锥形掏槽。锥形掏槽由数个共同向中心倾斜的炮眼组成，炮眼倾斜角度一般为 60º ~ 70º，岩石越硬，倾角越小。眼底距离为 0.2 ~ 0.4m，岩石越硬，距离越小。各掏槽眼均布设同一段毫秒雷管，同时起爆，利用各方向上的炸药爆力将位于槽区的岩石"炸出"，爆破后的槽子成角锥形，还需要设扩槽眼将之扩大成较大的临空面。

锥形掏槽具有三种炮眼布置形式：四角锥形、五角锥形或六角锥形。其中四角锥形掏槽也称四门斗，适用于岩层整体均匀、节理不发育、层理不明显、岩质较坚硬的岩层；五角锥形掏槽适用于较坚硬的倾斜岩层与整体岩层；六角锥形掏槽适用于坚硬且整体性良好的岩层。

锥形掏槽一般用于较坚硬的整体岩层中，由于岩层坚硬，锥形掏槽眼深度均控制在 2m 以下，循环进尺在 1.5m 左右，在整个断面上炸药单耗一般在 2.5kg/m² 以上。

（2）楔形掏槽。楔形掏槽由数对（一般为 2 ~ 4 对）相对称且相向倾斜的炮眼组成，爆破后形成楔形的槽子。

楔形掏槽的优点是爆力比较集中，爆破效果较好，掏出的槽子体积较大，可以适应各种不同坚硬程度的岩层。

根据楔形方向的不同，楔形掏槽可分成垂直楔形和水平楔形两种。垂直楔形掏槽是指成对的掏槽炮眼位于垂直于水平面的平面内，成对的炮孔口连线在掌子面上垂直于槽子中央的水平线。垂直楔形掏槽适合于层理接近水平或倾斜平缓的围岩，以及均匀整体性好的围岩。

水平楔形掏槽是指成对的掏槽眼位于平行于水平面的平面内，成对的炮孔口连线在掌子面上平行于槽中央的水平线。因为炮眼均接近于水平，钻凿方便，因此水平楔形掏槽在小断面掘进时使用比较广泛。其主要形式有普通和层状两种，层状炮眼布置的特点是按普通的水平槽眼每对上下交错布置，使其排列更加均匀，在中等硬度的岩层中可获得良好的爆破效果。

斜眼掏槽的主要优点：适用于各种岩层，并能获得较好的掏槽效果；所需掏槽眼数目较少，单位用药量小于直眼掏槽；槽眼位置和倾角的准确度对掏槽效果的影响较小。

斜眼掏槽的缺点：炮眼深度受掘进断面的限制，尤其在小断面中更为突出；爆破时，岩石的抛掷距离较大，爆堆分散，容易损坏设备和支护。

2. 直眼掏槽

直眼掏槽是由若干个彼此距离很近、相互平行、垂直于开挖面的数个炮眼组成。最常用的小断面直眼掏槽有五梅花小直径中空直眼掏槽、菱形掏槽和螺旋形掏槽。

（二）中断面隧道掏槽技术

所谓中断面，主要指断面面积大于 $20m^2$ 而小于 $60m^2$ 的开挖断面。在中断面中，炮眼深度一般在 2.5m 以上，如果掏槽不成功，爆破残眼深，再次处理麻烦，影响施工进度与效益，故中断面爆破应重视掏槽技术。目前中断面掏槽技术主要有：使用人工手持风钻进行单级或复式楔形掏槽，使用凿岩台车进行大直径中空直眼掏槽。

1. 单级楔形掏槽

单级楔形掏槽仅仅依靠数对主掏槽眼进行掏槽爆破，后方的扩槽眼、辅助眼再将槽腔扩大，从而达到为其他炮眼创造临空面的目的。与小断面掏槽眼一样，只要将掏槽眼与掌子面的夹角控制在 60º 左右，并按设计装药爆破，即可取得较好的爆破效果。该掏槽形式适合于各种不同的围岩，特别是在中硬岩中的应用较为广泛。

单级楔形掏槽的主要优点是炮眼数量少，对炮眼钻进精度要求不是很高，容易控制和掌握；适用于各类岩层，不需大直径钻眼设备。其缺点是岩渣抛掷较远，易砸坏洞内施工设备。

2. 复式楔形掏槽

在遇到岩石坚硬或掘进断面较大时，可采用复式楔形掏槽。复式楔形掏槽也称 V 形掏槽，是在浅眼楔形掏槽的基础上发展起来的。只要钻眼精度达到深度和角度要求，按设计装药，一般均能取得良好的效果。

3. 大直径中空直眼掏槽

大直径中空直眼掏槽实际上是直眼掏槽的一种。大直径中空直眼掏槽是在掌子面中下部用大直径钻机钻凿一个或几个中空炮眼，通常采用直径大于

100mm 的炮眼作为掏槽炮眼的临空面，在大直径炮眼的周围配合一些小炮眼，以逐渐增大的距离布置掏槽炮眼进行掏槽，一般有菱形掏槽、螺旋形掏槽、对称掏槽等。炮眼利用率比小直径炮眼掏槽高，一般适用于中硬、硬岩的大断面深孔爆破。

采用大直径中空直眼掏槽，首先要求钻眼方向精确，尽量减少眼位偏差值；按设计的起爆顺序起爆，最好使用毫秒雷管；控制掏槽眼间距，以防止殉爆。其次，控制掏槽眼的炸药用量，以防止"压死"而拒爆。

（三）大断面隧道掏槽技术

当坑道开挖断面在 60m² 以上时，由于施工操作空间较大，在中硬岩全断面或台阶法施工时，一般采用大楔形掏槽技术，可以取得较好的经济效果。目前大断面掏槽主要有：使用人工手持风钻或凿岩台车进行大楔形掏槽，使用凿岩台车进行大直径中空直眼掏槽。

1. 大楔形掏槽

大楔形掏槽是普通单级楔形掏槽技术在隧道全断面开挖中的扩展，为目前国内使用较多的人工手持风钻＋台架模式的一种配套技术，该技术能够满足大断面隧道快速、经济掘进的需求。

大楔形掏槽与普通单级楔形掏槽的最大区别在于增大了主掏槽眼之间的眼口间距。普通单级楔形掏槽每对主掏槽眼眼口间距基本上在 3m 以内，掏槽区域高度约为 1.5m，即掏槽面积及基本上不超过 5m²。而大楔形掏槽主掏槽眼眼口间距则拉大至 5m 左右，掏槽高度可达 4m，掏槽面积最大可达 20m²。

2. 大直径中空直眼掏槽

大直径中空直眼掏槽是隧道掘进和岩石爆破中的一种高效掏槽技术，通过设置大直径空孔作为自由面和岩石破碎的补偿空间，显著提升爆破效率。在隧道断面中心区域布置 1 个或多个大直径（通常 75～150mm）的未装药空孔，周围环绕小直径（32～45mm）装药孔，利用空孔提供岩石破碎膨胀空间，形成高效掏槽结构。适用于中硬至坚硬岩层、大断面隧道（如铁路隧道、矿山巷道）、机械化钻孔等条件。

五、盲炮原因及其预防和处理

放炮时，炮眼内预期发生爆炸的炸药因故未发生爆炸的现象称为盲炮，俗称瞎炮。炸药、雷管或其他火工品不能被引爆的现象称为拒爆。

（一）盲炮产生的原因

1. 火雷管拒爆产生盲炮

火雷管导火索药芯过细或断药，加强帽堵塞，导火索和雷管在运输、储存或使用中受潮变质，火雷管与导火索连接不好，造成雷管瞎火；装药充填时不慎，使导火线受损，或雷管拉脱，或点炮时漏点、响炮顺序不当等产生盲炮。

2. 电力起爆产生盲炮

电雷管的桥丝与脚线焊接不好，引火头与桥丝脱离，延期导火索未引燃起爆药等；雷管受潮或同一网络中采用不同厂家、不同批号和不同结构性能的雷管，或者网络电阻配置不平衡，雷管电阻差太大，致使电流不平衡，从而每个雷管获得的电能有较大的差别，获得足够起爆电能的雷管首先起爆而炸断电路，造成其他雷管不能起爆；电爆网路短路、断路、漏接、接地或连接错误；起爆电源起爆能力不足，通过雷管的电流小于准爆电流；在水孔中，特别是溶有铵梯类炸药的水中，线路接头绝缘不良造成电流分流或短路。

3. 导爆索起爆产生盲炮

导爆索因质量问题或受潮变质，起爆能力不足；导爆索药芯渗入油类物质；导爆索连接时搭接长度不够，传爆方向接反，连成锐角，或敷设中使导爆索受损；延期起爆时，先爆的药炸断起爆网路。

4. 导爆管起爆系统拒爆产生盲炮

导爆管内药中有杂质，断药长度较大（断药15cm以上）；导爆管与传爆管或毫秒雷管连接处卡口不严，有异物（如水、泥沙、石屑）进入导爆管；导爆管管壁破裂，管径拉细；导爆管过分打结、对折；采用雷管或导爆索起爆导爆管时捆扎不牢，四通连接件内有水，防护覆盖的网络被破坏，或雷管聚能穴朝着导爆管的传爆方向，以及导爆管横跨传爆管等；延期起爆时首段爆破产生的振动飞石使延期传爆的部分网络损坏。

（二）盲炮的防治

1. 爆破器材妥善保管，严格检查，禁止使用技术性能不符合要求的爆破器材。

2. 同一串联支路上使用的电雷管，其电阻差不应大于 $0.8\,\Omega$，重要工程不得超过 $0.3\,\Omega$。

3. 不同燃速的导火索应分批使用。

4. 提高爆破设计质量。设计内容包括炮眼布置、起爆方式、延期时间、网路敷设、起爆电流、网路检查等。对重要爆破，必要时须进行网络模拟试验。

5. 改善爆破操作技术，保证施工质量。火雷管起爆要保证导火索与雷管紧密连接。雷管与药包不能脱离；电力起爆要防止漏接、错接和折断脚线，网路接地电阻不得小于 0.1mΩ，并要经常检查开关和线路接头是否处于良好状态。

6. 在有水的工作面或水下爆破时，应采取可靠的防水措施，避免爆破器材受潮。

（三）盲炮处理

1. 浅眼爆破盲炮处理

（1）经检查确认炮孔的起爆线路完好时，可重新起爆。

（2）打平行眼装药爆破，平行眼距盲炮孔口不得小于 0.3m；为确定平行眼的方向，允许从盲炮口取出长度小于 20cm 的填塞物。

（3）用木制、竹制或其他不发生火星的材料制成的工具，轻轻地将炮眼内大部分填塞物掏出，用聚能药包诱爆。

（4）在安全距离外用远距离操纵的风水管吹出盲炮填塞物及炸药，但必须采取措施回收雷管。

（5）盲炮应在当班处理，当班不能处理或未处理完毕，应将炮眼情况（盲炮数量、炮眼方向、装药数量和起爆药包位置、处理方法和处理意见）在现场交接清楚，由下一班继续处理。

2. 深孔爆破盲炮处理

（1）爆破网络未受破坏且最小抵抗线无变化者，可重新连线起爆；最小抵抗线有变化者，应验算安全距离，并加大警戒范围后连线起爆。

（2）在距离炮口不小于 10 倍炮孔直径处另打平行孔装药起爆。爆破参数由爆破工作领导人确定。

（3）所用炸药为非抗水硝铵类炸药且孔壁完好者，可取出部分填塞物，向孔内注水使之失效，然后进一步处理。

第三节　隧道超欠挖与塌方

一、隧道超欠挖

以设计的隧道开挖轮廓线为基准线，实际开挖获得的断面在基准线以外的部分称为超挖，在基准线以内的部分则称为欠挖。

超挖会增加装、运渣工作量，超挖空间也要用混凝土回填，还会给后续作业，如喷射混凝土、铺挂防水板等造成一定困难；欠挖则要二次清除，从而造成人工、材料和工期的超额消耗，致使工程成本增加。目前，由爆破造成的超欠挖是个严重而普遍的问题。它对隧道施工速度和成本有着不容忽视的影响。在超欠挖严重的情况下，对坑道的稳定性也会产生一定的影响。

根据对近百座隧道的调查和统计，在采用钻爆法施工的隧道中，平均超挖值为 8.7cm，最大达到 76cm。采用控制爆破技术后，这种情况有所改善，平均超挖值已减小到 16 ~ 20cm，而且开挖表面的平整性也得到了较大的改善。但仍然有不少隧道的超挖值达到 30cm 左右。即使像隧道施工技术水平较高的国家，也仍有不少隧道的平均超挖达到 25 ~ 30cm。根据研究和调查的结果，影响超欠挖的因素可以归纳为以下几点：①钻孔精度；②爆破技术；③施工组织管理；④测量放线；⑤地质条件变化；⑥其他。

根据对 276 个开挖循环的统计，上述六个因素对超欠挖的影响程度以钻孔精度对超欠挖影响最大（占 44.2%），其次是爆破技术（占 20.3%）、施工组织管理（占 17.6%）、测量放线（占 7.6%）、地质条件变化（占 6.1%）等，而前三项因素的影响占 82.1%。因此，控制超欠挖的重点是控制钻孔精度、爆破技术和施工组织管理。

（一）隧道超欠挖要求

在隧道超欠挖问题上，应该改变"宁超勿欠"的观念，树立"少超少欠"的观念。也就是说，应允许一定程度的欠挖。例如日本在隧道施工中，基本上允许概率为 16% 的欠挖。这样就可以避免开挖轮廓线的无谓扩大，而使超挖得以减少。我国《高速铁路隧道工程施工技术指南》规定：隧道应严格控制欠挖，当围岩完整、石质坚硬时，允许岩石个别突出部分侵入衬砌（每 $1m^2$ 不大于 $0.1m^2$，高度不大于 5cm）。

（二）控制超欠挖的措施

1. 提高钻孔技术水平

钻孔精度对隧道超欠挖的影响主要体现在周边炮孔的外插角 θ、开口误差 e 和一次爆破进尺 L，它们与超欠挖高度 h 有如下的关系：

$$h = e + L\tan\left(\frac{\theta}{2}\right)$$

由上式可知，h 随 θ、L 的增大而增大。当 θ、L 一定时，e 作为一个独立参数。当 e 为正值时（即孔口位置在设计线外时），h 随 e 的增加而增加；当 e 为负值时，h 随 e 的减少而减少。

L 可近似用炮孔深度代替，它是一个设计指标，可在设计中加以控制。即在其他条件一定时，采用较浅孔爆破对减少超挖是有利的。这也是国外在钻孔深度上很少采用超过 4.0m 深孔的原因。而在一般情况下，都采用 3.5m 左右的钻孔深度。此外，还应指出，深孔爆破的一次装药量较大，对周边围岩的损伤也较大，不符合施工中尽可能地维护围岩自身固有强度的原则。

θ 主要取决于司钻工的操作水平和所采用的钻机的某些性能。为确保控制 θ，一定要提高司钻人员的操作水平和责任心，并借助激光指向仪、测斜仪辅助定向。还可以采用计算机控制的凿岩台车来钻孔。

实际施工中，周边孔开口位置 e 有三种情况，其出现概率和差值大小则主要取决于钻孔水平。第一种情况不影响超欠挖；第二种情况将使超挖增加一个 e 值；而第三种情况将使超挖减小一个 e 值，从而出现欠挖。因而，钻孔时先定位，后钻进，并在掌子面上完整醒目地标出周边孔位线，把 e 控制在较小范围内（约在 3cm）是可能的。

从实际施工的经验看，控制 θ 是比较困难的，但控制 e 值是可能的。有一些国家容许一定的欠挖，即有意识地使 e 为负值，对减少超挖是有效的。

2. 爆破参数的合理匹配

（1）爆破开挖方式

对应开挖方法，爆破方式有全断面一次爆破、台阶法爆破、导洞先行扩大爆破和预留光面层爆破等。通常认为，地质条件许可时，全断面一次爆破方式

（包括台阶法）有利于减少爆破重复振动，减少工序转换和干扰，便于快速施工。而从减少超挖、改善开挖成形看，预留光爆层、导洞先行开挖的爆破方式是比较好的。

（2）爆破器材及主要参数

在条件大体相同的条件下，用等差雷管、半秒雷管和毫秒雷管所做的现场对比试验表明，以等差雷管爆破效果最好，振动小。采用毫秒雷管跳段使用也可以获得较好的效果。因此，从控制超欠挖的角度看，宜推广等差雷管或应注意配置好毫秒雷管的段别。

根据试验和经验，小药包连续装药对控制超挖效果最好，爆破中宜推广采用小直径药包的连续装药。

根据试验，单位岩石炸药消耗量 q 与平均线性超挖 h 呈线性正相关关系。过大或过小都不能获得较好的结果；周边孔线装药密度与超挖大体上呈幂函数关系，而与炮眼保存率则呈抛物线相关关系；当其他因素一定时，超挖高度 h 随周边孔间距 E 的增大而增大，而与最小抵抗线 W 有近似抛物线的关系。为获得较小的超挖和光滑的轮廓，就必须使周边孔间距 E/W 处于合理的范围内。

在实际爆破过程中，应根据试验合理确定这些参数。

3. 现场施工管理和组织

在控制隧道超欠挖中，建立一个比较完善、系统的质量保证体系，对作业全过程及相关因素实行严格、科学的管理是非常重要和必要的。管理的目的就是要把众多的因素置于可控的状态，达到爆破设计的基本要求。在爆破质量管理中，应坚持以下基本原则：

（1）必须采用控制爆破（光面爆破、预裂爆破等）。通过工程类比和现场实验，优化爆破参数设计。

（2）在满足技术经济要求的情况下，应优先考虑采取操作简单、精度高、有良好性能的钻孔机械、测量放线仪器、断面检测仪器以及爆破器材等。

（3）应严格控制断面的测量放线精度，特别是要避免随意放大或缩小断面的现象。

（4）必须严格控制钻孔精度，重点是控制周边眼的外插角、开口误差以及炮眼在断面分布的均匀性。

（5）必须严格控制重要爆破作业质量，特别是要控制装药量，并保证正确的起爆顺序。

（6）必须做到及时检测和及时反馈。

（7）必须强化施工组织管理，推行作业标准化，并经常加强作业人员文化和责任心的教育等。

4. 测量放线

中线和高程的偏移，将使断面轮廓线向一侧偏移，造成开挖断面一侧超挖、一侧欠挖。通常隧道掌子面都是倾斜的，会引起放线误差。操作不良、放线精度不好，都会引起断面的超欠挖。因此，应提高放线精度，减少对超欠挖的影响。其方法是：采取激光指向仪控制隧道掘进方向，提高中线和高程的标定精度；配合放线提高轮廓线放线精度；提高作业人员的操作水平；增强责任心。

5. 地质条件

目前，爆破设计主要是经验类比或现场试验设计，因而地质条件的影响主要表现在随掘进面不断变化上，其中主要是围岩节理裂隙的变化。在现场施工中，应根据情况调整钻孔方位和角度，或适当调整周边钻孔的参数。为此可采取如下措施：在施工中，紧跟开挖面进行地质观测描述，对围岩的节理裂隙状态进行预测，据此调整爆破参数和施工方法，或采取局部内移炮眼、局部空孔不装药、加密炮眼、局部调整起爆顺序等辅助措施。

二、塌方

塌方是隧道施工中最为常见且比较典型的一种事故。造成塌方的原因多种多样，有地质突发因素，即地质状态、受力状态、地下水变化等，也有人为因素，即不适当的设计或不适当的施工作业方法等。由于塌方往往会给施工带来很大困难和很大经济损失，因此，需要尽量注意排除可能导致塌方的各种因素，尽可能避免塌方的发生。应树立塌方是可以预测、可以控制的观念，不断培养工程技术人员在不良地质条件下施工的应变能力和处理能力。

（一）发生塌方的主要原因

1. 不良地质及水文地质条件

从塌方实例中可以看出，在下述地质条件下，如施工不当，就会发生不同程度的崩塌：

（1）在断层破碎带中，视断层规模，从小规模崩塌到大规模崩塌都有发生；在断层处，视其破碎程度，一次崩塌或多次崩塌的情况都有发生。

（2）在互层围岩中，通常都发生比较小规模的崩塌。例如，在第三纪的砂岩、页岩互层中，因少量涌水，固结度低的砂岩层会流出，残留的泥岩部分将呈块状崩落。崩塌的程度因砂岩层的固结度，层理面的间距，层理面的固结度，砂岩层中的水量、水压等而异，崩塌会因涌水而加剧。

（3）在强风化的围岩中，会产生比较大的崩塌，有涌水时崩塌规模会更大。

（4）由于层理面产生崩塌的围岩可发生中等规模到大规模的崩塌，视层理面的强度和掌子面状况、涌水等，会在数小时内发生几次崩塌。

（5）在砂质围岩中，多发生小规模或中等规模的崩塌。

（6）在有突发涌水或大量涌水的场合会发生崩塌。

（7）隧道穿越地层覆盖过薄地段，如在沿河傍山、偏压地段、沟谷凹地浅埋和丘陵浅埋地段极易发生塌方。

2. 人为因素

（1）地质勘探资料不详细。缺乏较详细的隧道所处位置的地质及水文地质资料，未能查明可能塌方的因素，或没有绕开可以绕避的不良地质地段，造成设计不尽合理而引起施工指导或施工方案的失误。

（2）施工方法与地质条件不相适应；地质条件发生变化，没有及时改变施工方法；工序安排不当；支护不及时，支撑架立不合要求，或抽换不当"先拆后支"；地层暴露过久，引起围岩松动、风化，导致塌方。

（3）喷锚支护不及时，喷射混凝土的质量、厚度不符合要求。

（4）按新奥法施工的隧道，没有按规定进行量测，或信息反馈不及时，决策失误，措施不力。

（5）围岩爆破用药量过多，因震动引起坍塌。

（6）对危石检查不重视、不及时，处理危石措施不当，引起岩层坍塌。

（7）对已施工段坑道水文地质情况、岩性特征资料收集不够及时、准确，描述不详细，变形量测不到位；对未施工段坑道水文地质情况、岩性特征推断不准确，事故应变措施不到位，重视程度不够。

（二）防治塌方的施工措施

首先应加强初期支护，控制塌方；其次通过观察、量测等手段预测塌方，如发现征兆应高度重视、及时分析，采取有力措施处理隐患，防患于未然。为此，应采取以下措施：

1.隧道开挖后，应及时有效地完成喷锚支护或喷锚网联合支护，并应考虑采用早强喷射混凝土、早强锚杆和钢支撑支护措施等。在不良地质、围岩破碎地段，应采取"先排水、短开挖、弱爆破、强支护、早衬砌、勤量测"的施工方法。

2.加强对塌方的预测。预测塌方的常用方法有以下两种：

（1）观察法。定期和不定期地观察洞内围岩的受力及变形状态；检查支护结构是否发生了较大的变形；观察岩层的层理、节理是否裂隙变大，坑顶或坑壁是否松动掉块；喷射混凝土是否发生脱落；地表是否下沉等。

对掘进工作面应进行地质素描，或采用探孔对地质情况或水文情况进行探察，分析判断掘进前方有无可能发生塌方。

（2）量测法。采用一般的量测仪器，按时量测观测点的位移、应力，及时发现不正常的受力、位移状态及有可能导致塌方的情况；或根据微地震学测量法和声学测量法，通过专用仪器确定岩石的受力状态，并预测塌方可能发生的情况。

（三）隧道塌方的处理措施

1.查明原因，制订处理方案。发生塌方后，应及时迅速处理。首先应查明塌方发生的原因和地下水活动情况，对塌方范围、形状、塌穴的地质构造必须详细观测。经认真分析，制订合理的处理方案。

2.先加固未坍塌地段，然后清除渣体，完成衬砌。塌方发生后，为防止继续发展，可按下列方法进行处理：

（1）小塌方。纵向延伸不长、塌穴不高时，首先加固塌体两端洞身，并抓紧喷射混凝土或采用锚喷联合支护封闭塌穴顶部和侧部，再进行清渣。在确保安全的前提下，也可在塌渣上架设临时支架，稳定顶部，然后清渣。临时支架待浇筑衬砌混凝土达到要求强度后方可拆除。

（2）大塌方。塌穴高、塌渣数量大，塌渣体完全堵住洞身时，宜采取先护后挖的方法。在查清塌穴规模大小和穴顶位置后，可采用管棚法和注浆固结法稳固围岩体和渣体，待其基本稳定后，按先上部后下部的顺序清除渣体。采取短进尺、弱爆破、早封闭的原则挖塌体，并尽快完成衬砌。

（3）塌方冒顶。在清渣前应支护陷穴口，地层条件极差时，在陷穴口附近地面打设地表锚杆，洞内可采用管棚支护或钢架支撑。

（4）洞口塌方。一般易塌至地表，可采取暗洞明做的办法。

3.在处理塌方的同时，应加强防排水工作。塌方往往与地下水活动有关，治塌应先治水，防止地表水渗入塌体或地下，引截地下水防止渗入塌方地段，以免塌方扩大。具体措施如下：

（1）地表沉陷或裂隙。用不透水土壤夯填紧密，开挖截水沟，防止地表水渗入塌体。

（2）塌方通顶时，应在陷穴口地表四周挖沟排水，并设雨棚遮盖穴顶。陷穴口回填应高出地面并用黏土和圬工封口，做好排水。

（3）塌体内有地下水活动时，应用管槽引至排水沟排出，防止塌方扩大。

4.塌方地段的衬砌应视塌穴大小和地质情况予以加强。衬砌背后与塌穴洞孔周壁间必须紧密支撑。当塌穴较小时，可用浆砌片石或干砌片石将塌穴填满；当塌穴较大时，可先用浆砌片石回填一定厚度，其以上空间应采用钢支撑等顶住稳定围岩；特大塌穴应做特殊处理。

5.采用新奥法施工的隧道或有条件的隧道，塌方后要加设量测点，增加量测频率，根据量测信息及时研究对策。浅埋隧道要进行地表下沉测量。

第八章　隧道支护与排水施工

第一节　隧道支护结构施工

一、锚杆支护

（一）锚杆施工前准备工作

采用砂浆锚杆预支护时，除应保证锚杆原材料规格、品种以及锚杆各部件质量和技术性能符合设计要求外，尚应做好以下准备工作：锚杆杆体应调平直、除锈和除油；应优先使用普通硅酸盐水泥，条件不具备时可使用矿渣硅酸盐水泥或火山灰质硅酸盐水泥；宜采用清洁、坚硬的中细砂，粒径不宜大于 3mm，使用前应过筛。

采用缝管式摩擦锚杆时，必须检查管径，同批成品管径径差不宜超过 0.5mm。根据围岩情况选择钻头，使钻头直径符合设计要求。安装用冲击器尾部必须淬火，硬度宜为 HBC48 ~ HBC53。钻杆长度必须大于锚杆长度。

采用楔缝式内锚头锚杆时，应检查楔块与模缝的尺寸和配合情况；检查锚杆尾部螺栓和螺纹的配合情况。备齐配套工具，做好螺扣的保护措施。在钻杆上标出锚杆的长度。此外，还应检查钻孔工具、风压以及其他机械设备，使之保持正常状态。

锚杆安装前，应做好以下检查工作：锚杆原材料型号、规格、品种以及锚杆各部件质量和技术性能应符合设计要求；锚杆孔位、孔径、孔深及布置形式应符合设计要求；孔内积水和岩粉应吹洗干净。

（二）锚杆钻孔施工要求

孔位应根据设计要求和围岩情况做出标记，孔位允许偏差为 ±（15 ~ 50）mm。

宜沿隧道周边径向钻孔，但钻孔不宜平行于岩层层面。

锚杆的钻孔深度应符合下列规定：砂浆锚杆孔深偏差不宜大于 50mm。缝管式锚杆孔深不得小于杆体有效长度。楔缝式锚杆孔深不应大于杆体有效长度 30mm。锚杆钻孔应保持圆而直，钻孔方向宜尽量与岩层主要结构面垂直。

锚杆孔径应符合下列规定：水泥砂浆锚杆孔径应大于杆体直径 15mm；缝管式摩擦锚杆孔径应根据设计要求并经过试验确定。锚杆管径与孔径差值的大小是根据锚杆的管径、长度以及围岩软硬而定的，一般现场试验是根据拉拔结果选择合理的钻头直径，钻头直径应较缝管外径小 1～3mm，钻孔与缝管直径之差是设计与施工最需要严格控制的主要因素。缝管式摩擦锚杆的锚固力与孔、管径差的关系是：径差小，锚杆安装推进阻力小，锚固力也较小；径差大，锚杆安装推进阻力大，锚固力也较大。另外，施工中还应考虑因钻头磨损导致孔径缩小的影响来确定径差。楔缝式内锚头锚杆孔径应根据围岩条件及楔缝张拉度严格掌握确定。一般对于坚硬岩体，楔块的楔角 α=8º 为好；对于较软岩体，楔角 $\alpha \leqslant$ 8º 为好，锚杆杆体楔缝宽度 δ 值一般为 3mm。其他尺寸可根据对锚固力的影响关系及先行试验数据合理选择，否则应修改设计参数，直到满足锚固力的要求为止。

（三）普通水泥砂浆锚杆施工要点

普通水泥砂浆锚杆是以普通水泥砂浆作为黏结剂的全长黏结式锚杆。

砂浆强度等级不低于 M20，砂浆配合比一般为水泥：砂：水=1：（1～15）：（0.45～0.5）。水灰比宜为 0.45～0.50。砂的粒径不宜小于 3mm。杆体材料宜用 20MnSi 钢筋，亦可采用 A3 钢筋，直径 14～22mm 为宜，长度 2～3.5m，为增加锚固力，杆体内端可以劈口岔开。黏结砂浆应拌和均匀，并调整其和易性，随拌随用，一次拌和的砂浆应在初凝前用完。

钻孔方向宜尽量与岩层主要结构面垂直。孔钻好后用高压水枪将孔眼冲洗干净（若是水下钻孔，须用高压风吹净水），并用塞子塞紧孔口，以防止石渣或泥土掉入钻孔内。

锚杆及黏结剂材料制作应符合设计要求，锚杆应按设计要求的尺寸截取，外端不用垫板的锚杆应先弯制弯头。

先注浆后插杆体时，注浆管应先插到钻孔底；开始注浆后，徐徐均匀地将注浆管往外抽出，并始终保持注浆管口埋在砂浆内，以免浆中出现空洞。注浆开始或中途停止超过 30min 时，应用水润滑注浆罐及其管路，注浆孔口的压力不得大于 0.4MPa。注浆时应堵塞孔口，注浆管应插至距孔底 5～10cm 处，随水泥砂浆的注入缓慢匀速拔出，随即迅速将杆体插入，若孔口无水泥砂浆溢出，应将杆体拔出重新注浆。

锚杆杆体宜对中插入，插入后应在孔口将杆体固定，锚杆杆体插入孔内的长度不宜小于设计规定。注浆体积应略多于需要体积，将注浆管全部抽出后迅速插入杆体，并可锤击或通过套筒用风钻冲击，使杆体强行插入钻孔。杆体插入孔内的长度不得短于设计长度的 95%，实际黏结长度亦不应短于设计长度的 95%。注浆是否饱满，可根据孔口是否有砂浆挤出来判断。杆体到位后，要用木楔或小石子在孔口卡住，防止杆体滑出；砂浆未达到设计强度的 70% 时，不得随意碰撞，一般规定 3d 内不得悬挂重物；锚杆安设后，不得随意敲击。

（四）早强水泥砂浆锚杆施工要点

早强水泥砂浆锚杆的施工与普通水泥砂浆锚杆基本相同，所不同的是早强水泥砂浆锚杆的黏结剂是由硫铝酸盐早强水泥、砂、Ⅱ型早强剂和水组成的。因此，它具有早期强度高、承载快、安装较方便等优点，可弥补普通水泥砂浆锚杆早期强度低、承载慢的不足。尤其是在软弱、破碎、自稳时间短的围岩中，使用早强水泥砂浆锚杆能显示出其优越性。另外，以树脂或快硬水泥作为黏结剂的全长黏结式锚杆，也具有以上优点，但因费用高，所以在一般隧道工程中较少使用树脂或快硬水泥砂浆全长黏结式锚杆。

早强水泥砂浆锚杆的施工，除应遵守前述普通水泥砂浆锚杆的施工规定外，在注浆作业开始或中途停止超过 30min 时，应测定砂浆坍落度，其值小于 10mm 时不得注入罐内使用。

早强水泥砂浆锚杆，采用硫铝酸盐早强水泥所掺入的早强剂具有早强、缓凝、减水与防锈的效果，其掺量是：亚硝酸钠掺量为 1%～3%，缓凝型糖蜜减水剂掺量宜为 0.2%。

（五）早强药包锚杆施工要点

早强药包锚杆是以快硬水泥卷或早强砂浆卷或树脂卷作为内锚固剂的内锚头锚杆，其施工除应遵守普通水泥砂浆锚杆的施工规定外，尚应符合以下规定：

1. 药包使用前应检查，要求无结块、未受潮。药包的浸泡宜在清水中进行，随泡随用，药包必须泡透。

2. 药包应缓慢推入孔底，不得中途爆裂，应配备专用的装药包工具。

3. 药包直径宜较钻孔直径小 20mm 左右，药卷长度一般为 20～30cm。锚杆杆体插入时应注意旋转，使药包充分搅拌均匀。锚杆药包主要有硅酸盐与硫酸盐两个系列，分速凝型、早强型、早强速凝型几种。

4. 锚杆药包也可自行生产。铁道部铁道科学研究院研制并生产的 ZM-2 型早强锚杆药包，采用硫铝酸盐水泥加 TS 速凝剂和阻锈剂，属速凝早强型。TS 速凝剂含锂盐，具有速凝早强作用，掺量 4%～6%。阻锈剂为亚硝酸钠，掺量 0.5%。药包的浸水时间是施工的关键，应根据产品试验确定，一般为 1～2min。

5. 采用快硬水泥卷内锚头锚杆的施工要点如下：钻眼要求同前所述，但孔眼应比锚杆长度短 4～5cm。用直径 2～3mm、长 150mm 的锥子，在快硬水泥卷端头扎两个排气孔，然后将水泥卷竖立放于清洁的水中，保持水面高出水泥卷约 10cm；浸水时间以不冒气泡为准，但不得超过水泥的初凝时间，可做浸水后的水灰比检查。将浸好水的水泥卷用锚杆送到眼底，并轻轻捣实，若中途受阻，应及时处理，若处理时间超过水泥终凝时间，则应换装新水泥卷或钻眼作废。将锚杆外端套上连接套筒（带有六角旋转头的短锚杆，断面打平后对中焊上锚杆螺母），装上搅拌机（如 TJ-9 型），然后开动搅拌机，带动锚杆旋转搅拌水泥浆，并用人力推进锚杆至眼底，再保持 10s 的搅拌时间（搅拌时间为 30～40s）。轻轻卸下搅拌机头，用木楔楔紧杆体，使其位于钻眼孔中心处，自浸水后 20min，快硬水泥具有足够的强度时，才能使用扳手卸下连接套筒（一般可以多准备几个套筒周转使用）。

6. 树脂药包使用要点如下：搅拌时间应根据现场气温决定，20℃时固化时间为 5min；温度下降 5℃时，固化时间大约会延长 1 倍，即 15℃时 10min，10℃时为 20min。因此，地下工程在正常温度下，搅拌时间约为 30s，当温度在 10℃以下时，搅拌时间可适当延长至 60s。

（六）缝管式摩擦锚杆施工要点

缝管式锚杆可根据需要和机具能力，选择不同直径的钻头和管径，通过现场试验确定最合理的径差。其杆体一般要求材料具有较高的弹性极限。

采用一般风动凿岩机时应配备专用冲击器。宜随钻眼随安设锚杆，也可集中钻孔、集中安设锚杆，此时不得隔班隔日安设锚杆，凿岩机的工作风压不应小于 0.4MPa。

安设锚杆前应吹孔，并核对孔深是否符合设计要求，安设前应检查风压，风压不得小于4MPa。安装时先将锚杆套上垫板，将带有挡环的冲击钎插入锚管内（锚杆应在锚管内自由转动），锚杆尾端套入凿岩机或风镐的卡套内，锚头导入钻孔，调正方向、开动凿岩机，即可将锚杆打入钻孔内，至垫板压紧围岩为止。停机取出钎杆即告完成。一根2.5m长的锚杆，一般用20～60s时间即可安装完毕。

安设推进锚杆过程中，要保持凿岩机、锚杆、钻孔的中心线在同一轴线上，凿岩机在推进过程中，适当放水冷却冲击器。锚杆推到末端时，应降低推进力，当垫板抵紧岩石时应立即停机，以免损坏垫板和挡环。若作为永久支护，则应做防锈处理，并灌注有膨胀性的砂浆。

（七）楔缝式内锚头锚杆施工要点

安设锚杆前，应将楔子与锚杆组装好，送入孔内时不得偏斜。楔缝式锚杆的安装是先将楔块插入缝，轻击使其固定于缝中，然后插入眼底；并以适当的冲击力冲击锚杆尾，至楔块全部插入楔缝为止。打紧楔块时应注意丝扣不被损坏。为了防止杆尾受冲击力发生变形可采用套筒保护。一般要求锚杆具有一定的预张力，可采用测力矩扳手或定力矩扳手来拧紧螺母，以控制锚固力。楔缝式锚杆安设后应立即上好托板，并拧紧螺母，螺母的拧紧扭矩不应小于100N·m。

若要求在楔缝式锚杆的基础上再做注浆加固，则除按砂浆锚杆注浆外，预张力应在砂浆初凝前完成，并注意减少砂浆的收缩率。

若只要求作为临时支护，则可改楔缝式锚杆为楔头式或胀壳式锚杆。楔头式锚杆及胀壳式锚杆的杆体均可以回收，但锚头加工制作较复杂，故一般多应用在煤矿或其他坑道中。

（八）胀壳式内锚头预应力锚索施工要点

胀壳式内锚头预应力锚索的施工应符合设计质量要求，在存放、运输及安装过程中不得有损伤和变形。

钻孔一般采用冲击式潜孔钻，也可选用各种旋转式地质钻，钻孔完毕后应丈量孔深并予以清洗，做好孔口现浇混凝土支墩。

锚索安装要平直不紊乱，同时安设排气管。锚索推送就位后，即可进行千斤顶张拉。一般先用20%～30%的预应力值预张拉1～2次，促使各相连部位接触紧密，使钢锚索平直。最终张拉值应有5%～10%的超张拉量，以保证预应力损失后仍能达到设计要求的有效预应力。张拉时千斤顶后严禁站人，以防不测。

预应力无明显衰减时，才最后锁定，且 48h 内再检查。注浆应饱满，注浆达到设计强度后，进行外锚头封盖。

二、喷射混凝土施工

采用喷射混凝土作为隧道工程 Ⅱ ~ Ⅴ 级围岩中临时性和永久性支护，也可以与各种形式的锚杆、钢纤维、钢拱架、钢筋网等构成复合式支护结构。它除用于地下工程外，还广泛应用于地面工程的路堑边坡防护与加固、基坑防护、结构补强及矿山、水利、人防工程等。随着施工工艺、施工机械的研究和应用，喷射混凝土作为新型材料、新型支护结构和新的施工工艺，将有更为广阔的发展前景。

采用喷射混凝土作隧道支护的主要优点如下：速度较快，支护及时，施工安全；支护质量较好，强度高，密实度好，防水性能较好；省工，操作较简单，支护工作量减少；省料，不需要进行对边墙后及拱背做回填压浆等；施工灵活性很大，可根据需要分次喷射混凝土追加厚度，满足工程设计与使用要求。

工艺流程的投料程序不同，尤其是加水和速凝剂的时机不同，喷射混凝土施工方式也不同，具体可分为干喷、潮喷、湿喷、混合喷射等。

干喷是用搅拌机将集料和水泥拌和好，投入喷射机料斗，同时加入速凝剂，用压缩空气使干混合料在软管内呈悬浮状态，压送到喷枪，在喷头处加入高压水混合，以较高速度喷射到岩面上。

干喷缺点是：产生水泥与砂粉尘量较大，回弹量亦较大，加水是由喷嘴处的阀门控制的，水灰比的控制程度与喷射手操作的熟练程度有直接关系，但使用的机械较简单，机械清洗和故障处理较容易。水泥与砂石材料质量比宜为 1 : 4 ~ 1 : 4.5，水灰比宜为 0.4 ~ 0.45。

潮喷是将集料预加少量水，使之呈潮湿状，再加水泥拌和，从而降低上料、拌和和喷射时的粉尘。但大量的水仍是在喷头处加入和从喷嘴射出的，其潮喷工艺流程和使用机械同干喷工艺。目前隧道施工现场使用较多的是潮喷工艺。

湿喷是将集料、水泥和水按设计比例拌和均匀，用湿式喷射机将拌和好的混凝土混合料压送到喷头处，再在喷头上添加速凝剂后喷出。湿喷混凝土的质量较容易控制，喷射过程中的粉尘和回弹量较少，是应当发展、推广应用的喷射工艺。但对湿喷机械要求较高，机械清洗和故障处理较困难。对于喷层较厚的软岩和渗水隧道，不宜采用湿喷混凝土工艺施工。水泥与砂石材料质量比宜为 1 : 3.5 ~ 1 : 4；水灰比宜为 0.42 ~ 0.5。

混合喷射（SEC 式喷射）又称水泥裹砂造壳喷射法，分别由泵送砂浆系统和风送混合料系统两套机具组成。先是将一部分砂加第一次水拌湿，再投入全部用量水泥，强制拌和成以砂为核心外裹水泥壳的球体；然后加第二次水和减水剂拌和成 SEC 砂浆；再将另一部分砂石、速凝剂按配合比配料，强制搅拌成均匀的干混合料；再分别通过砂浆泵和干式喷射机，将拌和成的砂浆及干混合料由高压胶管输送到混合管混合，最后由喷头喷出。干混合料宜随拌随用。

混合喷射是分次投料搅拌工艺与喷射工艺相结合，其关键是水泥裹砂（或砂、碎石）造壳工艺技术。混合喷射工艺使用的主要机械设备与干喷工艺基本相同，但混凝土的质量较干喷混凝土的质量好，且粉尘和回弹量大幅度降低。混合喷射使用机械数量较多，工艺技术较复杂，机械清洗和故障处理较麻烦。因此一般只在喷射混凝土量大和大断面隧道工程中使用。

三、钢拱架制作与安设施工

在围岩软弱破碎较严重、自稳性差的隧道地段（Ⅳ～Ⅵ级围岩中的软岩），坑道开挖后要求早期支护必须具有较大的刚度，以阻止围岩过度变形和承受部分松弛荷载。钢拱架具有力学性能，其整体刚度较大，可以提供较大的早期支护刚度；钢架支撑可很好地与锚杆、钢筋网、喷射混凝土合理组合，构成联合支护，增强支护功能的有效性，且受力条件对隧道断面变形的适应性好。

（一）钢拱架构造和制作

隧道用作支护结构的钢拱架的形式较多，可采用 H 型钢、V 型钢、工字钢、钢管或钢轨加工制作的支护钢架。一般在现场采用钢筋加工制作的格栅钢拱架。

钢拱架一般在现场制造，采用冷弯或热弯加工焊接而制成。钢筋格栅钢拱架的腹部八字单元可以在工厂压制，装运到隧道施工现场，按比例 1：1 的胎模热弯加工及焊接或铆接而成。钢拱架加工后要进行试拼，拼装允许误差：沿隧道周边轮廓线的误差不应大于 ±3cm，平面（翘曲）误差应小于 ±2cm。接头连接要求海绵之间可以互换。即采用冷弯、冷压、热弯、热压、电焊加工制作钢拱架构件时，要求尺寸准确、弧形圆顺、结构安全可靠；钢拱架的截面尺寸应满足强度、刚度稳定性的要求，故此，应按设计计算要求进行选材、加工、制作及验收等。

（二）钢拱架安设与施工

钢拱架应按设计位置安设，钢架之间必须用钢筋纵向连接，拱脚必须放在特制的基础上或原状土上，钢拱架与围岩之间应尽量接近，留 2 ~ 3cm 间隙作为保护层，在安设过程中，当钢拱架与围岩之间有较大的间隙时，应设垫块垫紧。钢拱架应垂直于隧道中线，上下左右偏差应小于 ±5cm，钢拱架倾斜度应小于 ±2º。当拱脚高程不准确时，不得用土回填，而应设置钢板调整，使拱脚位于设计高程位置；钢拱架的安设应在开挖后 2h 内完成；拱脚高度应设在低于上半断面底线以下 15 ~ 20cm；当承载力不足时，钢拱架向围岩方向可加大接触面积。为方便安设，每榀钢拱架一般应分为 2 ~ 6 节，并保证接头的刚度。节数应与断面大小及开挖方法相适应。每榀钢架之间应在纵向设置直径不小于 22mm 的钢拉杆连接。

钢拱架应安设在隧道横向竖直平面内，其垂直度允许误差为 ±2º。钢拱架的拱脚应有一定的埋置深度，并必须落到原状土上，才能保证拱脚的稳定（沉降值很小）。一般可以采取用垫石、垫钢板、纵向加托梁或锁脚锚杆等措施。钢拱架的截面高度应与喷射混凝土厚度相适应，一般为 10 ~ 20cm，且要有保护层，应在初喷混凝土后安装钢拱架，初喷混凝土厚度约为 4cm。钢拱架应尽可能多地与锚杆露头及钢筋网焊接，以增强其联合支护的效应。可缩性钢拱架的可缩性节点不宜过早喷射混凝土，应待其收缩合龙后，再补喷混凝土。喷射混凝土时，应注意将钢拱架与岩面之间的间隙喷射饱满并达到密实。喷射混凝土应分层分次分段喷射完成，初喷混凝土应尽早进行"早喷锚"，复喷混凝土在量测指导下进行，以保证喷射混凝土的复喷适时有效等。

四、隧道浅埋段开挖支护施工方法

（一）隧道浅埋段和洞口段施工方法

在浅埋和洞口加强地段进行开挖施工和支护，应考虑地质条件、地表沉陷对地面建筑物的影响、施工安全、施工效果及工程费用等因素。

隧道浅埋段和洞口加强段通常位于软弱、破碎、自稳时间极短的围岩中，若施工方法和支护方式不妥当，则极易发生冒顶塌方或地表有害下沉，当地表有建筑物时会危及其安全。所以，应采用先支护后开挖或分部开挖等措施，以防止开挖工作面失稳或地表有害下沉等。

根据围岩及周围环境条件，可优先采用单侧壁导坑法、双侧壁导坑法或预留核心土开挖法；围岩的完整性较好时，可采用多台阶开挖法。严禁采用全断面开挖法开挖，否则，对属于大断面的铁路隧道全断面开挖，对围岩的扰动很大，会导致全周壁围岩出现松动，增大坍塌的可能性，且支护结构难以及时施作，并增大隧道工程造价。

开挖后应尽快施作锚杆、喷射混凝土、敷设钢筋网或钢支撑。当采用复合式衬砌时，应加强初期支护的锚喷混凝土。Ⅴ级以下围岩应尽快施作衬砌，防止围岩出现松动。锚喷支护及构件支撑的施工应符合《高速铁路隧道工程施工技术规程》（Q/CR 9604—2015）的有关要求。

锚喷支护或构件支撑，应尽量靠近开挖面，其距离应小于洞跨。视地质条件，可配合采用超前小导管注浆、超前锚杆支护加固等辅助施工措施。即浅埋段地质条件很差时，应采用辅助施工方法。

（二）隧道浅埋段初期支护施工要点

隧道浅埋段和洞口加强段施工开挖后，应立即铺设小网孔的钢筋网，并喷射3～5cm厚的混凝土层。安设锚杆及钢拱架，二次支护喷射混凝土应将钢拱架覆盖厚度不小于3cm的保护层。落底、安设锚杆及下部钢拱架应同时进行挂网，喷射混凝土。应进行仰拱封底，尽早形成封闭结构。

（三）控制隧道地表沉降技术措施

宜采用单臂掘进机或风镐开挖，减少对围岩的扰动；当采取爆破开挖时，应采用短进尺、弱爆破。应加强对拱脚的处理，打设拱脚锚杆，提高拱脚处围岩的承载力。应及时施作仰拱或临时仰拱。当初期支护变形过大又不宜加固时，可对洞周2～3m围岩进行系统注浆固结支护。地质条件差或有涌水时，宜采用地表预注浆结合洞内环形注浆固结。

加强对地表下沉、拱顶下沉的量测及反馈，以指导施工，量测频率宜为深埋段时的两倍。国内外大量隧道工程施工实践表明，覆盖层浅的隧道，其围岩难以自成拱，地表易沉陷，因此施工方法不能与覆盖层深的隧道区段相同，应采取适合浅埋段的施工方法。根据大量的施工资料调查，覆盖层不足毛洞洞径两倍的隧道或区段属于浅埋隧道，应采用浅埋段施工方法施工。浅埋段工程应包括洞口加强段。

国内外隧道工程实践和科研成果表明，侧壁导坑法的效果较好。多座隧道施工工程证明，采用侧壁导坑法施工引起的地表面沉降量最小。

第二节　隧道衬砌与排水施工

一、隧道衬砌结构施工

（一）隧道衬砌施工一般规定

隧道衬砌施工时，其中线、高程、断面尺寸和净空大小均须符合隧道设计要求。模筑衬砌的模板放样时，允许将设计的衬砌轮廓线扩大5cm，确保衬砌不侵入隧道建筑限界。

在严寒地区，整体式衬砌、锚喷衬砌或复合衬砌均应在洞口和易受冻害地段设置伸缩缝。衬砌的施工缝应与设计的沉降缝、伸缩缝结合布置。在有地下水的隧道中，所有施工缝、沉降缝和伸缩缝均应进行防水处理。

衬砌施工时，应与设计单位密切配合。对衬砌完成的地段，应继续观察和监测隧道的稳定状态。注意衬砌的变形、开裂、侵入净空等现象，并做出长期稳定性评价。施工中发现工程地质及水文地质情况与设计文件不符，需进行变更设计时，应履行正式变更设计手续。

凡属隐蔽工程，经质量检查验收合格后，方可进行隐蔽工程作业。

（二）隧道衬砌施工要点

1.喷射混凝土

喷射混凝土是利用高压空气，将掺有速凝剂的混凝土干拌混合料，通过混凝土喷射机与高压水混合，经过喷枪嘴喷射到岩石表面上，迅速凝固后而成。采用喷射混凝土作隧道衬砌，是隧道衬砌结构形式的一项重大改革。喷射混凝土不但可以用作临时衬砌，也可以作为隧道的永久衬砌，还可以用来加固路堑边坡及用作防水层等。

采用喷射混凝土作为隧道衬砌的优点：施工速度快、衬砌及时安全；衬砌质量好、强度高、密实度高、防水性能较好；施工操作简单，衬砌工作量大幅减少，省工、省时，可缩短工期；不需要在衬砌体背后回填压浆，省料省钱，可降低工程造价，但尚应注意减少混凝土喷射的回弹性和降低喷射中的粉尘等问题。

2. 锚喷衬砌

锚喷衬砌是喷射混凝土、锚杆、钢筋网喷混凝土等结构组合起来的衬砌形式。可根据不同围岩的稳定状态，采用锚喷衬砌中的一种或几种结构组合。为加固隧道围岩，分别设锚杆、张挂钢筋网，可提高喷射混凝土衬砌层的抗拉能力、抗裂性和抗震性。工程实践证明，锚喷衬砌比传统的现浇混凝土衬砌优越。由于锚喷衬砌能及时衬砌，有效地控制围岩的变形，防止岩块坠落和产生坍塌，充分发挥围岩的自承载能力，所以锚喷衬砌结构比模筑混凝土衬砌的受力作用和效果更好。锚喷衬砌的优点：能大量节省混凝土、劳动力和加快施工进度，工程造价一般可降低 40% ~ 50%，并有利于施工机械化和改善劳动条件等。

锚喷衬砌是一种符合岩体力学原理的积极衬砌方法，具有良好的物理力学性能。

3. 整体式衬砌

隧道整体式衬砌施工主要工序有：施工前的准备工作、拱（墙）架与模板、混凝土制备与运送、混凝土浇筑、混凝土养护与拆模等。

在整体式衬砌施工开始前，应清理场地，进行中线和水平施工测量，检查开挖断面是否符合设计要求，对欠挖部分加以修凿，然后放线定位，架设衬砌模板支架或架立拱架等。同时，准备衬砌材料、机具、劳动力组织计划安排等。

整体式衬砌拱（墙）架的间距，应根据衬砌地段的围岩情况、隧道宽度、衬砌厚度及模板长度确定，一般可取 1m，最大不应超过 1.5m。整体式衬砌所用的拱架、墙架和模板，宜采用金属或其他新型模板结构，应式样简单、装拆方便、表面光滑、接缝严密，有足够的刚度和稳定性。

整体式衬砌施工中，根据不同施工方法，可使用衬砌模板台车或移动式整体模架，并配备混凝土泵车或混凝土输送器浇筑衬砌。中、小长度隧道可使用普通钢模板或钢木混合模板。当围岩压力较大时，拱（墙）架应增设支撑或缩小间距，拱架脚应铺木板或方木块。架设拱架、墙架和模板，应位置准确，连接牢固，严防走动。

拱架、曲墙架使用前应先在样台上试拼装，重复使用时应注意检查，如有变形超限应及时修理调整。在拱架外缘沿径向用支撑与围岩顶紧，以防止浇筑过程中拱架变形。架设前应按隧道中线、高程及允许施工误差和预留沉降量，对开挖断面进行复核，围岩凸出部位应清除并整修。模板接头应整齐平顺。挡头板应按衬砌断面制作，挡头板与围岩岩壁间隙应嵌堵紧密。

拱架应在垂直于隧道中线方向架设。架设的夹板、螺栓、拉杆等应安装齐全。另外，考虑到测量和施工都有误差，以及灌筑混凝土时拱脚内挤，为保证设计净空，拱架（包括模板）的拱脚每侧应加宽 5 ~ 10cm，拱顶应加高 5cm。拱架一般多采用钢拱架，用废旧钢轨加工制成。模板也逐渐用钢模代替木模。钢拱架的间距，根据地质条件、衬砌厚度、拱架质量等因素决定，一般为 1.0m。要检查钢拱架的尺寸，并检查模板是否清洗干净，接头是否严密，拱脚基底是否平整等。

立墙架时，采用先墙后拱法施工，应按隧道中线确定墙架位置。采用先拱后墙法施工，经复核检查拱部中线及净空无误时，可由拱脚挂线定位。立墙架时，应对墙基高程进行检查。不得利用墙架兼作脚手架，防止模板走动变形及脱落等。

4. 复合式衬砌

复合式衬砌是由初期支护和二次支护组成的，初期支护是帮助围岩在施工期间达到初步稳定，二次支护则是提供安全储备或承受后期围岩压力。初期支护按主要承载结构设计与施工，二次支护在Ⅲ级及以上围岩时按安全储备设计，在Ⅳ级及以下围岩时，则按承受后期围岩压力结构设计与施工，并均应满足构造要求。锚喷衬砌的设计基本上同复合式衬砌中的初期支护的设计，只是增加一定的安全储备量（主要适用于Ⅲ级及以上围岩条件）。复合式衬砌是由初期衬砌和二次衬砌及中间防水层组合而成的衬砌形式。

复合式衬砌设计应符合下列规定：初期衬砌宜采用锚喷衬砌，即由喷射混凝土、锚杆、钢筋网和钢架等衬砌形式单独或组合使用，锚杆衬砌宜采用全长黏结锚杆。二次衬砌宜采用模筑混凝土或模筑钢筋混凝土结构，衬砌截面宜采用连接圆顺的等厚衬砌断面，仰拱厚度宜与拱墙厚度相同。在确定开挖断面时，除应满足隧道净空和结构尺寸外，还应考虑初期衬砌并预留适当的变形量。预留变形量的大小可根据围岩级别、断面大小、埋置深度、施工方法和衬砌情况等，采用工程类比法预测。

由于地质条件复杂多变，尤其是在稳定性很差的Ⅴ、Ⅳ级围岩中，单靠工程类比法进行设计与施工，不能保证衬砌结构的可靠性和合理性。按照现代支护理论和新奥法施工原则，作为安全储备的二次支护是在围岩或围岩加初期支护稳定后及时施作的，此时隧道已成形，因此二次支护多采用顺作法，即由下到上，先墙后拱顺序连续灌筑。在隧道纵向需要分段支护，分段长度一般为 9 ~ 12m。二次衬砌多采用模筑混凝土作为内层衬砌结构。二次衬砌和仰拱的施作直接关系到衬砌结构的安全。过早施作会使二次衬砌承受较大的围岩压力，拖后施作会不利于初期支护的稳定。因此，在施工中通过监控、量测，掌握围岩与支护结构的变化规律，及时调整支护与衬砌设计参数，并确定二次衬砌和仰拱的施作时间，使衬砌结构安全可靠。

5.明洞衬砌

当洞顶覆盖层较薄，进洞地段难以用暗挖法修筑时，采取路堑式开挖修建的隧道，或进山洞的隧道，公铁道路相交但又不宜做立交桥时，通常宜修建的隧道称为明洞。双线隧道的洞室跨度比较大，为有利于洞室结构受力，明洞多采用拱形结构。明洞采用外贴式防水层，确保防水质量。

拱式明洞的内外墙身用混凝土结构，拱顶用钢筋混凝土结构，整体性较好，能承受较大的垂直压力和单向侧压力，必要时加设仰拱。通常，用作洞口接长衬砌的明洞，多选用拱式明洞。

对于跨度比较小的单线隧道，或建筑高度受到限制时，明洞采用箱式结构。若一侧岩层顺层滑动，利用上部回填土石的压力及底层的弹性抗力，平衡侧向岩层滑动的推力，并传于另一侧岩层上。回填土高度根据两侧岩层滑动力的大小决定。需要分段施工，两侧紧贴岩层，使原岩层不致因施工开挖而产生滑动。超挖回填片石的强度不应低于该处岩石的抗压强度。

当线路外侧地基承载力不足，且受地形条件限制，难以修建拱式明洞时，可采用棚式明洞。棚式明洞由顶盖和内外边墙组成。顶盖通常为钢筋混凝土梁式结构（板梁或 T 形横梁），内边墙一般采用重力式结构，并应置于基岩或稳固基础上。当岩层坚实完整、干燥无水或少水时，为减少开挖、节约工时，可采用锚杆式内边墙。外边墙可以采用墙式、钢架式、柱式结构，但耗用钢筋较多。

明洞位于隧道进（出）入山体前洞段，其地形、地质条件通常比较复杂，为确保结构的安全与稳定，应当慎重处理地基与基础。

明洞边墙的基础，应放置在稳固的岩层上，在特殊困难的地质条件下，边墙基础可放在坚硬的土壤上，埋置深度应在距冻结线 25cm 以下，并对其基础和明洞结构进行特殊处理，对边墙和拱圈进行计算和验算。在明洞边墙基础下，若地下水较多，则应将地下水妥善地引离边墙基础。明洞回填土的厚度，必须足以缓冲边坡上石块下坠的冲击力，考虑到抵抗冲击力作用，洞顶填土高度一般不宜小于 1.5m。填土坡度宜为 1 : 1.5 ~ 1 : 5。明洞处边墙基础埋置深度，超过路基面以下 3m 时，宜在路基面以下设置钢筋混凝土横向水平拉杆，锚固于内边墙基础或岩体中，或采用锚杆锚固于稳定的岩体中。

明洞是挖开地表岩层，像其他地面结构一样的施工方法，因此，有条件的隧道可以采用装配方法施工。所谓装配式衬砌，就是把衬砌分成若干块体，分别进行预制，现场安装。衬砌分块在起重能力允许的情况下，应预制成尽量大的块体，数目尽量少，形状简单，易于预制，特别注意块间接头防水。

当隧道进入山体后，开挖至明洞与暗洞相接处，一般处于浅埋围岩地段，围岩软弱尚难成洞，为提高该洞段衬砌的强度，常在明洞与暗洞接口处，搭设超前锚杆施作套拱。套拱长 5 ~ 6m，跨缝两边各长 3m。施作的套拱加强了隧道衬砌，保证了进入暗洞开挖的施工安全。

二、隧道防排水施工

（一）铁路隧道排水盲沟

对围岩裂隙水，宜采用盲沟引排。其中对 I ~ V 级围岩的排水盲沟宜在第一次网喷之后施作，以免造成塌方掉块。排水盲沟有波纹软管、塑料管、无纺布、矿渣棉、半圆铁皮槽等不同形式，可因地制宜选用。

在二次衬砌边墙底部，应预埋 $\phi 10$ 竹管或硬塑料管泄水孔，与盲沟连接，将水引入隧道排水沟。在第二次喷射混凝土后，如仍有漏水点，应根据复合式衬砌中间是否设防水层、喷涂防水层操作要求以及二次衬砌施作要求等采取措施，必要时宜再施设排水盲沟。

泄水孔间距，在大面积有水地段 3 ~ 5m 设一个，其余地段 5 ~ 15m 设一个。

（二）隧道塑料板防水层

初期支护与二次衬砌间塑料板防水层，宜选用耐老化、耐腐蚀、易操作且焊接时无毒气的塑料板材。用于隧道防水层的塑料板有：低密度聚乙烯（PE）板，厚度 1.0 ~ 1.5mm，其相对密度小，焊接时无毒气逸出；聚氯乙烯（PVC）板，厚度 1.0 ~ 1.5mm。塑料防水层可在拱部和边墙整环铺设，亦可仅在拱部铺设，对有较高防水要求的隧道，尚可采用全封闭防水衬砌结构。

仅在拱部铺设防水层时，塑料板应伸至起拱线以下 50cm。边墙背后宜设置竖向排水盲沟。边墙混凝土施工缝需采取防水措施。

采用塑料板防水层时，塑料板背后一般不需铺设排水盲沟。二次衬砌混凝土的施工缝不需做防水处理，并可采用普通混凝土。除全封闭的防水衬砌结构外，二次衬砌边墙底部一般需预埋泄水孔，泄水孔材料、直径、间距同前述要求。采用塑料板防水层时，二次衬砌中埋设的各种构件不应凿穿塑料板，当无法避免时，该处需做特殊的防水处理。

（三）隧道的喷涂防水层

初期支护和二次衬砌间的喷涂防水层，可采用阳离子乳化沥青氯丁胶乳。喷涂材料品种较多，但用于隧道喷涂防水层的材料主要为阳离子乳化沥青氯丁胶乳。该材料在基面潮湿的条件下能喷涂黏结，具有稳定性较好、延伸率较高等优点。

喷涂阳离子乳化沥青氯丁胶乳时，受喷面的条件要求较严格（光爆成型，无浮渣、灰尘，无漏水点及水珠），由于胶凝时间较慢，回弹率达 5% ~ 10%，工地上易受污染，故主要用于既有隧道的补漏防水层，喷层厚度不应小于 2mm，喷涂层外应设砂浆保护层，以防止二次衬砌混凝土施工时损伤喷涂层。

（四）隧道防水混凝土衬砌

隧道衬砌采用防水混凝土，必须严格按工艺要求进行操作，达到规定要求后方可使用。

隧道防水混凝土衬砌设计时间，可根据材料来源和机械设备情况，因地制宜适当选择。防水混凝土的品种分别有普通防水混凝土、木钙减水剂防水混凝土、氯化铁防水混凝土等。防水混凝土抗渗等级一般地区不宜低于 B4，寒冷地区、冻害地区和严寒地区不宜低于 B6。施工时可用人工灌注或混凝土泵车泵送。

（五）隧道施工中涌水处理措施

隧道施工中涌水处理措施，首先应该根据设计文件中关于隧道防排水构造的设计资料对隧道可能出现涌水地段的涌水量大小、补给方式、变化规律及水质成分等进行详细调查、钻探及预报，结合工程实际情况，选择既经济合理，又能确保围岩稳定，并保护环境的治水方案，亦应便于初期支护的施工，其具体的各种防治方法简要介绍如下：

处理隧道施工中涌水辅助施工方法：超前钻孔或采用辅助坑道排水，采取超前小导管预注浆法堵水、注浆止水，采用超前围岩预注浆堵水，采用井点降水施工等措施。

采用辅助坑道排水时，辅助坑道应和正洞平行或接近平行，辅助坑道底高程应低于正洞底高程，辅助坑道应超前正洞 10 ~ 20m，至少应超前 1 ~ 2 个循环进尺。

采用超前钻孔排水时，应使用轻型探水钻机或凿岩机钻孔。钻孔孔位（孔底）应在水流的上方，钻孔时孔口应有保护装置，以防人身及机械事故。采取排水措施保证钻孔排出的水迅速排出洞外。超前钻孔底应超前开挖面 1 ～ 2 个循环进尺。

采用超前围岩预注浆止水施工时，除应符合《高速铁路隧道工程施工技术规程》（Q/CR 9604—2015）的技术要求外，注浆段的长度应根据地质条件、涌水量、水压力、机具设备能力等因素确定，一般宜为 30 ～ 50m；隧道埋深在 50m 以内可用地面预注浆；注浆范围宜覆盖围岩松动圈。钻孔及注浆顺序应由外圈向内圈进行，在同一圈钻孔应间隔施工。浆液宜采用水泥浆液或水泥—水玻璃浆液，隧道埋深大于 50m 时，应用开挖面预注浆止水。

采用井点降水施工时，井点的布置应符合设计要求，当降水宽度小于 6m，深度小于 5m 时，可采用单排井点，井点间距宜为 1 ～ 1.5m。当降水深度为 3 ～ 6m 时，可采用井点降水；当降水深度大于 6m 时，可采用深井降水。滤水管应深入含水层，各滤水管的高程应齐平。井点系统安装完毕后，应进行抽水试验，检查有无漏气、漏水情况。抽水作业开始后，宜连续不间断地进行抽水，并随时观测附近区域地表是否产生沉降，必要时应采取防护措施。

当降水深度大于 6m 时，可采用深井井点降水，在隧道两侧地表面布置井点，间距为 25 ～ 35m，井底应在隧道底面以下 3 ～ 5m。做好深井抽水时地面排水工作。在埋深较浅的隧道中，可用深井泵降水，在洞外地面隧道两侧布点进行深井泵降水，井位一般呈梅花形设置在隧道两侧开挖线以外，深井间距为 25 ～ 35m，井底应在隧道底以下 3 ～ 5m。

在渗透系数为 0.1 ～ 80m/d 的均质砂质土、亚黏土地层，可在洞内使用井点降水法降低地下水位。其动力设备为真空泵和射流泵。真空泵功率消耗小、重量轻、价格较低，宜优先选用。

第三节　隧道病害及整治措施

一、隧道水害及整治措施

隧道水害是指在隧道的修建或运营过程中遇到水的干扰和危害。水害是隧道中常见的一种病害，调查资料表明，大部分的隧道存在不同程度的水害。水害不仅本身对隧道结构产生危害，降低衬砌结构的可靠性，导致衬砌失稳破坏，而且还会引发其他病害，对隧道整体结构的稳定影响很大。

（一）水害的种类及其危害

1. 施工中的隧道水害

施工中的隧道水害主要是指隧道围岩的地下水或部分地表水，以渗漏或涌出方式进入隧道内造成的危害。

施工中隧道渗水、漏水，造成洞内空气潮湿，不仅影响施工人员的身体健康，而且使施工机械、设备产生锈蚀、腐烂，使绝缘设施失效，造成电路短路、跳闸，甚至漏电事故，危及人身、设备安全。当变为突水或涌水时，就会危及施工人员的人身安全，损坏施工机械，造成塌方，斜、竖井被淹没，中断施工，造成重大的经济损失。如大瑶山隧道就因突水致使班古坳竖井被淹没，使其基本上未能发挥竖井作用。

2. 运营中的水害种类及其危害

（1）隧道漏水。隧道衬砌的漏水现象一般表现为"渗""滴""淌""涌"几种。"渗"是指地下水从衬砌外向内润湿，使衬砌内出现面积大小不等的润湿，但水仍附着在衬砌的内表面；"滴"是指水滴间断地脱离衬砌落入隧道；"淌"是指漏水现象在边墙的反映，指水连续顺边墙内侧流淌而下；"涌"是指有一定压力的水外冒。

以上四种漏水现象，由于其出露部位与水量的不同，对隧道产生不同的危害。对电力牵引区段和电力配线，使电绝缘失效，发生短路、跳闸等事故，危及行车安全。洞内空气潮湿，影响养护人员身体健康，使洞内设备（通信、照明、钢轨等）锈蚀。混凝土衬砌风化、腐蚀、剥落，造成衬砌结构破坏。涌水病害造成衬砌破坏，隧底积水造成道床基底被软化或掏空，使道床翻浆冒泥或下沉开裂，中断行车。有冻害地段的隧道漏水会造成衬砌挂冰侵限和冻融破坏。

（2）衬砌周围积水。衬砌周围积水主要是指运营隧道中地表水或地下水向隧道周围渗流汇集。不能迅速排走积水而引起的病害有：水压较大时会导致衬砌破裂；使原完好的围岩及围岩的结构面软弱夹层因浸水而软化或导致对衬砌的压力增大，衬砌破裂；使膨胀性围岩体积膨胀，导致衬砌破坏；在寒冷地区发生冰胀和围岩冻胀，快速导致衬砌破坏。

（3）潜流冲刷。潜流冲刷主要是指由于地下水渗流或流动而产生的冲刷和溶蚀作用。主要病害有：衬砌基础下沉，边墙开裂或者仰拱、整体道床下沉开裂；围岩滑移错动导致衬砌变形开裂；对超挖回填不密实或未全部回填者，引起围岩坍塌，导致衬砌破坏；侵蚀性水对衬砌的侵蚀。

（二）水害产生的原因

水害产生的原因很多，归纳起来可分为以下几种：

1. 勘测与设计。由于隧道是修建在地下的结构物，而地下的工程地质和水文地质情况非常复杂，很难勘察得一清二楚，导致设计人员对工程地质和水文地质情况了解得不够深入，对衬砌周围地下水源、水量、流向及水质情况掌握不准；在隧道修建前后由于各种因素影响，隧址处的水文地质情况会发生一些改变；有时还缺乏反映防水材料性能的室内试验数据，对结构抗渗、抗腐蚀未做具体要求等。所有这些因素导致了隧道的防排水设计很难在隧道的使用期内完全满足防排水的要求。

2. 施工。施工不当也可产生水害，如某些隧道和地下工程由于其光面爆破效果不佳，喷射混凝土表面不平整；加上防水板接缝采用电烙铁，焊缝不均匀、不牢固，使防水板很容易产生空鼓开裂；局部超挖过量，回填不好不实，这样使塑料防水板的防水性能无法发挥；锚杆孔眼和衬砌悬挂设备孔眼的防水处理得不够好等。有的施工单位一味追求施工速度，忽视二次衬砌质量，造成混凝土内部存在空隙、衬砌表面粗糙不光滑。另外对排水设施不按施工规范要求操作等，使地下水丰富地区的隧道形成严重的渗漏水。

3. 材料。如果所选用的防水材料达不到国家质量标准，会导致隧道的渗漏水病害。

4. 监理。监理工程师应对防水材料的选择和使用、铺设基层的处理、铺设工艺等进行跟踪检查，确保防水质量。若检查不严，可能会产生水害。

5. 验收。工程竣工后，从衬砌表面往往看不出什么问题，管理单位缺乏检验手段，有时又接近运营期限，往往对交验前的渗水情况缺乏进一步查验，只好按竣工报告及施工总结勉强验收，导致运营后渗漏水逐渐严重。

6. 匹配。防水技术的匹配就是指防水设计、防水材料和防水施工工艺与防水工程相适应的问题。从工程实例来看，不少工程渗漏水是由于防水材料与基面黏结不良或不适应造成的，因而近年来搞好防水技术的匹配引起了人们的广泛关注。防水施工方法不外乎喷射、涂刷、抹压、注浆、粘贴等，防水材料可分为沥青、橡胶、塑料、水泥及聚合物等，不论采用何种施工工艺和何种材料，都有与建筑物基面的接触问题。所以从这一角度考虑，防水效果的关键是防水层与基面的黏结和适应问题。

（三）水害的整治措施

隧道水害进行综合整治，需要设计、施工、运营三阶段配合治理。首先是设计人员要重视建筑和结构上的防排水要求，了解工程地质和水文地质，对围岩地下水源、水量流向、水质等情况摸清，及时采用新技术、新材料和新的防水施工措施；其次，施工阶段水害治理得好，就会减轻运营中养护维修的任务，否则就会留下隐患，加重运营阶段的水害。整治隧道水害要以一座隧道或以相当长的一段隧道为研究对象，不应只考虑病害点，而应洞内洞外、山上山下、有病害与无病害的段落一起分析，从而做出全面的整治规划。

隧道治水的具体措施就是"防、排、截、堵相结合，因地制宜，综合治理"，使之既能自成体系，又能互相配合，形成一个完整的隧道治水体系。

1. 排水与防水设施

（1）施工排水

隧道施工中应将洞内工程废水及时排出洞外，以防止坑道内浸水影响施工和淹没工作面。

洞内排水方式按开挖方向和线路坡度情况分为如下两种：①上坡进洞的排水方式。一般只需随着隧道的延伸，在一侧（或两侧）开挖排水沟，使水顺坡自然排出洞外。设有平行导坑的隧道，可将正洞的水通过横通道引入平行导坑排出洞外。②下坡进洞的排水方式。采用抽水机排水，即间隔一定距离开挖集水坑，掌子面的积水用水泵抽到最近的集水坑内，再用大功率抽水机抽出，经排水管路排出洞外，此时应配有足够的排水备用设施。

（2）运营隧道的排水

在衬砌外面设置排水设施，其施工难度较大，常用的做法有以下几种：①岩石暗槽。适用于围岩坚实稳定、水流清澈、不含泥沙的地段，一般沿主要含水裂隙的走向开凿。②盲沟。按设置方向与隧道轴线的关系分为竖向盲沟、纵向盲沟和环向盲沟。主要适用于：浅埋隧道地表潮湿、有积水，无法以地表排水疏干时；衬砌背后有集中的地下水出露；有水地段但无明显的集中出水位置，应间隔2～5m 设置竖向盲沟，并与纵向盲沟相连；在衬砌的伸缩缝、沉降缝、断面变化处设置竖向盲沟。③围岩排水钻孔。在衬砌背后的岩体内布置一排或多排钻孔，使之形成一个或多个集渗幕，用以疏干围岩。它不必拆除旧衬砌，可利用辅助坑道或把避车洞延伸而将集渗幕设在岩体内。一般用于Ⅴ级以上围岩较好，如用于Ⅴ级以下围岩，宜在孔内设过滤器，以防塌孔或淤塞。④纵向排水沟。一般设在隧道两侧或地下水来源侧，也可设在隧道中心。⑤横向排水沟。当隧道纵向排水沟只设在一侧或位于中心时，需用横向排水沟作导引排水，即将盲沟汇集的水引入纵向排水沟排出。

在衬砌内面设置排水设施，其主要优点是可以不开凿衬砌，工程量小，施工简单；缺点是不易对准地下水露头位置，疏干围岩范围小，在冬季发生冰冻的地段不能采用。在衬砌内面设置排水设施的主要形式如下：①引水管。主要用于衬砌湿痕或背后积水较高位置的引水，一般采用铁管、胶管、硬塑管和竹管，并将其固定在拱墙内表面。②泄水孔。主要作用是排出衬砌背后的积水，将水引入洞内排水沟。泄水孔位一般不高于水沟盖板或人行道，否则应做引水管或引水暗槽。③引水暗槽。衬砌凿出小槽，表面用砂浆封闭，将多个泄水孔的水引入一个槽中排入水沟内。暗槽以竖槽为主，不得采用纵向水平的暗槽。

（3）衬砌自防水

衬砌自防水是以衬砌结构本身的混凝土密实性实现防水功能的一种防水方法，该方法造价低，工序简单，施工方便。

混凝土是一种微孔结构材料，其中的部分开放式毛细孔、各种裂隙及混凝土自身收缩形成的开裂是造成渗漏水的主要原因。防水混凝土是通过加入少量外加剂或高分子聚合物材料，并通过调整水泥、砂、石及水的配合比，抑制混凝土孔隙率，改善孔结构，增加原材料界面的密实性，达到防水的目的。防水混凝土除用于防水外，更主要的是防渗。

防水混凝土衬砌施工前应控制好地下水位，要保持地下水位在施工底面最低标高以下不小于300mm，以避免在带泥浆或带水的情况下施工，保证施工质量。

（4）外贴防水层

对新建隧道或更换衬砌的运营隧道，可施作外贴防水层，结合洞内排水设施，该法可获得良好的防治水害效果。外贴防水层的主要做法是贴涂法，即直接在衬砌外围粘或喷涂防水层，以保护衬砌，使衬砌圬工不充水、不漏水。主要材料有防水卷材和防水涂料两种。

（5）内贴防水层

内贴防水层不用凿开衬砌，比外贴防水层施工简便，成本低，可随时检修，因此在运营隧道养护维修中，是最常用的整治水害方法之一。

①喷浆防水层。在一定压力下用机械把水泥砂浆直接喷射到衬砌内表面成型，既可作为结构层缺陷修补，又可以防水，特别是在外贴防水卷材或使用防水混凝土等措施效果都不太理想时，作为一种补救措施，应用比较多。防水层总厚度为12～40mm，最大不宜超过50mm，砂浆配合比一般为1∶1～1∶3（质量比），水灰比为0.5～0.6，并适当掺入防水剂和速凝剂，以提高抗渗性和固结强度。

防水砂浆一般分两层喷射，施工完后要注意保护，特别是早期养护。为了防止防水砂浆中的水分蒸发，保证水泥达到充分水化的要求，应每天都均匀养护，只有在潮湿环境下认真养护3 d以上，才能达到防水抗渗的目的。

施工时应保证原材料质量，严格按配合比施工。施工温度应不低于5℃，不高于35℃，低温施工时应采取保温防冻措施。水泥砂浆防水层应与基层黏结牢固，不得有裂缝、空鼓和渗漏水等缺陷存在。

②喷射混凝土防水层。由于喷射混凝土的水泥用量大，水灰比小，并采用较小尺寸的粗集料，有利于在粗集料周边形成足够数量和良好质量的砂浆包裹层；粗集料彼此隔离，有助于阻隔沿粗集料互相连通的渗水孔网，还可以减少混凝土中多余水分蒸发后形成的毛细孔渗水通路，因而有较好的抗渗性，其抗渗指标一般在0.7MPa以上。

喷射混凝土用水泥强度等级一般不低于42.5级，砂宜用中粗砂，细度模数大于2.5，直径小于0.075mm的颗粒不多于2.0%，石子宜用卵石，粒径不宜大于20mm，水泥与集料比（胶集比）为1∶4～1∶4.5，砂率（砂子在整个粗细集料中所占百分率）为45%～55%，水灰比为0.4～0.5。混凝土防水层的施工要求基本与防水砂浆防水层的施工要求相同。

③砂浆抹面防水层。目前主要是采用特种水泥（双快、早强水泥）抹面。将渗、漏水处的基层凿毛清洗干净，处理好堵漏点与引导出水点，然后进行水泥浆抹面，其厚度为 2～3m，水灰比为 0.38～0.4，初凝时间控制在 10～20min。接近初凝时，在其面上洒一些中细砂，达到一定强度后抹砂浆层，其配合比为 1∶1.2～1.5，水灰比为 0.4～0.45，厚度为 6～10mm。接近硬化时用排刷拉出细条，终凝后在其面上刷上一层水泥净浆，厚度为 0.5～1.0mm，然后再抹上 5～6mm 厚砂浆层，其配合比为 1∶1.2～1.5，水灰比为 0.4～0.45。在初凝前必须在其面上多次抹磨，挤出砂浆中的泥浆，反复 2～3 次，使其表面光滑。硬化后加强养护，一般不少于 3d。

④喷涂乳化沥青乳胶防水层。采用该材料施工时，应用专用工具及压力设备进行喷射，其施工顺序为：由上而下，先喷涂拱顶，后喷涂墙脚，喷涂进行方向应逆风而行。喷嘴与喷射面的距离一般为 50～120cm，喷射压力为 0.2～0.3MPa。

（6）压注浆液

压注法就是用压力把某些能固化的浆液注入隧道围岩及衬砌混凝土的裂缝或孔隙，以改善其物理力学性能，达到防渗、堵漏和加固的目的。目前隧道采用的注浆材料较多，主要有水泥浆材和化学浆材。水玻璃类浆材由于其溶解性，现在已很少使用。

水泥类浆材主要包括纯水泥浆和水泥黏土浆两大类。它们主要是由水泥、水及各种外加剂组成。水泥可根据工程选用各种性质的水泥，水一般采用生活用水，为改善水泥浆的性质，以适应不同的自然条件，可掺入各种外加剂，如速凝剂、缓凝剂、引气剂、膨胀剂等。水泥类浆材的优点是能形成强度较大和渗透性较小的结石，防渗效果较好，而且原材料成本低、材源广，没有毒性和环境污染问题；缺点是浆液稳定性差，析水性大，凝结时间长，当地下水流速较大时易受冲刷和稀释。

化学浆材品种较多，主要有环氧树脂类、甲基丙烯酸酯类、丙烯酰胺类、木质素类等。化学浆材的特点是可注性好，适应广泛，胶凝时间可准确掌握，抗渗性较好；但其成本一般较高，施工技术要求高，设备复杂，部分浆材有一定毒性。目前常用的压浆材料有水溶性聚氨酯、超细早强水泥和丙凝。

对新建隧道和改建隧道，围岩破碎、软弱，地下水发育的地段，可结合隧道施工，进行围岩预注浆加固防水。目前采用的方法大多为超前小导管注浆，一般采用长 6m 左右的 ϕ42 的无缝钢管，管壁上钻有梅花形小孔，注浆压力

0.5 ~ 1.0MPa，管间距离大于 0.6 倍浆液扩散半径。对浅埋、超浅埋段，也有用地表注浆的，其做法是，从地表钻孔注浆，通过控制注浆段长度，对隧道周围部分围岩进行注浆，其材料、孔位布置与洞内相同，压力可按实际情况通过试验确定。

既有线隧道，当隧道围岩破碎、节理发育、地下水丰富时，也可进行注浆防水。此时应先对衬砌混凝土质量进行调查，若衬砌破坏严重，则应先对其进行加固，使其能够抵抗注浆压力。一般做法是对大范围的渗水采用浅孔密布；对裂隙渗漏采用深孔疏布；对大股涌水宜在上游设孔。孔深一般深入围岩且大于 20cm，孔径 42mm。

（7）施工缝、变形缝防水

对新建或更换衬砌的隧道，变形缝、施工缝的防水可随混凝土灌筑同时施工，采用的主要材料如下：①止水带，分为塑料止水带、橡胶止水带、复合止水带等，其中塑料止水带耐久性好，橡胶止水带弹性、耐磨性、耐撕裂性较好，但硬度、强度较差。②遇水膨胀橡胶，主要有制品型和泥子型两种，其特点是具有橡胶的弹性、延伸性和抗压缩变形能力，遇水后膨胀率为 100% ~ 500%，耐水性好，膨胀后仍能保持弹性。③各种密封材料。主要是改性沥青密封材料和合成高分子密封材料。

对于运营隧道整治接缝漏水，一是可以根据不同情况采用以上材料重新施作接缝的防水，二是做接缝压浆或衬砌堵漏处理。

2. 衬砌漏水的封堵

对某些隧道衬砌的渗漏水，除采用排水措施外，还可以用堵漏材料进行封堵。所谓堵漏材料就是一种能在几十秒或数分钟即开始初凝的材料。堵漏材料品种繁多，常用的有无机高效防水粉和水泥类堵漏材料。前者是一种硬性无机胶凝材料，主要有堵漏王、堵漏停、堵漏灵、确保时等，其终凝时间为 2.5 ~ 6h，其特点是无毒、无味、无污染、耐高温、抗低寒，可在潮湿结构上施工，并有较好的黏结性。后者主要有双快水泥、石膏——水泥材料和水泥——防水浆等堵漏材料。目前堵漏材料采用较多的是双快水泥和堵漏王等。

3. 截水设施

截水就是截断流向隧道的水源，或尽可能使其流量减小，从而使隧道围岩的水得不到及时补充，达到疏干围岩、根治水害的目的。

地表截水就是在地表截断流向隧道围岩的水，主要措施如下：对洞顶的积水洼地，宜开沟疏导引流。对洞顶以上的水工隧道、水库、稻田、输水渠等造成的隧道漏水，要做防渗处理。对施工及地质勘测留下的钻孔、坑道、洞穴，要做好排水处理或封填。对断层破碎带、陷穴、漏斗等，如有较大的径流进入，宜做截水沟或回填，当无明显径流，但却影响隧道漏水时，应采取封闭措施（换填、注浆等）。

当隧道衬砌周围地下水有明显的集中来水通路，导致地下水流量很大时，可采取如下地下截水设施截断水源：①泄水洞。一般设在来水侧且其最高水位低于正洞水沟底，纵向坡不小于 3%，设置泄水洞的围岩渗透系数不小于 $10m^3/d$。②钻孔截水。对有平导的长大隧道，利用平导和横洞，根据围岩的地下水分布和地质条件，打截水钻孔，其位置伸入正洞墙脚之上的围岩中，以减少向正洞衬砌周围汇集的水量，钻孔的集水利用平导排出。③拦截暗河。对靠近隧道的暗河或充水的溶洞，可通过堵塞等改变其流向。④防渗帷幕截水。当隧道与岩层平行或斜交，通过流沙和易浸析失稳地层，或围岩裂隙发达，且透水性强时，可在隧道周围岩体内钻孔压浆形成防渗帷幕，使衬砌与地下水隔离。当为浅埋时，可在地表作防渗帷幕。

总之，隧道的水害治理是一个完整的治水系统，要防、排、堵、截相结合，不能只强调其中一方面。如果只排不堵，就可能造成地表的水塘、水库、农田等排干，影响附近居民的生产和生活；如果只堵不排，就会使衬砌周围的水无路可走，越积越多，最终导致隧道破坏。只有防、排、截、堵互相配合，相辅相成，共同发挥作用，才有可能根治水害。

二、衬砌裂损及整治措施

（一）衬砌裂损的类型

隧道衬砌裂损的类型主要有衬砌变形、衬砌移动、衬砌开裂三种。

衬砌变形有横向变形和纵向变形两种，其中横向变形是主要变形。衬砌横向变形是指衬砌由于受力原因而引起拱轴形状的改变。

衬砌移动是指衬砌的整体或其中一部分出现转动（倾斜）、平移和下沉（或上抬）等变化，也有纵向与横向移动之分。对于大多数已发生裂损的衬砌，往往是纵向与横向移动同时出现。

衬砌开裂是指衬砌表面出现裂纹（或龟裂）和裂缝（宽度较大）或贯通衬砌全部厚度的裂纹的总称，是衬砌变形的结果。衬砌开裂包括张裂、压溃和错台三种。张裂是弯曲受拉和偏心受拉引起的裂损，其特征是裂纹、裂面与应力方向正交，缝宽由表及里逐渐变窄。压溃是弯曲或偏心受压引起的衬砌裂损。裂纹边缘呈压碎状，严重时受压区表面产生鱼鳞状碎片（中间厚，四周薄）或剥落掉块等现象。错台是由剪切力引起的裂缝，裂缝宽度在表面至深处大致相同。

（二）衬砌裂损的特点

衬砌结构受力（轻微变形、移动）→局部出现少量裂纹（变形范围、变形量增大；移动部位、移动量增大）→裂纹宽度、密度增大，隧道净空变小（严重变形，移动显著增大）→隧道净空严重缩小，衬砌破碎，失去承载能力→局部掉块、失稳，甚至拱坍墙倒。

衬砌的裂损发展一般有缓慢变化、急剧变化、相对稳定三个不同的阶段。这三个阶段往往是呈周期性交替出现的。①节段衬砌未成环之前出现的裂损，在成环之后可能渐趋稳定。②由于衬砌背后回填不及时造成的裂损，在回填之后可能渐趋稳定。③因拆模过早造成的裂损，待圬工强度提高后可能呈现相对稳定状态。④由于围岩膨胀引起的裂损，当外荷载条件发生变化，例如雨季地下水丰富，围岩软弱夹层被软化而产生错动，季节冻融变化引起围岩冻胀与融沉，以及由于种种外因引起围岩变形，山体压力的大小和分布发生变化等时，可能使已稳定的裂损重新发展，或使完好的衬砌发生裂损。

了解和掌握衬砌裂损的分布特点，就能及早发现病害，及时采取对策。衬砌裂损的分布一般有以下特点：

（1）按纵向节段分布。①洞口与洞口段，特别是斜交洞门有偏压或边（仰）坡不稳固的洞口段。②设有大型洞室的节段或各种洞室的接头处。③洞身穿过断层、构造破碎带、接触变质带、滑坡带等山体压力大且岩体不稳定的节段。④洞身穿过软弱围岩的节段。⑤偏压隧道没有采用加强衬砌或偏压衬砌的节段。⑥寒冷地区围岩有冻胀现象的节段。⑦衬砌实际厚度不足或圬工强度过低的节段。⑧施工中超挖过大没有回填或回填不密实及施工中发生大塌方的节段。⑨施工中已经发生裂损的节段。

（2）按横断面分布。①洞口附近及傍山隧道靠山侧裂损多，靠河侧少。靠山侧以拱腰、墙腰内缘张裂较多，靠河侧以墙顶压劈或墙脚张裂较多。②衬砌断面对称，实际荷载分布不对称的变形、移动和裂损的部位也不对称。③衬砌的变形、移动和裂损多沿施工期间出现过的裂缝和施工缝发展。④衬砌背后存在没有回填或回填不密实处，则该部位易出现较大的移动和外鼓。⑤衬砌背后临时支撑未能全部拆除的，在支撑部位会出现较大的集中荷载，此处衬砌内缘易出现张裂和错台。⑥采用三心圆尖拱衬砌的隧道，易在拱腰、墙腰产生内鼓开裂，拱顶内缘压碎。⑦由于各种原因（如塌方、拱架下沉、施工困难等）造成衬砌厚度不足时，则此处衬砌容易发生变形和裂损。

（三）衬砌裂损的整治措施

整治衬砌裂损病害首先要消灭已有的衬砌裂损带来的对结构及运营的一切危害，并防止再加大裂损。其次是采取以稳固围岩为主，稳固围岩与加固衬砌相结合的综合治理措施。

1.稳固岩体的工程措施

（1）治水稳固岩体。地下水的浸泡与活动对各种围岩的稳定性削弱最大。通过疏导围岩含水，并相应采取治水措施是稳固岩体的根本措施之一。

（2）锚杆加固岩体。对较好的岩体（小于Ⅴ级），自衬砌内侧向围岩内打入一定数量和深度（3.5m）的金属锚杆、砂浆锚杆，可以把不稳定的岩块固定在稳定的岩体上，提高破碎围岩的黏结力，形成一定厚度的承载拱；在水平层状的岩石中把数层岩层串联成一个组合梁，与衬砌共同承受外荷载。对松散破碎的岩体采用锚杆加固不仅可以有效地控制岩体的变形和提高其稳定性，而且可以使岩体对衬砌的压力大小和分布图形产生有利的转化。

（3）注浆加固岩体。通过向破碎松动的岩体压入水泥浆液和其他化学浆液（如铬木素、聚氨酯等）加固围岩，疏散地下水对围岩的浸泡与渗入衬砌，使衬砌背后形成一个1~4m厚的人工固结圈，就能有效地稳固岩体，防止地下水的侵入，甚至使作用在衬砌上的地层压力大小和分布图形产生有利的转化，有利于衬砌结构的受力和防水。

（4）支挡加固岩体。对靠山、沿河偏压隧道或滑坡地带，除治水稳固山体外，尚可采用支挡措施，包括设支挡墙、锚固沉井、锚固钻（挖）孔桩等来预防山体失稳与滑坡，这种工程措施只能用于洞外整治。

（5）回填与换填。如果衬砌外周围存在着各种大小的空隙（如超挖而没有回填等），不仅使地层压力分布图形产生不利影响，而且使得衬砌结构失去周边的有利支撑条件，不能使衬砌的承载能力得到更大的发挥。此时要采取回填措施，用砂浆或混凝土将围岩空隙回填密实。如果隧底存在厚度不大的软弱不稳定的岩体或有不稳定的充填物，可以采取换填办法处理。

2. 衬砌更换与加固

已裂损的衬砌一般均有相当大的支护潜力，可以充分利用，仅在没有加固条件或经济上不合理的情况下，或者根据长远技术改造规划的要求才采用更换衬砌的办法。初砌加固的主要方法如下：

（1）压浆加固。一是圬工体内压浆加固。衬砌裂损发展非常缓慢或者已呈稳定时，可以进行圬工体内压浆，一般以压环氧树脂浆为主，并选择无水季节施工。二是衬砌背后压浆加固。主要是针对衬砌的外鼓和整体侧移。在拱后压浆增加拱的约束可以起到提高衬砌刚度和稳定性的作用，一般可以局部应用，主要在发生外鼓变形的部位使用。

如果一环衬砌同时存在外鼓与内鼓部位，首先采取临时措施控制内鼓继续变形，其次在外鼓变形的部位压浆加固，之后再对内鼓采取加固措施，最后再对全断面进行整体加固。

（2）嵌补加固。对已呈稳定暂不发展的裂缝，如果不能采取压浆加固者可以采取嵌补，即将裂缝修凿成一定形状并清理干净，在缝口处用水泥砂浆、环氧树脂砂浆或环氧树脂混凝土进行嵌补。

对发展较快的裂损，为确保安全，可以采取钢拱架临时加固。只加固拱部时用上部拱架加固，拱架脚可以嵌入墙顶或支撑于埋在墙顶的牛腿上，并加纵向连接。如要全断面加固则可用长腿钢拱架。无论哪一种拱架用多段组合安装时，安装完毕后尽量使节点变成刚性节点（一个断面内铰接节点不应多于3个）。为了增强纵向抗弯能力，纵向支撑应加强连接。如果隧道内部净空条件不足，钢拱架可以嵌入被加固的圬工体内一部分（或全部），并在钢拱架之间再加纵向连接，然后灌筑混凝土做成薄套拱形。此法在衬砌厚度太薄或衬砌严重破损碎裂时不能采用。

（3）喷锚加固。喷锚加固是较为常用的加固衬砌裂损的措施。对裂损衬砌的所有内鼓变形和向内移动的裂损部位，采用（预应力）锚杆加固岩体是有效的，此时锚杆既可沿内缘张裂纹的走向两边布置，做局部加固，也可按全断面加固，将衬砌与岩体嵌固在一起，形成一个均匀压缩带，以增强围岩的稳定性，提高支护结构的承载能力。采用此法时应查清衬砌厚度、背后超挖回填及围岩整体性状况。锚杆的设置应在衬砌背后压浆后两个星期进行。锚杆的锚固段应设在稳定围岩中。对于衬砌上的裂缝应及时嵌填。

　　喷混凝土可以使所有已裂损的圬工块体紧密结合，阻止这些块体的松动，同时在喷射压力作用下嵌入裂缝内一定深度，使裂缝重新闭合，增强裂损（包括原有施工缝）衬砌的整体性，较大幅度地提高裂损衬砌的承载能力，达到加固的目的。必要时也可以在喷层中加入钢筋网用于防止收缩裂纹，提高加固结构的整体性和抗震、抗冲切能力。

　　（4）套拱加固。如果混凝土质量差，厚度不够，或受机车煤烟侵蚀，掉块剥落严重，并且拱顶净空有富余时，可对衬砌拱部加筑套拱或全断面加筑套拱。如果隧道内净空条件不足，可以采取落道加套拱的办法。套拱与原衬砌间用直径为 16 ~ 18m 的钢筋钎钉锚接，钎钉埋入原拱 20cm 左右作为钢筋的生根处。套拱中的主筋也可用钢拱架、格栅来代替，其间距为 50 ~ 80cm，纵向用拉杆焊接。套拱用强度等级不低于 C20 的混凝土浇筑，其厚度为 20 ~ 30cm。套拱拆模后要进行压浆，以充填其背后空隙，使新旧拱圈连成整体。当拱部灌筑混凝土难度较大时，可以采用喷混凝土、网喷混凝土和喷钢纤维混凝土进行加固。事实上，套拱加固已日益被喷锚加固替代。

　　（5）更换衬砌。拱部衬砌破坏严重，已丧失承载能力，用其他整治补强手段难以保证结构稳定，或者衬砌严重侵入限界，采用其他整治措施有困难时，可采用全拱更换，彻底根除病害。

　　（6）其他加固手段。当仅有墙脚内移而不下沉和隧底岩土隆起时，可在墙基处增设混凝土支撑以扩大基础。要求与钢轨、轨枕不发生挤压，尺寸一般为 40cm × 40cm，间距 1.5 ~ 2.0m。

　　隧底围岩软弱下沉或隧底填充上鼓时，可加设仰拱。边墙基底软弱，可将墙基延伸至坚实稳固的岩层或增设仰拱。若隧底或墙基下有溶洞或其他洞穴而引起衬砌结构开裂，可加设钢筋混凝土托梁，使墙基与道床设于钢筋混凝土托梁上。

三、衬砌侵蚀及整治措施

（一）衬砌侵蚀的种类及危害

　　隧道内金属构件的锈蚀、混凝土衬砌的侵蚀破坏，都属于侵蚀病害。

　　一般混凝土具有较好的耐久性、耐腐蚀性和较高的强度。但是一旦由于地下水的侵入，衬砌受到侵蚀介质的经常作用，就会出现起毛、酥松、蜂窝麻面、起鼓剥落、孔洞露石、集料分离等病害，导致材料强度降低，衬砌厚度变薄，渗、漏水严重，降低其使用寿命。隧道内混凝土衬砌的侵蚀按其种类不同，可分为水蚀、烟蚀、冻蚀及集料溶胀等。

水蚀主要指衬砌受到地下水的作用而产生的腐蚀。一般发生在隧道的拱部、边墙、仰拱、排水沟和电缆槽等各部位。①溶出型侵蚀，主要是指水泥石中的生成物被水分解溶失造成的侵蚀，表现为外观尚完善，常有白色沉淀物，内呈多孔状，强度较低。②硫酸盐侵蚀，主要是指环境水中含有的硫酸根离子对混凝土的侵蚀。③镁盐和氨化物的侵蚀。

烟蚀主要是指在蒸汽机车牵引的区段，其产生的"烟雾"对衬砌混凝土产生的侵蚀，分为化学性侵蚀和机械性侵蚀两种。

冻蚀是指在严寒地区的隧道，混凝土衬砌由于冻融交替产生的侵蚀。

集料溶胀是指衬砌混凝土中的粗、细集料中含有遇水溶解和膨胀的材料而造成的对衬砌的侵蚀。

（二）混凝土侵蚀的整治措施

1.防侵蚀原则

在各类侵蚀病害中，除了烟的机械侵蚀外，水是主要的致害媒介，因此，防蚀必先治水。

环境水对混凝土和水泥砂浆的侵蚀作用主要可归纳为三种：溶出性侵蚀（即非结晶性侵蚀）、结晶性侵蚀和复合性侵蚀（溶出性和结晶性两种侵蚀同时作用或交替作用）。

对溶出性侵蚀，只要能解决衬砌的渗水、漏水问题，彻底治理好水，就能达到防蚀的目的。

对于结晶性侵蚀，由于侵蚀是因水泥中的化合物与水作用后的新生成物或水中盐类介质析出结晶，发生体积膨胀而导致材料破坏，而析出结晶的条件是混凝土中的干湿变化，干湿变化越频繁，侵蚀速度越快。因此，对这类侵蚀，只防止渗漏而不防止混凝土充水是不行的，不但要防渗漏，还要防止混凝土浸水，避免侵蚀水与混凝土发生作用，这就需要采用抗侵蚀混凝土修建衬砌或利用防蚀层防止混凝土衬砌的侵蚀。

2.防侵蚀的方法

（1）采用抗侵蚀混凝土

合理选择抗侵蚀水泥材料。抗硫酸盐水泥、火山灰质水泥具有较好的抗硫酸盐和海水腐蚀的能力；矾土水泥抗各种化学腐蚀的能力较强；火山灰质水泥对各种化学侵蚀介质也有较好的抵抗能力，价格又便宜，适合在中、低侵蚀性介质中使用，但其抗冻性较差，使用时需注意。

对于抗硫酸盐侵蚀的隧道，在注浆与浇筑混凝土时以采用低碱高抗硫酸盐水泥为佳；在运营维修、养护堵漏、抹面、喷混凝土或砂浆时，以选用双快水泥为佳。

合理采用外加剂。采用火山灰质的活性掺合料，或者加入引气剂和减水剂，或者采用提高混凝土密实性和抗渗性的外加剂。

（2）采用防蚀层

采用防蚀层是一种对混凝土表面进行处理的方法，把各种耐腐蚀的材料铺设在衬砌混凝土的表面，使之成为一层防蚀层，是提高衬砌抗腐蚀能力的常用方法。

①防蚀层铺设面的确定。防蚀层可以设在衬砌外面，也可以设在衬砌内面，对隧道衬砌，一般采用防蚀层与防水层合二为一，在衬砌外面铺设。

②制作防蚀层。防蚀层按其成型工艺有注浆、抹面、喷涂（喷射混凝土和喷涂料）和块材镶砌等。

③伸缩缝、变形缝防蚀。当隧道衬砌的沉降缝、伸缩缝发生腐蚀病害时，一般可在病害发生处做位于衬砌背后的排水盲沟把水排走。如果采用防水措施，可用油膏和胶油嵌缝，缝口再用氯丁橡胶黏合剂粘贴氯丁橡胶，用可卸式塑料止水带或软的聚氯乙烯板条封口。施工缝如果发生腐蚀，可用聚氨酯压浆防水，同时兼有防蚀作用，或预留凹槽，用硫黄胶泥腻缝。

④已腐蚀衬砌的加固与翻修。一般的措施有抹补、浇补、镶补等方法。

第九章 轨道施工技术

第一节 无砟轨道施工

一、桥上无砟轨道施工技术

（一）桥面验收

为了保证无砟轨道各部结构的技术条件，施工前应对桥面施工质量进行桥面验收和技术评估。验收内容主要包括桥面高程、桥面平整度、相邻梁端高差及梁端平整度、防水层质量、桥面预埋件（包括梁端剪力筋、侧向挡块预埋筋）、剪力齿槽几何尺寸的规范性、桥面清洁度、桥面排水坡、伸缩缝状态等。

1. 桥面高程

梁端 1.5m 以外部分的桥面高程允许误差 ±7mm，梁端 1.5m 范围内不允许出现正误差。

使用精测网进行复核。对不能满足要求的应进行打磨和采用聚合物砂浆填充处理。

2. 桥面平整度

桥面平整度要求 3mm/4m。使用 4m 靠尺测量（每次重叠 1m），每桥面分四条线（每底座板中心左右各 0.5m 处）测量检查。对不能满足 3mm/4m 要求，但在 8mm/4m 范围内的，可用 1m 尺复测检查，应满足 2mm/1m 要求。对仍不能满足要求的，对桥面进行整修处理。

3. 相邻梁端高差

相邻梁端高差不大于 10mm。采用 0.5m 水平尺进行检查（在底座板高度范围内对观感较差处进行量测）。对大于 10mm 处应进行专门处理，或一侧梁端采取落梁措施或较低一端用特殊砂浆修补。

4.梁端平整度

梁端1.5m范围的平整度要求为2mm/1m。不能满足要求时,应进行打磨处理,直至符合要求。

5.防水层质量

防水层不允许出现破损及空鼓现象。防水层空鼓检查可采用拖曳铁链的方法进行。检查时沿桥面纵、横向拖曳铁链,以拖曳时桥面发出的空鼓声音初步确定空鼓范围,用记号笔画出范围。破损及空鼓的防水层部位必须进行整修。整修工艺按交通运输部相关规定执行。

6.桥面预埋件

要求预埋件平面、高程位置要准确。对不能满足无砟轨道施工要求的,视情况按技术转让方提出的"桥面缺陷补救措施方案"进行处理。

7.剪力齿槽几何尺寸

根据实际情况,按设计尺寸修凿并清理干净;齿槽内应修理方正并凿毛出新面,确保底座板混凝土与其结合良好。

8.桥面清洁度、桥面排水坡

桥面不能有油渍污染,否则应在底座板施工前清洗干净。桥面排水坡构造应符合设计要求。对排水坡存在误差的桥面,应保证设计的汇水、排水能力,不允许反向排水坡的存在,特别是两线中间部位。对可能造成排水系统紊乱的桥面应进行打磨整修处理。

9.伸缩缝状态

主要检查伸缩缝安装是否到位且牢靠,并对缝内积存物进行彻底清理。

(二)施工平面设计布置

无砟轨道施工前应根据施工管段的具体情况进行施工平面设计。平面设计方案依据总工期计划、桥面验收移交进展情况、施工管段划分及资源配置等因素确定。

1.底座板施工单元段划分

底座板施工单元段划分应统一筹划,认真设计,每个施工单元段(可以独立开展精调施工的段落)长度以4~5km为宜。

2. 临时端刺布设

左右线临时端刺起点位置应相应错开两孔梁以上，避免桥墩承受由于底座板温差引起的较大水平力。临时端刺区的选择尽量避开连续梁，以免进行特殊设计。

3. 后浇带（BL1）布设

简支梁上的后浇带（BL1）一般设在梁跨中间，后浇带缝与轨道板缝不能重合，连续梁上的底座板两固定连接区间必须设置1个后浇带，后浇带与任一固定连接处的距离不大于75m。

4. 混凝土底座板灌注段的划分

简支梁上常规区底座板每次灌注长度最少为1孔，一般以3～4孔较为适宜。临时端刺区底座板混凝土浇筑应分段完成。分段时，按LP1～LP5规定长度分段（LP1、LP2为220m，LP3为100m，LP4、LP5为130m）。连续梁范围底座板的最小浇筑长度＝连续梁前两个浇筑段长度＋连续梁长度＋连续梁后两个浇筑段长度（整个浇筑段混凝土施工应在24h内完成）。

5. 底座板施工

（1）测量复核

无砟轨道底座板施工前必须对所有设标网进行复测，对梁面高程、梁面平整度、中线线位、相邻梁端高差等几何要素进行测量复核，对不能满足无砟轨道施工要求的，应及时进行整修、处理。

（2）滑动层施工

滑动层自下而上由土工布＋塑料薄膜＋土工布组成，简称"两布一膜"。每孔箱梁上滑动层的铺设范围为桥梁固定端的剪力齿槽边缘至桥梁活动端，在梁缝处配合硬泡沫塑料板的安装，局部调整滑动层的铺设。

（3）铺设硬泡沫塑料板

硬泡沫塑料板（弹簧板）设于桥梁接缝处，硬泡沫塑料板规格尺寸按桥面拼接需要确定，硬泡沫塑料板的拼接应满足相关要求。

（4）钢筋工程施工

①钢筋笼的加工、运输与吊装

根据工期要求和现场实际情况，钢筋笼可在钢筋加工厂预制或在桥上绑扎施工。由于高速铁路工程施工工期短，为了缩短工期，加快进度，钢筋笼采取在钢筋加工厂预制、拖车运输至桥下、吊装至桥面组装连接的施工方案。

②剪力筋的安装

桥梁固定齿槽内剪力筋因架梁运梁的需要，分为梁内和底座板内两部分。桥内部分（含套筒）在梁场制作时预埋在箱梁顶板的齿槽内；底座板内部分在底座板施工时用套筒连接，伸入底座板钢筋内。剪力筋制作长度应根据底座板超高设置及现场预埋套筒高低情况"量身定做"，以避免安装后过高或过低，影响"两布一膜"和硬泡沫塑料板的结构筋受力。安装时应将剪力筋拧紧到位，确保安装质量。

③钢筋笼的安装

根据钢筋笼方向和位置安放钢筋笼并进行连接。检查钢筋绝缘情况，清理底座板范围内杂物，准备浇筑混凝土。

④测温电偶的安装

在每个底座板浇筑段安装温差电偶（镍—铬—镍）（距梁缝10m处，为避免安装后过高或过低问题,安装时应确保剪力筋护紧到位),用于结构的温度测量。

⑤装钢筋连接器

钢筋连接器在桥下预制，安装时整体吊装上桥，在钢筋笼安装初期安放到位。

⑥钢筋及模板检查验收

主要检查项目包括钢筋保护层厚度、模板水平位置和高程，检查模板安装的稳固性，应满足摊铺整平振捣机操作需要。检查后浇带预留缺口宽度是否符合设计要求。检查钢筋连接器是否与主筋连接牢固，各接触点绝缘隔离是否符合要求。综合检查验收后，应对底座板施工范围进行清理，同时采用强力吹风机吹除模板范围内的灰土或其他轻质污染物。

⑦支立底座板模板

混凝土底座板模板采用型钢加工专用钢模，并满足普通地段和曲线超高地段的模板拼装需要。模板组合高度宜略低于底座板设计厚度（一般为20mm左右），以适应线路曲线超高变坡和梁面平整度情况。

（5）底座板混凝土施工

①混凝土浇筑

底座板混凝土灌注施工采用混凝土泵车泵送入模。混凝土入模后，前面混凝土振捣采用人工插入式振捣器捣固，后面采用混凝土摊铺整平机摊铺并整平混凝土面。超高地段底座板施工，混凝土摊铺整平过程中须用人工不断补充超高范围混凝土，最后用摊铺机来回两遍整平压实。混凝土的养护须紧跟底座板施工，整段混凝土完成后再覆盖土工布和塑料薄膜以实现保湿养护。

②底座板混凝土的检查验收

底座板施工完成后应进行混凝土施工质量检查、中线和高程测量检查，根据检查验收结果进行相应处理。处理方法如下：对高程误差大于 8mm 的底座板区域表面要进行削切处理（宜使用混凝土削切机，如使用打磨机，则须进行表面再刷毛操作），确保 CA 砂浆厚度至少为 20mm 的要求。

（6）临时端刺的施工

临时端刺区长度约为 800m，其施工工艺与常规区底座板的施工工艺要求基本相同，主要区别在于平面及结构布置上。

①BL1 后浇带设置位置及形式与常规区相同，BL2 后浇带只有临时端刺区才有，设置于梁上固定连接处。

②连接方式的区别：常规区底座板 1 次性连接；临时端刺区底座板分 4 次连接，且各次连接时间间隔较长。

③临时端刺区底座板连接有严格的顺序要求。

④底座板施工基本段长度有所区别，常规区底座板以 1 孔梁为 1 个基本段，设 1 个 BL1 后浇带；临时端刺区分 5 段，包括 2 个 220m 段（LP1 及 LP2）、2 个 130m 段（LP4 及 LP5）及 1 个 100m 段（LP3），共设 4 个 BL1 后浇带。

（7）底座板连接施工

板连接时混凝土强度必须达到 20MPa，连接操作是围绕并确保板内 20℃时零应力状态而进行的连接筋张拉施工。所有类型单元段底座板的连接施工均须在温差较小的 24h 内完成。

（三）轨道板粗铺

底座板及后浇带混凝土强度大于 15MPa，且混凝土浇筑时间大于 2d，可粗铺轨道板。

粗铺顺序为先临时端刺，后常规区。其工艺流程为：复测设标网→轨道板运输→安装定位锥和测设 GRP 点→测量标注轨道板板号→轨道板吊装→轨道板粗铺定位→放置支点木条。

1. 轨道板的运输

轨道板采用专用拖车运输。粗铺板前，铺板施工单位根据轨道板的使用范围及运输距离（板厂至工地）以及临时存放地点制订计划，提前提交给轨道板生产厂，以便及时安排轨道板的生产及运输。

2. 轨道板粗铺前准备

（1）测设 GRP 点前，应对设标网进行联测检查，防止误用被破坏或触动变位（防撞墙、遮板等施工造成的）的设标网点支架而形成错误的测量数据。

（2）安装定位锥和测设 GRP 点（在超高地带，应设于轨道板较低一侧）。定位锥安装时采用手持电钻钻孔，用鼓风器将孔内粉尘吹干净。利用树脂胶固定精轧螺纹钢，以此固定定位锥。定位锥锚杆为直径 15mm 的螺纹钢筋，螺距 10mm，长 550mm。

（3）轨道板粗铺前，测量确定各编号轨道板的位置，并在底座板上用墨线标示，同时标注轨道板编号（也可不使用定位锥，直接在底座板上用墨线标出轨道板四边轮廓，以确保粗放精度，提高后续精调速度）。

3. 轨道板吊装

吊装方案依据现场具体情况确定。便道不能靠近桥梁时，可将轨道板运至桥下相对固定位置，用塔吊或汽车吊吊至桥面运板车上，桥上运板车再纵向运输至安装位置并吊装到位；沿桥有纵向贯通便道时，可将轨道板直接运至桥下沿线存放，在铺板时用桥上悬臂龙门吊吊装上桥，个别地点运输便道不能靠近桥梁时，桥下吊车提升轨道板上桥后纵向移动到位。

4. 轨道板粗铺定位

轨道板落放前，应有专人核对轨道板编号与底座板标示号是否一致，确保轨道板"对号入座"，然后根据定位锥确定轨道板平面粗放位置并完成粗放。其中各类（BL1 及 BL2）后浇带处轨道板，可先铺在设计位置上，待测量完成且有关施工机械通过后于底座板连接前再用吊架吊出，置于前（后）方轨道板上（叠放）并在精调前回铺。

5. 粗铺板的支点设置

每块板粗放板支点应为 6 个，支点材料为 2.8cm 厚的松木条，板块两侧前、中、后各 1 根，木条应紧靠精调千斤顶铺放。轨道板粗放时，板前、后端支点（4 个）先设置到位，轨道板中间部位支点用木条在粗放板后楔入，且支点应设于预裂缝下，以免造成轨道板不规则开裂。轨道板在粗铺前应将每个精调爪位置处预先粘贴弹性密封止浆垫（泡沫塑料），止浆垫为 U 形结构，其厚度为板缝厚度的 1.5 ~ 2.0 倍，确保铺板后压实密封不漏浆。

（四）轨道板压紧

为防止灌注水泥沥青砂浆时轨道板上浮，精调完成后设置轨道板压紧装置。一般情况下，固定装置安装于轨道板的两端中间，当曲线位置超高达到 45mm 及以上时，轨道板两侧中间部位增加设置固定装置。压紧装置由锚杆、L 形钢架及翼型螺母组成，锚杆锚固深度应为 100 ~ 150mm，采用植筋胶锚固，锚固完成的锚杆应确保处于垂直状态。压紧装置施工前，应进行锚杆抗拔试验。水泥沥青砂浆灌注并硬化后将压紧装置拆除。

（五）轨道板封边

轨道板精调完成并压紧固定后进行轨道板封边施工。封边前应将板下灰尘吹除干净，同时对板封边范围进行预湿（以保证封得牢固）处理。封边施工沿轨道板四周的 40mm 进行。

1. 轨道板纵向两侧边缝封闭

采用水泥砂浆，封边砂浆须满足稳定性及密封性要求，同时应保证拆封后外观整洁要求。封边前首先要将底座板清扫干净，用水湿润，然后采用一块薄铁皮沿轨道板侧面将空隙封堵，然后将拌好的砂浆呈三角状将底座板及轨道板侧面封堵，采用铁皮封堵是为了避免砂浆浸入轨道板。轨道板封边时应在两侧面预留 6 个（每侧 3 个）排气孔，孔径为 25 ~ 30mm，孔位要避开精调千斤顶周围的止浆垫位置。封孔时待水泥沥青砂浆从孔内流出，判定灌浆饱满后采用专用孔塞或泡沫材料填充塞紧，防止漏浆。

2. 轨道板端部（板间）封边

端部封边材料的性能应具有结构作用，采用横向封边，采用迈克斯特砂浆将两轨道板的接缝进行填塞，垫层砂浆的注入量应超出轨道板底边至少 2cm。

（六）轨道板垫层砂浆灌注

轨道板下水泥沥青砂浆灌注应坚持"随调随灌"的原则，其施工应紧随精调完成之后进行。

1. 垫层砂浆灌注前施工准备

（1）轨道板几何位置的确认

垫层砂浆灌注施工前，应对精调完成的轨道板进行空间位置检查确认。对高速铁路施工技术与项目管理精调完成的轨道板段进行平顺性检查。检查通过的方可进行砂浆灌注施工。

（2）底座板表面预湿

用带有旋转平面喷头的喷枪进行雾状施作，分别从三个灌浆孔伸入轨道板将其下浇湿。

需根据培训操作中的经验，掌握各种温度环境下的喷浇时间，保证底座板湿润。

2.砂浆材料的运输及拌和

移动砂浆搅拌车均由仓储地点加料（一般一次加料可灌注 8 ～ 10 块板），运输至工地拌和。每个灌浆作业面一般配置两台移动砂浆搅拌车，搅拌灌浆与加料（运输）交替进行。为了减少搅拌车回站加料耽误时间，也可采用专用车辆运输、现场直接加料的方式。但要求运输车辆设有相应的降温（如空调）及保温措施。

（1）砂浆拌和

每次灌注施工前均应进行砂浆试拌和，测量其扩展度、流动度、含气量、砂浆温度等指标，以微调并确定砂浆配合比。各项指标合格后即可进行轨道板垫层灌注施工。

（2）砂浆的垂直运输

砂浆拌和完成后，将砂浆倒装于砂浆中转罐中，吊车（或桅杆吊）吊运上桥直接灌注。

不具备使用吊车灌注的，可采用悬臂龙门吊直接从桥下固定点提升上桥，移动至灌注地点进行灌浆作业。

3.轨道板砂浆垫层灌注作业

（1）灌注砂浆

在砂浆灌注地点，先将土工布铺在轨道板上，同时插好灌浆漏斗，防止砂浆从灌浆孔溢出，污染轨道板。将灌注软管出口对准轨道板中间灌浆孔，开启出料调节阀，进行灌浆施工。灌浆过程中，应对侧面封边砂浆的排气孔进行观测，排气孔冒出砂浆后，用泡沫材料或腈纶棉塞住排气孔，同时观察灌浆孔内砂浆表面高度的变化情况。应确保砂浆面至少达到轨道板的底边且不能回落时，灌浆过程才可结束。在曲线超高地段灌浆时，应加高灌浆护筒，使砂浆液面略高出底边，以保证砂浆饱满。砂浆从中转仓运回地面经清洗后方可再次使用。

（2）封闭灌浆孔

封闭灌浆孔时，将灌浆孔中多余的砂浆凿除掏出，使砂浆表面距轨道板顶面保持在约 15cm 位置，为保证封孔混凝土与垫层砂浆的良好连接，在垫层砂浆轻度凝固时将一根 S 形钢筋从灌浆孔插入至垫层砂浆中。灌浆孔用轨道板同级别混凝土封闭，抹实压光，并用专用工具压出与预裂缝顺接的凹槽，及时洒水覆盖养护。养护完成后用砂轮机磨光，确保外观的美观。

4.砂浆车搅拌机的清洗

砂浆车搅拌机由于加料等原因不能连续拌和施工时，应及时对搅拌仓进行清洗。清洗可利用加料等待时间进行。清洗时应注意清洗污水的处理排放。

（七）轨道板缝连接

轨道板纵向连接至少应以单元施工段为基本段落，精调单元段内轨道板的连接分批进行。

靠近临时端刺区 240m 的常规区为过渡段，此段在临时端刺后浇带尚未完成全部连接前（即临时端刺未与下一段底座板连接前）只可进行窄接缝灌注施工，不进行张拉锁拧紧及宽接缝灌注（砂浆）施工。其余单元段内完成精调的轨道板可进行规定内容的纵向连接施工。过渡段内轨道板的纵向连接待临时端刺后浇带全部连接完成后施工。轨道板纵向连接的程序为：拧紧张拉锁→安装接缝钢筋→浇筑接缝混凝土→接缝混凝土养护。

1.轨道板窄接缝

水泥沥青砂浆灌注完成并达到 7MPa（约 7d）后，即可进行窄接缝施工。施工前，应将连接缝区表面清除污垢，其后，在轨道板窄接缝处侧面安装模板（用螺杆拉紧），向窄接缝灌注砂浆（可使用垫层砂浆，需调整改变稠度），灌注高度控制于轨道板上缘以下约 6cm 处。灌注完成后应及时养护。

2.轨道板纵向连接

垫层砂浆的强度达到 9MPa 和灌注窄接缝砂浆强度达到 20MPa 时可对轨道板实施张拉连接。张拉锁拧紧施工通过扭矩扳手操作，拧紧标准为 450N·m。张拉施工从拟连接段落中间开始，从中部向两端对称同步进行。轨道板中共设有六根张拉筋，先张拉轨道板中间两根至完成，其后由内向外对称张拉左右筋各一根至完成，最后张拉剩余两根。

3.轨道板宽接缝施工

（1）配置钢筋

每个宽接缝安放两个钢筋骨架，附加一根直钢筋定位，定位钢筋装在横向接缝的上方，定位筋与配筋间用绝缘丝绑扎防止移位。

（2）宽接缝的混凝土灌注

使用C55混凝土灌注（可视需要添加抑制剂）。混凝土集料粒径为0～10mm，混凝土要具有较小的坍落度，以避免超高区域内"自动找平流坠"现象。宽接缝混凝土灌注施工时，应在宽接缝上方设置灌注斗槽以保证混凝土灌注口附近范围外观整洁。混凝土采用插入式振动器捣实，混凝土表面抹至与轨道板表面齐平。

（3）灌浆孔的填充封闭

使用与宽接缝灌注材料相同的混凝土填充，与宽接缝施工一同完成。施工时应特别注意外观质量并顺接压出预裂缝，保持轨道板外观整洁。

（4）混凝土的养护

新填充的混凝土应及时养护。用薄膜覆盖并要防止滑脱。养护期一般为3d左右。

二、路基上无砟轨道施工技术

（一）路基支承层混凝土施工

1. 安装钢模板

安装钢模板前先清扫基层，再用墨斗线弹出混凝土支承层的边线，然后根据模板支撑杆的长短用电钻在防冻层上打眼，孔间距100mm，孔径25mm，孔深约200mm，孔内插入直径20mm的钢筋头，并用树脂胶泥固定，然后与模板支撑杆连接。模板安装要稳定牢固，相邻模板间平面及高低错缝不得大于1mm。模板安装每隔5m必须标出高程控制点。钢模板须加工成路桥通用且可调节，每块长3m，模板顶部按设置振捣梁要求进行设计和施工，两槽钢间用螺栓连接，槽钢间夹软橡胶板。

2. 混凝土灌注施工

混凝土罐车直接开上路基，利用溜槽将混凝土送入模内，混凝土的入模温度控制在5℃～30℃，混凝土的自由倾落高度不得超过1m，混凝土用插入式振捣器振捣，振动梁提浆整平，人工抹出4%的顺水坡，混凝土稍收水后用毛刷或黄麻布拉毛。

3. 横向切缝

混凝土支撑层浇筑后24h之内要按设计进行横向切缝，切缝间距一般为5m

（不大于 5m，不小于 2m），切口深度为不小于厚度（30cm）的 35%。切口位置尽量与板块施工接缝位置一致，每天施工结束时接缝位置应安排在切口位置或距切口 2.5m 处。

4.质量标准及验收方法

（1）模板安装工程每 20m 检查一处，检查项目如下：

中心位置：允许偏差 10mm（全站仪检查）。

顶面高程：允许偏差 ±5mm（水准仪检查）。

平整度：允许偏差 5mm（2m 靠尺和塞尺检查）。

内侧宽度：允许偏差 10mm（尺量检查）。

（2）混凝土外观验收每 20m 检查一处，混凝土表面应平整、密实、色泽均匀，不得有蜂窝、疏松和缺棱掉角等缺陷，检查项目如下：

厚度：允许偏差 ±30mm（尺量）。

中线位置：允许偏差 10mm（全站仪检查）。

宽度：允许偏差 15mm（尺量）。

顶面高程：允许偏差 ±5mm（水准仪检查）。

平整度：允许偏差 7mm（4m 直尺检查）。

（二）过渡段端刺及摩擦板施工

1.端刺基础及竖墙施工

（1）根据设计要求按级配分层填筑路基填料，并用压路机碾压密实。当路基填筑至端刺底座板设计底标高后，先在端刺底座板范围施工 10cm 厚混凝土垫层，垫层混凝土达到一定强度后在其上绑扎端刺底板钢筋并立模，然后浇筑端刺底板混凝土，并埋设端刺竖墙纵向钢筋。模板采用竹胶板带木结构，以 PVC 管穿钢筋作为拉杆，保持模板体系的稳定。

（2）端刺底板浇筑完成并达到一定强度后施工端刺竖墙。施工过程中注意二次浇筑混凝土接面凿毛处理，清理干净，并在浇筑前洒水润湿，确保混凝土施工质量；注意端刺竖墙钢筋后期与摩擦板钢筋相连，所以竖墙预埋钢筋的高程应严格控制，考虑路基沉降，应略高于设计标高。

（3）竖墙混凝土拆模并达到一定强度后，再分层填筑路基至摩擦板底标高，对预留外露钢筋需用塑料薄膜包裹，防止氧化生锈。

（4）为防止路基填筑中振动对端刺结构造成破坏，以下部位在填筑时采用小型冲击夯夯填：在填筑底板侧边时，周围填土 1.5m；在填筑竖墙侧边时，底板顶填土小于 1m，竖墙周围填土 2m。

2. 摩擦板施工

过渡段路基土堆载预压完成并验收合格后，测放中心线及标高，准备摩擦板施工。摩擦板下的锯齿部分施工时，直接从路基顶面按照设计要求和放样结果开挖至设计标高，然后绑扎钢筋。为防水和保证土模表面平整，土模底部及两侧用水泥砂浆压实抹光，砂浆层厚度约为 2cm。摩擦板下的锯齿部分钢筋绑扎完成后，直接绑扎摩擦板其余部分的钢筋，同时将侧向挡块即泄水管等预埋件准确安装就位。

安装模板，检查验收合格后，一次浇筑摩擦板所有混凝土，不留施工缝。浇筑混凝土时，先浇筑摩擦板下的锯齿部分，再浇筑端刺板部分。整个浇筑过程需分层振捣密实。表面用抹平器抹平，找出表面四面坡。混凝土浇筑完毕后及时进行洒水覆盖养护。

3. 端刺部分底座板施工

在摩擦板和路基顶面测放出底座板边线和过渡板边线。在摩擦板上涂抹黏合剂铺设两层土工布，涂抹区域同桥梁顶面底座板滑动层一致。在过渡板范围的级配碎石顶面上，用 C15 混凝土施工台阶状垫层，保证硬泡沫塑料板与底面接触严密。从距端刺竖墙边 50cm 位置向路基方向依次铺放 3 块长均为 1.5m，厚度分别为 1.5cm、3cm 和 5cm 的硬泡沫塑料板，顶面及侧面以薄膜覆盖。

立模板后，在摩擦板土工布面上放置混凝土垫块，吊装由钢筋加工场预制的底座板钢筋笼，对模板、钢筋检查签证后，浇筑底座板、过渡段混凝土。

（三）线间堆砟施工

路基混凝土支承层已浇筑完成并经过验收，其强度大于 15MPa 后，在左、右线支承层之间堆填级配碎石混合物，人工摊平，小型压实机械碾压密实，其压实度为 98%，高度同支承层齐平。

（四）轨道板粗铺

1. 测设 GRP 点和安装定位锥

利用 PVP 软件计算出三维坐标（每板缝处一个断面），将计算结果 DPU 格式转换成 GSI（徕卡全站仪标准格式）格式，根据放样数据对 GRP 点定位锥坐标进行放样（精度要求小于 5mm），放出点后在轨道板板缝对应的支承层上写上轨道板编号并及时埋设 GRP 点测钉和定位锥，测钉的埋设要求牢固且不得高于底座板表面，并尽可能铅垂，定位锥锚杆要求垂直于支承层表面。

2. 轨道板粗铺作业

轨道板运到铺设点后，要对轨道板进行逐块验收。轨道板检测的验收项目：①轨道板的编号是否和支承层上的标示号相符；②轨道板的表面边缘是否有损坏，如有混凝土剥落，深度不得超过 5mm，面积不得大于 50cm²；③轨道板的底面边缘是否有损坏，如有混凝土剥落，不得侵入板的边缘 15mm，长度不得大于100mm；④轨道板的承轨台是否有裂纹；⑤轨道板底面精调装置安设部位上的发泡材料模制件是否牢固。

轨道板粗铺前，在混凝土支承层上放置长 30cm、厚 28mm 的轨道板粗放支点垫木，每块板粗放支点为 6 个，板块两侧前、中、后各 1 根，垫木紧靠吊具夹爪摆放，板前、后端支点（4 个）先设置到位，轨道板中间部位支点垫木在粗放板后楔入，且支点设于预裂缝下，以免造成轨道板开裂。轨道板精调后再将垫木撤出运到下一个粗铺点。

轨道板粗放时，用吊车将轨道板移至粗铺点正上方，然后将轨道板缓慢放下，此时安装人员在轨道板两端扶住轨道板，一端和已安装好的轨道板对齐，另一端将轨道板的圆形凹槽直接定位在圆锥体上，然后将轨道板放在混凝土支承层的垫木上。

（五）两线间轨道板间混凝土填充封闭层施工

1. 填充混凝土施工

在所有轨道结构安装完成后，在两线支承层间堆砌顶部轨道板高度范围内，采用 C25 混凝土进行填充施工，混凝土填充层顶面排水坡要与轨道板顺接，并确保混凝土外观整洁美观。

2. 设置混凝土填充层压缩缝与横向切缝

根据设计，混凝土填充层与轨道板间设置伸缩缝，填充层纵向按每 5m 设置横向切缝。其中，压缩缝宽 8mm、缝深 67mm，施工时用泡沫板等可拆除材料预留形成，待混凝土硬化后拆除。在下部约 55mm 深度范围的压缩缝内填充砂料，然后灌注热沥青材料，其深度不小于 12mm；填充层横向切缝深度要求 60 ~ 80mm，施工时通过在切缝处预埋与混凝土填充层等宽的宽 12mm、高30mm 的泡沫板预留上部开槽，待混凝土硬化后补切下部切缝，最后在横向切缝的上部开槽范围内灌注热沥青封闭。

3.沉降路基地段无砟轨道施工的处理措施

从沉降观测数据分析，该段由于地质条件差，工程沉降尚未完全稳定，预计工后沉降无法保证在标准规定的 15mm 之内；为此，对该路基段无砟轨道采取特殊的处理措施。

（1）素混凝土支承层改为钢筋混凝土支承层

为在最大程度上减少路基沉降对无砟轨道结构造成的工程病害，设计院在专家会讨论的基础上，对该段路基上无砟轨道支承层进行了配筋设计。

（2）加密设置沉降观测断面，加强后续沉降观测

在沉降段支承层施工完毕后，其两侧设置加密观测标，其设置纵向间距为25m，观测标采用热镀锌钢，顶帽打磨成图钉状，将其设置在距离底座板边缘0.35m 处；观测标埋设完成后至轨道板精调前每周观测一次，精调后每四周观测一次，开通三个月内每两周观测一次，在支承层施工完成、轨道板铺设完成、铺轨完成等节点必须进行观测，分析沉降变化情况，为确定处理对策提供数据依据。

第二节　无缝线路铺设

一、长钢轨基地焊接

（一）铺轨基地的设置

为确保实现高速铁路指导性施工组织设计关于铺轨工程长轨铺设完成的工期目标，铺轨基地呈"一"字形布置，修建 GAAS80 焊轨生产线及长短轨存放区。利用 100m 定尺轨焊接 500m 长轨，设计生产能力为月焊 500m 长轨 60km，存轨能力为 100m 短轨 60km、500m 长轨 250km，满足在铺轨之前焊接和存放全部500m 长轨的要求。

焊轨生产线采用 GAAS80 闪光接触焊机及配套焊轨设备。根据高速铁路用60kg/m、100m 定尺钢轨的高质量特性和长度特点，焊轨生产线依次设除锈、焊接、粗磨、正火、水冷、精磨、四向调直和探伤等 7 个工位，各工位间按 100m 间距布置，

以保证焊轨生产时流水作业。短轨区、长轨区分别设一套 5 台轨行联动门吊和两套各 32 台固定式联动门吊配合长轨的卸存。生产区贯通布置 1832m 长的辊轴输送线。

（二）关键工序及工艺

1. 整码定尺钢轨

100m 定尺钢轨按生产厂家、轨型、规格分类堆码。钢轨顺联络线平行堆码，按 7.5m 间距布置钢筋混凝土台座，层与层钢轨间用方钢管支垫，堆码高度不高于 15 层。

装卸钢轨轻吊轻放，严禁摔跌、撞击，以防钢轨损伤。堆放要求正向平顺排列，并整齐、平直、牢固。严禁侧向放置以防钢轨扭曲。

2. 选配轨

将基地入场验收合格的钢轨，根据无缝线路设计图纸，编制配轨。按配轨表的顺序和要求，丈量每根钢轨的长度，挑出伤损轨另行存放，再依次配轨，将选配好的定尺轨吊放于输送支架滚轮上。选配时，将钢轨端面根据实际尺寸偏差进行选配，将断面对称、公差基本一致的钢轨相对焊接，以确保焊接质量。选配轨时应将待焊钢轨分组从堆码场吊装至选配轨平台，轨头向上排列。钢轨检查时应对钢轨高度、轨头宽度、轨底宽度、断面不对称、端面斜度（垂直、水平方向）、端面弯曲、轨身平直度及钢轨表面质量都要进行全面检查。钢轨不得有拱背、硬弯和扭曲，钢轨母材不得有裂纹、白核、灰渣等缺陷。配轨时要考虑轨料情况，短于 9m 的钢轨不得焊接；钢轨踏面有深度超过 0.5mm 的压痕、结疤等缺陷不得焊接；严重锈蚀、轨端钻孔的钢轨不得焊接，钢种不同的钢轨不得相互焊接；必要时，必须经过试焊，检验合格后方可焊接；两相邻的焊接钢轨作用边要对齐，高度相差应不大于 1.5mm。

3. 轨端打磨除锈

采用除锈机将轨端 500mm 范围内打磨除锈，达到光洁程度，使焊接时电极接触良好，加工好的端面应显出金属光泽，在距端面 20mm 以内的钢轨表面应无锈垢，打磨好的端面待焊时间超过 24h 或打磨后有水、油、烟、灰污染时，应重新打磨处理。对母材的打磨量不超过 0.2mm，除锈时，严禁横向打磨。除锈打磨结束后，焊接前应再次检查除锈部位的钢轨表面质量，应剔除不合格钢轨。

4. 闪光焊接

钢轨焊接接头在焊轨机内对中，经过闪光预热、接触顶锻、推凸后完成焊接全过程。焊接前轨温不宜低于10℃。焊接接头轨头和轨底、轨底顶面斜坡的推凸余量不应大于1mm，其他位置推凸余量不应大于2mm。不应将焊渣挤入母材，焊渣不应划伤母材。推凸后、未经打磨处理的情况下，应使用检测直尺（1m）和塞尺检查接头错边，在焊缝中心线两侧各15mm的位置测量并计算接头错边量，接头错边量不应超过规定值，对于接头错边量超过最大允许值的焊接接头，应在焊缝两侧各100mm的位置切掉钢轨焊接接头。

5. 冷却与编号

将钢轨焊接接头自然冷却至500℃以下，对焊头进行编号，用油漆喷号。标识应位于同一侧轨腰、距焊缝1～3m位置。标识应清晰、端正。标识方式应保证每个钢轨焊接接头（成品）能够依各项生产记录或信息实现追溯。

6. 正火

当轨温降到300℃～500℃时，用专用的正火设备把钢轨焊接接头加热到Ac3（亚共析钢）或AcM（过共析钢），加热至温度为850℃～950℃。正火完后，用喷风装置对焊缝进行快速冷却，使其轨温快速冷却至500℃～550℃，以达到细化金属结晶、均匀组织，提高焊缝硬度，减少或部分消除焊接残余应力，改善并提高焊缝及附近粗晶区的力学性能的目的。可利用轴流通风机进行吹风冷却，使钢轨焊接接头温度降至500℃以下。

7. 粗磨

对焊接接头进行初步打磨，清除轨头、轨腰、轨底和坡角的残余焊瘤。粗打磨的部位是距轨底脚尖端35mm范围内的轨脚上表面焊筋，为避免探伤误判，可以对该范围内的轨脚下表面焊瘤进行打磨处理，轨底下表面焊筋余量不得大于0.5mm。接头处的轨底上、下脚应打磨圆顺，打磨时不得伤及母材，打磨后的不平度不大于0.5mm。应对焊接接头的轨腰及其上、下圆角，轨头的外侧进行打磨，使得这些部位的不平度不大于1mm，并对轨顶面及工作面进行初打磨，使其焊后推凸余量不大于0.8mm。钢轨打磨应顺钢轨纵向进行，不得横向打磨。打磨时用力不得过猛，不得冲击钢轨和在钢轨上跳动，打磨量不得过大，严禁打磨表面发黑、发蓝。

8. 水冷

对焊接接头较长范围内进行雾和水冷却，使焊接接头表面温度达到50℃

以下。

9. 四向调直

用四向调直机对钢轨不直处进行校直，使钢轨在水平和垂直方向平直度达到要求标准。

焊接接头的轨头工作面经外形精整后，表面不平度应满足：在焊缝中心线两侧各 100mm 范围内，表面不平度不大于 0.2mm，轨顶面及轨头侧面工作边母材打磨深度不应超过 0.5mm。

焊接接头及其附近钢轨表面不应有裂纹、明显压痕、划伤、碰伤、电极灼伤、打磨灼伤等伤损。测量钢轨焊接接头平直度应在温度低于 50℃时进行，测量长度 1m，焊缝居中。平直度偏差的测量位置分别为轨顶面纵向中心线、轨头侧面工作边上距轨顶面 16mm 处的纵向线，测量应以焊缝中心线两侧各 500mm 位置的钢轨表面作为基准点。

10. 精磨

用精磨机对轨头及工作面进行打磨，使其直线度达到要求标准。精磨的长度不应超过焊缝中心线两侧各 450mm 限度，外形精整不应使焊接接头或钢轨产生任何机械损伤或热损伤，不应使用外形精整方法纠正超标的平直度偏差和超标的接头错边。

11. 探伤

用钢轨探伤仪检查焊接质量，检查内部是否有裂纹等缺陷存在。探伤前应对探测系统校准，探伤时焊接接头的温度不应高于 40℃，当焊接接头温度高于 40℃时可浇水冷却，浇水冷却时的轨头表面温度应低于 350℃，扫查前检查侧面表面粗糙度，应无锈蚀和焊渣，打磨面应光滑，打磨范围应能满足探伤扫查需要。探伤应填写探伤记录，包括仪器、探头、焊接接头编号、测试数据、探伤结果及处理意见。

12. 长钢轨验收及分区存放

对焊接后的长钢轨进行全面检查，填写质量证明书。对验收中发现的问题应及时进行处理。长钢轨基地存放时，应确保轨面平整、排列整齐、堆放牢固。分层堆码时，层间必须平直，不得窜动，上、下层间 50mm 方钢管安放应对齐、稳定、牢固。堆码层数及钢轨根数由存轨台的存载能力、取材方便和稳定性决定，但最多堆码不超过 12 层。层与层长钢轨之间用方钢管支垫，上下对齐。

二、长钢轨现场铺设

（一）施工准备

500m 长轨铺设是在区间无砟轨道或无砟道岔完成并达到过车条件后再开始。施工准备工作包括如下：

1. WZ500 型无砟轨道铺轨机组的安装调试。利用铺轨基地轨道联络线或调车线，对 WZ500 型无砟轨道铺轨机组进行安装、调试，对铺轨牵引车及分轨器、锁轨装置等进行工艺检验。

2. 铺轨地段无砟轨道或无砟道岔施工质量达到铺轨条件的确认。由建设单位组织监理、咨询及施工单位共同确认无砟轨道或无砟道岔施工达到铺轨条件。

3. 建立行车安全管理体系，组建前方站，制定并实施工程线运输管理办法，与各单位签订安全配合协议，确保行车与施工两不误。

4. 依据设计编制配轨图，配轨图应考虑道岔、信号绝缘、路桥过渡段及最小铺轨长度等因素。

5. 依据配轨图，编制装车计划。

（二）长钢轨吊装

基地长钢轨吊装时，按每人负责 2～4 台门吊均匀分布。长钢轨存放龙门吊设计为集中联控，可同步起落、横移。长钢轨吊起后，龙门吊控制室按现场指挥人信号，将长钢轨横向移动到位，并统一走行、升降、下落就位。长钢轨吊运时各台龙门吊动作一致，缓起缓落，保持钢轨基本平稳。长钢轨下线作业和装车作业时，与本作业无关的人员不得随意进入现场，严禁穿越已起吊的长钢轨。

长钢轨装车堆码整齐，按顺序编号，左右股对称放置，以方便出轨拖拉。长钢轨装车时，顺铺轨方向端对齐，并相互锁合，轨端头设挡，防止钢轨运输途中窜动。基地长钢轨每日装车作业完毕后，由铺轨基地指令人员与铺轨组指令人员相互签认交接记录，交接记录包括所装长钢轨数量、长度、编号和装车时间、交接人员等相关内容。

（三）长轨列车运输

长轨列车按行车管理办法由铺轨基地向区间铺轨地点推送运输。长轨列车通行，区间线路封锁单线。长轨列车推送行车速度不大于 30km/h，接近铺轨地点

1km 时减至 5km/h，由调车人员引导列车至铺轨地点。

（四）500m 长钢轨铺设

1. 轮胎式铺轨机和钢轨导向车预先在铺轨起点处等待，待长轨运输车进入区间后，DF4 机车推送长轨运输车与钢轨导向车连接。

2. 人工从铺轨机上将牵引绳经钢轨导向车引入长轨运输车，并按预定顺序分左右两股各挂住钢轨轨头，车上人工配合拨轨和拖轨，同时卸钢轨扣件、支垫滚筒。

3. 铺轨机向前走行，牵引长轨经钢轨导向车和后引入未铺地段轨道板承轨槽，之后向前走行铺入线路。

4. 拆除牵引绳和支垫滚轮，按 1/2 上齐并拧紧轨枕扣件。用锯轨机锯平钢轨接头后，用无孔夹板连接钢轨接头。

5. 机车推送长轨运输车向前走行，进入下一对钢轨铺设。

6. 后续人员补齐扣件，以保证工程列车通行 45km/h 的安全。

7. 铺轨时按 1.5km（单元轨节长度）加入短轨头，根据实测轨温计算单元轨节钢轨锁定时的预留伸长量，扣除焊接顶锻量和轨缝值后得出短轨头的长度，以避免钢轨焊接和锁定时长钢轨大范围串轨。

（五）长轨列车返空

长轨列车返空时按牵引行车，最大行车速度为 45km/h；区间封锁单线行车，车站内调车速度不大于 15km/h。

三、无缝线路焊接锁定

（一）施工方案

高速铁路采用 500m 长钢轨一次铺设跨区间无缝线路。长钢轨铺设，除道岔区外，长钢轨单元焊接头和锁定焊接头一般采用 K922 移动焊轨车焊接，先期将500m 长轨焊接成 1500m 的单元轨节，再将 1500m 的单元轨节焊接成跨区间无缝线路。根据投标承诺和节点工期，投入两台移动焊轨机紧随长轨铺设进行无缝线路单元轨焊接、无缝线路锁定和焊接施工。

（二）工艺要点

1.K922 移动焊轨车焊接长钢轨

长轨移动闪光焊接在铺轨一定数量后，利用长轨列车行车间隙进行，顺铺轨方向依次进行，焊轨时需要在线路两端设置防护，以保证施工设备及人员安全。

（1）施工准备。人工使用丁字扳手全部松开距待焊接头 10m 及前一根 500m 长轨的轨枕扣件，通常左右股两根钢轨同时进行，校直钢轨。按 10m 间距在前方钢轨下支垫滚筒，在待焊接头两端各 10m 处设位移观测点，以检查焊接时钢轨的相对位移和实际顶锻量。

（2）轨端打磨。对两焊接轨端面、焊机电极钳口的轨腰接触区打磨至呈现光泽，对有缺陷的钢轨端头用锯轨机切割，调整焊缝在两个承轨台中间。

（3）钢轨焊接。在钢轨下加楔子将两焊接轨端抬起 15cm 的高度并调平，便于焊机对位夹轨。轨道车推进移动焊轨车初定位，由吊机的液压系统吊起焊机精确定位，焊机夹紧钢轨并自动对正后自动焊接钢轨、顶锻并推除焊瘤。完成钢轨接头焊接后，移动焊机退出焊接位置。

（4）钢轨正火。在焊接接头不受拉力的条件下用氧炔焰正火，正火温度为（900±50）℃，正火时间及相关要求按焊接形式检测确定的工艺。

（5）移动焊机前移。钢轨焊头轨温降到 350℃ 以下时，拆除轨下支垫及滚轮，按 1/4 上齐钢轨扣件并拧紧螺栓，移动焊机前移进入下一焊接接头作业。之后，继续补齐钢轨扣件，以保证工程列车通行安全。

（6）钢轨打磨。在焊缝温度低于 300℃ 时进行焊头打磨，打磨过程中保持轨头的外形轮廓。焊头打磨长度不超过焊缝两侧各 450mm 的限度，轨底上角、下角应打磨圆顺。采用手砂轮纵向打磨焊接接头，使火花飞出方向与钢轨纵向平行，打磨过程中砂轮不得在钢轨上跳动，以防冲击钢轨母材。使用仿形打磨机将焊缝及焊缝两侧 1m 长度范围内的轨顶面、轨头内侧面进行精细打磨，打磨时钢轨温度不大于 50℃。

（7）钢轨探伤及线路整理。利用便携式超声波探伤仪检查焊缝质量，检查焊接接头平整度，喷焊接接头流水号。

2. 无缝线路长钢轨焊接锁定

（1）施工准备。人工拆除单元轨节范围内全部轨枕扣件和绝缘垫片，按 10m 间距支垫滚轮，使钢轨处于"无阻力状态"，按 300m 间距安装撞轨器，在钢轨轨腰上每间隔 100m 安装一个轨温器，以便确认锁定轨温。

（2）应力放散。当待实测轨温处于设计锁定轨温范围内时，利用撞轨器向道岔轨方向撞击，并配以橡胶锤敲击钢轨轨腰，使钢轨释放应力处于自由状态。按 100m 间距设置钢轨移动量检查点。在撞轨过程中，检查各点钢轨移动量一致或最大偏差不超过 2mm 时，可视为长钢轨应力为零。

（3）线路锁定。查看钢轨轨腰轨温计的温度，当实际轨温在锁定温度范围内时，及时拆除支垫滚轮及撞轨器，上齐轨枕扣件和绝缘垫片，每隔 100m 利用一台定扭矩的内燃扳手对钢轨沿线的扣件进行紧固，并拧至规定扭矩值。

（4）设置线路标志。设置位移观测桩，粘贴位移标尺，清理线路。

（5）长钢轨锁定焊接。全部松开下一对单元轨节的钢轨扣件，支垫滚轮、撞轨，并进行钢轨锯切，保证焊缝处于两承轨台之间，离承轨台的最小距离为 100mm。之后按长钢轨焊接工艺完成长钢轨锁定焊接。

（6）进入下一对单元轨节锁定焊接施工。

3. 无缝线路长钢轨低温锁定施工

（1）施工准备

无缝线路长钢轨低温锁定由区间或股道的一端向另一端施工。

①人工拆除起点处一对 100m 拉伸锚固轨和与其连接的单元轨范围内全部钢轨扣件和绝缘垫片，按 10m 间距支垫滚轮，使钢轨处于"无阻力状态"。

②在钢轨轨腰上每间隔 100m 安装轨温器，查看轨温。

③在单元钢轨上按 200 ~ 300m 间距安装撞轨器，并向锁定施工前进方向进行撞轨，使 100m 轨和 2000m 轨之间留有一定的缝隙。

（2）起点处 100m 拉伸锚固轨锁定焊接

起点处拉伸锚固轨不能提供拉伸反力，不能采用拉伸法锁定。在低温条件下进行区间锁定时，道岔钢轨不能进行拉伸。因此，100m 拉伸锚固轨采用加热的方式使钢轨伸长，达到锁定轨温的长度。

①用锤敲击钢轨轨腰使钢轨在滚轮上伸缩进行应力释放，使钢轨处于"无阻力状态"。

②在钢轨沿线路方向两端和中部设位移观测点，查看钢轨伸长量。

③每隔 5m 用一个煤气喷枪对钢轨来回循环加热，观察轨温表的轨温显示和钢轨伸长量。

④当钢轨伸长量达到计算量且钢轨温度达到锁定轨温上限时停止加热，迅速取出滚轮使钢轨落槽，并上紧扣件对钢轨进行锁定。

⑤利用 K922 接触焊机对 100m 拉伸锚固轨与前端的单元轨进行焊接。

（3）单元轨应力放散

①利用撞轨器向施工反方向进行撞轨和敲轨，使钢轨处于当前轨温的自由长

度，在 2000m 单元轨前端安装钢轨拉伸机。

②每隔 100m 根据拉伸长度要求设置一个钢轨观测点，以便确认钢轨的均匀拉伸和钢轨拉伸量。

③在拉伸钢轨的同时，辅以撞轨器向锁定施工前方方向撞击，并配以铁锤敲击钢轨轨腰，使钢轨在拉伸时均匀伸长。

（4）线路锁定

①观测钢轨拉伸过程中每个观测点的位移量，当钢轨拉伸量达到计算要求时，停止拉轨，取出钢轨下面的滚轮。

②拆除支垫滚轮及撞轨器，上齐轨枕扣件和绝缘垫片，每隔 100m 利用一台定扭矩的内燃扳手对钢轨沿线的扣件进行紧固，并拧至规定扭矩值，完成 2000m 钢轨的应力放散和锁定。

③拆除钢轨拉伸机，转移至同线另一根钢轨上进行应力放散和锁定。

④设置位移观测桩，粘贴位移标尺，清理线路。

⑤两单元轨之间钢轨焊接时，焊缝应设在两承轨台之间，离承轨台的最小距离为 100mm。

第三节　高铁道岔施工

一、道岔运输及就位

（一）施工方法

道岔区底座混凝土浇筑完成后，将工厂内预组装合格后的长枕埋入式道岔按钢轨组件长度分为多段道岔轨排，通过拖挂汽车或液压式轴线运输车运输到工地，大吨位汽吊配用吊具梁吊卸道岔轨排，再通过安装在路基或桥梁上的道岔平移台车组将道岔轨排平面推送到铺设位置，最后将道岔轨排连接成整体，开始道岔的进场检查。

（二）关键工序工艺要点

1. 施工准备

正式施工之前，应对路基（桥梁）组织验收，接收并复测道岔区及前后

300m 的基准测量网 CP Ⅲ 网的资料，接收合格的路基沉降评估报告，确定道岔进场方案并修建道岔轨排运输通道，完成测量设备和精调支架系统验证，落实混凝土供应。

2. 底座混凝土浇筑

道岔区底座为 C30 钢筋混凝土结构，随道岔线形呈梯形布置。混凝土采用厂拌混凝土、模筑法连续浇筑施工。道岔区底座混凝土浇捣完成后人工平整并压光抹面，插入剪力钢筋，风镐对底座混凝土表面凿毛。

3. 测量及放样

底座混凝土浇筑完成且终凝后，对道岔铺设基桩进行测量放样。首先采用 TCA1800 以上等级的高精度全站仪、电子水准仪复测位于路基（桥梁）两侧的 CP Ⅲ 基准网，经软件分析复测结果合格后，再根据 CP Ⅲ 基准网复测结果按"全站仪自由设站，后方交会法"对 39 号道岔的岔心、岔尾、岔首、侧股曲线起讫点、过渡段起讫点等铺岔基桩进行放样，并按 5m 间距向线路两侧外移 1.8m 加密，铺岔基桩采用特制铜质测钉，以植筋的方式定位于底座混凝土表面。用墨线或油漆标识道岔外轮廓边线、混凝土模板安装位置、纵移台车走行轨道中线、预埋件埋设位置、侧向调节支架固定点等。铺岔基桩高程以电子水准仪测量和复核。

4. 道床板底层钢筋绑扎

清洗底座混凝土表面，铺设接缝滑动膜，用预先加工的钢筋绑扎道床板底层钢筋，钢筋间距采用角钢胎模控制。对处于影响纵移台车走行轨道等后续施工的部分，可调整钢筋间距，或暂缓施工。之后，将道床板面层钢筋放在底层钢筋上方。

5. 道岔平移台车组安装

按道岔设计铺设高程、中线计算平移台车走行轨道的位置和高度。平移台车走行轨道采用工具钢轨铺设，轨道以下按 1.0m 间距铺设厚 10cm 的方垫木。

自下而上依次安装台车纵梁及走行部、横抬梁，之后安装就位设备和横移设备。

6. 道岔出厂验收

工厂预组装是每组道岔在运往施工工地前在厂内进行组装调试，由道岔供货商负责完成。为避免将道岔设计和制造的误差延续到施工工地，施工和监理单位一般派专人驻厂配合出厂验收工作。道岔预组装完成后，按设计规定对整组道岔的各部分尺寸、零件的安装及零部件的偏差进行检查和记录，对各部位尺寸严格按照设计及工厂组装条件进行检查和记录，同时检查道岔上的轨枕间距标记、特殊结构点标记，记录道岔扣件系统所用的弹性基板下橡胶垫板和轨向调节锥的使用情况。

7. 道岔节段运输

18 号长枕埋入式无砟道岔组装后的轨排分为 3 段 4 节，其中最长节段 29.5m，重约 20 t，为导轨区。39 号长枕埋入式无砟道岔组装后的轨排分为 4 段 7 节，其中最长节段 54.5m，重约 42t，为转辙器。

道岔节段运输为保证道岔节段在运输和吊装过程不变形。根据道岔节段的长度及重量选择不同的运输车辆，30m 以下用拖挂汽车，30m 以上用轴线汽车。运输时，在车体上安装足够刚度的专用托架，道岔节段层与层之间按不小于 6m 间距用木枕横向支垫。

运输前预先规划车辆进出通道和吊卸方案，对施工便道及吊装场地加宽、加固，办理公路运输超限货物相关手续，临时迁改或拆除障碍物。

8. 道岔吊装及就位

根据轨排节段的长度选用一台或多台 200t 级及以上的汽吊吊装道岔，配专用吊具梁，吊具梁上设有多根等距布置的吊索，吊索按对称布置，并保证道岔节段竖向变形不超过 1%，横向变形不超过 2‰。如 54.5m 转辙器轨排吊装，则需要两台 200t 级汽吊配两个吊具梁同时吊装。道岔轨排吊装卸车直接落在提前安装就位的道岔平移台车上，再经人工推送到铺设位置，用无孔夹具和轨距拉杆将道岔轨排连接成整体。

9. 道岔进场检查

道岔运输进场后的检查，在道岔轨排移到铺设位置并适当调整后进行，检查的目的是既要验证道岔的工厂组装质量，又要消除运输途中产生的变形。检查的重点包括道岔结构及组成部件的完整性，道岔长度，道岔内部几何状态，转辙器动程、支距等。检查中发现的问题，应及时与供货商沟通并处理。

二、轨下基础浇筑前道岔线形调整

（一）关键工序工艺要点

1. 道岔粗调

道岔粗调是轨下基础浇筑前线形调整的一项基础工作，通常与道岔进场检查同步进行，其轨道方向的调整主要是依据铺岔基标和轨道平移台车组上调整工装完成。

（1）道岔轨排连成整体后，用 L 尺逐点检查并调整道岔基本轨方向，高低尽量归零，使道岔面处于顺直状态。

（2）检查道岔内部几何状态，包括轨距、扣件及钢轨离缝、钢轨接头平顺度、道岔钢轨平齐、工装控制点平齐、道岔曲股支距，对超标处进行调整，补充缺损件，复紧钢轨扣件螺栓。

2. 精调

支架系统安装与轨道平移台车组拆除道岔粗调就位后，按 2m 左右间距在道岔两侧钢轨外的轨枕空内安装竖向精调支架，辙叉区可适当加密。安装时注意消除各组件间空隙，用水平尺控制竖向精调支架的垂直度。之后，由 L 尺逐点检查并通过竖向精调支架抬高道岔至设计高度。

自上而下分解拆除轨道平移台车组，同时在道岔两侧钢轨外的轨枕空内安装侧向精调支架。安装时注意消除各组件间空隙，尽量使侧向支架与道岔钢轨垂直，侧向支架基座使用植筋螺栓的方式固定在底座混凝土上。轨道平移台车组拆除完成后，人工使用工具轨组装道岔前后长枕及过渡段双块枕组装成轨排，与道岔连接成整体，同样安装竖向和侧向精调支架系统。

用 L 尺、道尺检查并通过调整支架系统调整道岔方向、水平度。之后，安装道岔枕上竖向支撑螺杆，同步拆除道岔长枕区竖向精调支架。再次用 L 尺检查并调整道岔方向、水平度。

通过上述调整工作，一般可使道岔绝对精度控制在 2mm 以内，最大不超过 5mm。之后，即可快速完成道床混凝土的钢筋绑扎和模板安装。

3.GRP1000 轨检小车测量方法

GRP1000 轨检小车测量数据在 GRP1000 轨检小车测量之前，道岔及前后各 300m 范围内的基准测量网 CP Ⅲ 网必须复测完成，且复测成果满足使用要求。将 CP Ⅲ 网测量成果及道岔轨道线形数据输入轨检小车系统软件。

轨检小车与全站仪按"全站仪自由设站，后方交会法"测量。全站仪架设在线路中线上，通过后视线路两侧 8 个 CP Ⅲ 控制点进行自由设站，观测轨检车上的棱镜，之后全站仪将测量数据传递给轨检小车。轨检小车通过自身携带的传感器对轨道的超高、轨距进行测量，之后软件将所有测量数据进行处理，实时形成每个测量点的绝对坐标（竖向、横向）、轨距、方向、高低与设计数据的对照，并通过不同的界面予以显示或输出打印。

轨检小车测量时，一次设站最大测量距离 80m。前后两次测量的搭接区不小于 5 个测点，同一点不同测站的测量数据不超过 0.5mm。为保证测量数据的一致性，对道岔进行测量时，轨检小车在轨道上的放置方向应将轨检小车的导向边固定在道岔基本轨上。

4. 精调轨道线形

使用轨检小车辅助道岔线形精调是基于轨检小车可实时测量并显示轨道线形状态。为保证测量数据反映真实的道岔线形状态，在测量之前，应对道岔轨道内部几何进行检查和调整，重点是消除钢轨扣件离缝、工装点不正、钢轨接头不顺、扣件扭矩不足、尖轨不密贴、滑床板与钢轨离缝以及精调支架系统安装不规范等问题。此外，对轨检小车提前检校，清除轨检小车走行轮上和钢轨表面的污垢。精调轨道线形优先从直股开始，直股调整合格后再调整曲股。

（1）调整前，先前道岔扳到直向定位，检查和调整尖轨到密贴。

（2）调整从道岔的一端向另一端逐根依次进行，考虑到钢轨的弹性变形，每调整 1 根螺杆前首先测量并调整前 5 根螺杆，之后轨检小车返回第 2 根螺杆进行测量和调整，轨检小车再测量调整第 6 根螺杆，又返回测量调整第 3 根螺杆，以此前推，完成最后的测量和调整。

（3）道岔直股精调完成后，将道岔扳到侧向定位，检查和调整尖轨到密贴。

（4）由于道岔转辙器结构的特殊性，道岔转辙器只做测量检查而不做调整，但测量结果与直向测量结果的相对误差不得大于 0.7mm，之后从第 41 根轨枕前后开始按（2）所述方法完成道岔侧向的调整，道岔侧向除岔后短枕区外只检测不调整方向，但测量结果与直向测量结果的相对误差不得大于 0.7mm。

（5）若调整过程中，道岔侧向方向测量结果与直向测量结果的相对误差大于 0.7mm，应认真分析原因，特别要注意消除道岔组装偏差或扣件系统使用不正确。

（6）调整过程中，须保持精调支架系统和竖向支撑螺杆、轨距拉杆等支撑牢靠、稳定。

5. 轨道线形测量及评估

每完成一次轨道线形精细调整，对轨道线形进行测量，采用轨检小车测量轨道线形方法同前文所述由道岔的一端向另一端逐根依次进行，为方便各次测量数据的对比和线形调整，测量的位置可固定在岔枕螺栓位置。测量完成后及时输出测量报告，对偏差项目进行调整。一般情况下，连续调整 3～5 遍可使道岔轨道线形达到 1mm 以内的偏差，即可开始混凝土灌注施工。

（二）质量控制措施

1. 每次测量前，通过道尺、弦线检查对比，可以检查和校对轨检小车的稳定性和可靠性。

2. 每次调整和测量应选择合适的作业时机，避免大风、雨雪、沙尘及烈日暴晒，否则将影响测量精度。在混凝土浇筑前的最后一次测量，还要根据混凝土开盘时间反推测量开始时间。

3. 道岔调整和测量过程中，尤其要消除精调支架系统、竖向支撑螺杆安装歪斜、部件离缝或安装不稳的问题，尤其要消除轨道内部扣件不紧、钢轨离缝、尖轨不密贴等问题，保证测量结果与实际一致。

4. 道床板混凝土钢筋、模板须避开精调支架系统、竖向支撑螺杆及道岔组件安装，避免施工过程相互碰撞影响道岔稳定。

三、长枕埋入式道岔板混凝土浇筑

道岔板混凝土浇筑宜在5℃~25℃晴天少风的天气进行，除冬季外，建议安排傍晚至夜间施工，夜间施工时，应配足照明设施。施工方法：厂拌混凝土，罐车运输，泵送入模，捣固棒捣固，人工抹面。

（一）钢筋绑扎

底层钢筋和面层钢筋分两层绑扎。底层钢筋在道岔轨排粗铺前优先完成。清洗底座混凝土表面，铺设接缝滑动膜，用预先加工的钢筋绑扎道床板底层钢筋，钢筋间距采用角钢胎模控制。对处于影响纵移台车走行轨道等后续施工的部分，可调整钢筋间距，或暂缓施工。之后，将道床板面层钢筋放在底层钢筋上方。面层钢筋在道岔轨排粗调后、精调前完成。先完善道岔底层钢筋，再绑扎面层钢筋。钢筋交叉处采用塑料绝缘卡和塑料扎带隔离和固定。钢筋绑扎过程中，钢筋须绕开道岔组件及精调支架系统，避免相互接触影响道岔线形稳定。钢筋绑扎后，按要求测试绝缘性能。

（二）模板安装

道床板混凝土侧模采用组合钢模板安装，转辙机开槽模板及其他接口模板采用胶合板现场制作安装，安装后的模板须避免与道岔组件及精调支架系统接触。在钢筋骨架与模板间安装混凝土保护层垫块。

（三）道岔调整合格

混凝土灌注之前 5h 以内，再次检查道岔内部几何状态和轨道线形，检查结果确认全部合格后方可进行混凝土的浇筑。

（四）混凝土供应

道床板混凝土浇筑采用的厂拌混凝土，混凝土配合比中适当减少水泥用量，增加 1 级粉煤灰和减水剂的掺量，以减少甚至避免裂纹产生。混凝土加工质量按工艺要求取样试验，测试混凝土泌水性、和易性和坍落度。坍落度值在满足泵送的前提下应尽量小，一般控制在 14 ~ 17cm。

（五）道床板混凝土浇筑

道床板混凝土浇筑通常安排在傍晚或夜间施工（夏季施工），混凝土浇筑周期控制在 6 ~ 8h，应避开高温天气、雨天运输、汽车泵送入模、机械振捣的施工方式。混凝土浇筑应由一端向另一端逐段推进施工。混凝土浇筑前，清洁混凝土模板，涂脱模剂，对支撑螺杆、竖向调节器上的 PVC 管用胶带密封，采用防护罩遮盖道岔钢轨部件、岔枕面，以免造成污染。道床板混凝土采用厂拌混凝土、罐车，混凝土通过移动导管直接注入钢轨内侧岔枕盒内，并左右移动导管。当第二个岔枕盒内混凝土高出岔枕底部时，方可移动导管灌注第二个岔枕盒，以此类推。人工配合扒平、均匀轨枕盒内混凝土，插入捣固棒振捣，对轨枕底部加强振捣，捣固时应防止捣固棒碰撞竖向调节螺杆及其他固定装置。

混凝土浇筑过程中，派专人负责对道岔轨道线形和位置的检查。当道岔线形发生微小变动后，及时调整恢复，若调节支架遭遇意外撞击而使道岔变形时，混凝土浇筑必须马上停止，待测量检查后再恢复浇筑。待混凝土初凝后，及时撤除遮盖在钢轨、岔枕上的防护罩，人工对混凝土表面压光抹面，设置表面排水坡。在混凝土表面喷洒养护剂。

（六）精调支架系统拆除

待混凝土终凝且强度达到 5MPa 以上后，将长短枕连接夹板螺杆、精调支架系统和竖向支撑螺杆及时松开1/2 ~ 1圈，混凝土终凝后，及时松开钢轨扣件螺栓，并拆除精调支架系统和竖向支撑螺杆，以免气温变化产生的温度应力造成混凝土表面裂纹。一旦混凝土初凝，初凝依赖于浇筑温度和搅拌设计，垂直螺杆和扣件系统及时放松混凝土终凝后，再拆除模板、调节支架和支承支架，清理道岔区卫生。用土工布覆盖混凝土表面，洒水养护 7d 以上。混凝土养护期间，严禁行人、车辆在道岔上通行。

（七）模板拆除

混凝土终凝后，拆除混凝土模板。

（八）尾工处理

混凝土终凝后，用土工布覆盖混凝土表面，洒水养护 14d。精调支架系统、竖向支撑螺杆和模板拆除后，及时清理混凝土表面垃圾，用无收缩修补砂浆灌注孔洞。在混凝土养护期间，严禁行人、车辆在道岔上通行。

第四节　轨道维护作业

一、钢轨整修作业

钢轨是轨道结构的主要部件，搞好钢轨及其接头的养护维修，是保证钢轨正常工作的条件，不仅能延长钢轨使用寿命，也是确保行车安全的重要措施。

（一）钢轨打磨

轨道平顺性是列车平稳、安全运行的基础。轨道不平顺分为长波不平顺及短波不平顺。长波不平顺又分为轨道结构在外力作用下的残余变形，如轨距、水平、高低、扭曲等几何状态的变化和钢轨在轧制、校直过程中产生的周期性变化。这两类不平顺的消除方法完全不同：前者通过整道消除；后者随着钢轨生产工艺的改进在钢厂即可消除。短波不平顺分为周期性不平顺和非周期性不平顺：周期性不平顺即为波浪磨耗和波纹磨耗；非周期性不平顺是指擦伤、表面龟裂、剥离掉块、压溃、焊缝不平顺等。

钢轨打磨一般是指消除钢轨周期性和非周期性短波不平顺而进行的作业。

高速铁路的平顺性是能否实现高速行车的关键，钢轨的打磨也就显得格外重要。

（二）客运专线无缝线路钢轨重伤和折断的处理

1.检查发现钢轨重伤时，应及时切除重伤部分，实施焊复。检查发现钢轨焊缝重伤时，应及时组织加固处理或实施焊复。进行焊复处理时，应保持无缝线路锁定轨温不变，并如实记录两标记间钢轨长度在焊复前后的变化量。

2.钢轨折断的处理要求如下：

（1）临时处理。钢轨折损严重，不能立即焊接修复时，应封锁线路，切除伤损部分，两锯口间插入长度不短于10m的同型钢轨，轨端钻孔，上接头夹板，用10.9级螺栓拧紧。在短轨前后各50m范围内，拧紧扣件后，按不大于160km/h的速度放行列车。

临时处理时，应先在断缝两侧轨头非工作边做出标记，标记间距离约为12m，并准确丈量两标记间的距离和轨头非工作边一侧的断缝值，做好记录。

（2）永久处理。对临时处理的处所，应及时插入短轨进行焊复，恢复无缝线路轨道结构。钢轨折断宜直接进行永久处理，条件不具备时可进行临时处理。

（3）放行列车时，焊缝轨温应低于300℃。

二、有砟轨道修理作业

铁路轨道的传统结构是有砟轨道，有砟轨道的主要特点是轨下基础采用散粒体道床。自有铁路以来，对有砟轨道的修理工作就集中在道床作业上。进入20世纪60年代，为适应铁路高速、重载及轨道结构重型化的发展，各国铁路竞相采用大型养路机械。特别是高速铁路的迅速发展，有力推动了养路机械技术的进步，无论是机械的种类还是质量水平，无论是机械的功能还是智能化程度，都达到了很高水平。至20世纪80年代，工业发达国家的铁路已形成以大型养路机械为主要作业手段的格局，而高速铁路的修理则形成了机械功能齐全、作业质量优良、自动智能控制的模式。大型养路机械在维护、改善主要干线线路质量，提速扩能，新线开通，保证行车安全和促进工务修制改革等方面都取得了显著的成果，大型养路机械已成为我国铁路新线开通和线路维修中不可缺少的重要手段。高速铁路建成后，无论是保证开通速度达到设计速度，还是有砟轨道的修理作业，都离不开大型养路机械，尽早研究和确定高速铁路轨道修理的有关问题是十分必要的。

大型养路机械的特点是重型、高效、价格昂贵，要求的施工"天窗"时间比较长，因此进行施工工艺的研究，严密组织施工，最大限度地发挥其功效是十分重要的。大型养路机械作业基本要求如下：

（一）线路维修作业技术规定

1. 捣固作业时应设置不少于 10mm 的基本起道量。当起道量为 10 ～ 50mm 时捣固一遍，起道量超过 50mm 时捣固两遍并稳定一遍，接头处应增加捣固遍数。

2. 在需变更曲线超高地段，当里股起道量大于 20mm 时，应分两次进行起道。

3. 线路方向的整正可采用四点式近似法，用 GVA 自动拨道或查表输入修正值手动拨道。当线路每隔 2.5m 有准确的拨道量时，可按精确法进行拨道。在长大直线地段，应采用激光准直系统进行拨道。

4. 捣固作业结束前，应在作业终点做上标记，并以此开始按不大于 2.5% 的坡度递减顺坡，达到安全放行列车的要求。一般情况下不在圆曲线上顺坡，严禁在缓和曲线上顺坡结束作业。

5. 在有砟桥上，枕下道砟厚度不足 150mm 时不能进行捣固作业。

6. 站区内作业，线路起道后的钢轨顶面至接触网距离不得小于 5700mm。

7. 大型养路机械维修后的线路几何状态应达到《高速铁路有砟轨道线路维修规则（试行）》（TG/GW116—2013）规定的要求。

（二）线路大修作业的技术规定

1. 使用清筛机清筛道床，其清筛深度一般不小于 300mm。

2. 清筛机枕下导槽在作业时应按 1 ： 50 的坡度向道床排水侧倾斜。

3. 被清筛线路两侧的建筑物（包括埋设在道床中的固定物）至线路中心的距离应不小于 2100mm。

4. 线路大修作业应经过三遍捣固后验交。整细捣固应采用精确法，严格按照线路大修设计技术资料进行作业，其他捣固作业可采用近似法。

5. 整细捣固顺坡率不得大于 2.5‰。当作业终点有拨道量时均应输入拨道递减量，以便将线路拨顺，达到安全放行列车的要求。

6. 大型养路机械大修作业后的线路质量应达到《高速铁路有砟轨道线路维修规则（试行）》（TG/GW116—2013）所规定的标准。

三、无砟轨道修理作业

一般来说，扣件的各个部件均可以更换。但如果混凝土轨枕内的套管或混凝土螺纹损坏了，这就危险了。在这种情况下要找出需要维修的套管。在套管范围内，当混凝土或混凝土螺纹损坏时必须钻孔，并用工程上允许采用的合成树脂重新黏合需要维修的套管即可。以 Vossloh300-1NL 为例，WJ-8 和 WJ-7 扣件同样需要注意以下内容：

（一）弹条松弛或钢轨扣件没有结构性的损坏

扣件弹条松弛不需要更换任何扣件部分，只需要适当地紧固轨枕螺钉即可。

这将根据轨道扣件系统 LOARV300-1 和 Vossloh300-1NL 安装指令进行。

1. 修复过程：用扭力扳手或螺旋机根据安装说明紧固轨枕螺钉。

2. 空间需求：完全封闭受影响的路段，在工作中必须对下一节轨道保持一定的安全距离。

3. 重要的安全要求或有效的完成方法：如果工作人员有了一定的安全防护措施，此工作就可执行了。

其安全措施有：①安全的组织方法；②安全的技术方法；③上面提及的两种方法同时具备的情况；④完全封闭受影响的路段；⑤对下一轨节保持一定的安全距离。

（二）轨枕外扣件或扣件组件的损坏及修复

这种缺陷是由于正常使用、意外事故以及安装或材料缺陷而造成的。其损害类型有：①一个或几个钢轨扣件组件的变形；②一个或几个钢轨扣件组件的破裂。

这种缺陷通常仅通过肉眼就可检查出来。其修复的工作步骤为：

1. 放松有损坏部分的轨道和相邻轨道的扣件。

2. 提升起钢轨。

3. 去除有缺陷的钢轨扣件或扣件组件。

4. 用压缩空气或空气嘴清扫钉孔（如果取出了轨枕螺钉）。

5. 润滑轨枕螺钉。

6. 安装新的钢轨扣件或扣件组件。

7. 放低钢轨。

8. 按需要的扭矩安装钢轨扣件。

（三）轨枕内扣件螺钉部分的损坏及修复

这种损害类型有：螺钉失效和螺钉断裂。

这种缺陷通常仅通过简单的视觉进行检查。在螺钉失效的修复中是不需要抬升起钢轨的，只需要替换螺钉即可。在螺钉断裂的修复中，榫钉内部的螺钉部分可以使用直径为 8 ~ 15mm 的左螺纹钻钻孔清除。钻头逆时针方向钻进断裂的螺钉中，随着转动阻力增大，则能够从榫钉中移除螺钉部分。如果这种方法不能去除螺钉部分，则全部榫钉必须替换。

修复工作步骤：

1. 去除断裂螺钉的上部部分。

2. 去除弹条和轨距板。

3. 去除榫钉内的螺钉断折部分（使用钻孔机和左旋螺纹钻）。

4. 用压缩空气清洗榫钉。

5. 润滑轨枕螺钉。

6. 安装轨距板和弹条。

7. 用适当的扭矩拧紧螺钉。

（四）轨枕内扣件榫钉部分的损坏及修复

这种损坏无须借助其他检测仪器，仅凭肉眼就可进行判断。

修复工作步骤：

1. 放松损坏部分的轨道和相邻轨道的扣件。

2. 提升起钢轨。

3. 去除有缺陷的钢轨扣件。

4. 锤击销钉或螺钉进入有缺陷的榫钉内。

5. 沿逆时针方向从混凝土枕身内去除有缺陷的榫钉。

6. 用榔头或铁锤从有缺陷的榫钉内去除销钉或螺纹装置。

7. 用销钉或螺纹装置和扳手将车削螺纹的修理榫钉拧入混凝土枕身。

8. 用压缩空气或空气喷嘴清理榫钉孔。

9. 安装新的轨枕扣件或轨枕扣件组件。

10. 放低钢轨。

11. 用适当的扭矩固定扣件。

（五）混凝土轨枕内锚固扣件的损坏及修复

意外事故、安装或材料的问题，可能造成钢轨锚固扣件的损坏。其损坏类型如下：①螺栓头部分损害或失效、断裂；②塑料钉损害或失效；③混凝土枕身损害或破碎、破裂。

这种损坏只需通过视觉就可检测出来。这种缺陷所需要的修复方法和各自的作用力与损坏的程度有关，因此它们每一个都必须单独地进行分析和解决。

修复工作步骤：

1. 松开受损和相邻部分的钢轨扣件。

2. 提升起钢轨。

3. 去除有缺陷的全部钢轨扣件；

4. 在有缺陷的榫钉周围钻取芯孔（直径为 37mm 缺陷榫钉的使用环氧树脂 KONUDUR160 PL，直径大于 37mm、深度大于 140mm 的有缺陷的混凝土表面，使用 PAGEL 修复砂浆 V2/10 进行修复）。

5. 用压缩空气（空气喷嘴）清理榫钉孔。

6. 准备混凝土替代材料。

7. 灌注混凝土替代材料。

8. 将修理用榫钉和混凝土替代材料插入所钻的孔洞里。

9. 混凝土替代材料的硬化。

10. 去除榫钉定位装置。

11. 安装新的钢轨扣件或扣件组件。

12. 放低钢轨。

13. 用适当的扭矩固定扣件。

四、轨枕的维修

（一）松动轨枕的修复

1. 对松动轨枕采用的修复方法

对松动轨枕的修复，可能采用的并在修复方案中规定的措施是全套更换轨枕，在轨枕盒中安装新的支承点并对部分裂纹压注填料。

2. 对双头轨枕松动的具体修复方法

双头轨枕由于晶格桁架的固化作用，能够良好地锚固于混凝土板中。因此，对轨枕松动的锚固，可以使用注浆材料（环氧树脂或聚氨酯）加以恢复。这种维修方法必须由有自己的材料技术和装备的有相应实力的公司来负责实施。

（二）单根轨枕的更换

首先，应在无砟轨道与应更换轨枕相连的部位用垂直设置的钢筋连接。在把钢轨松开和提升后，通过切割和抬升把损坏的轨枕从充填混凝土或混凝土支承层中挖出。对于纵向钢筋穿过轨枕或穿过轨枕钢筋桁架的无砟轨道结构形式，应切断该钢筋并使伸到相邻轨枕盒里的连接钢筋裸露出来。抽出损坏的轨枕后，把轨枕盒中裸露的混凝土表面清扫干净，然后铺入新轨枕，并将直径适宜且穿入新轨枕的钢筋焊接到裸露的钢筋上。对于轨枕无钢筋连接的无砟轨道结构形式，应通过配筋混凝土组成的锚件加固新浇筑充填混凝土的配筋连接。对铺入的新轨枕进行调整以及对裸露混凝土表面进行适当预处理之后，可以使用适合的材料浇筑轨枕盒。

应使用收缩性尽可能小的混凝土或以水泥为基础的高流动性和高早强性的灰浆。这种混凝土必须满足相关合同技术条件规定的最低要求，并应进行相应的后处理。上述灌注灰浆在室温条件下约24h后达到B35（C30/37）强度。在温度降低时需要延长凝固时间。

每根轨枕所需的作业时间为4～6h，用高效灰浆浇筑新铺轨枕时，恢复线路运营应在8～10h之后。目前所有进行过的修复工程在日常运营中已经受了考验且并未造成后续损坏。

（三）混凝土轨枕裂纹的修复

混凝土支承层或轨枕的表面受到损伤只影响轨道系统的坚固性，并不会直接导致功能降低。在无砟轨道系统维修方案中建议用合成材料调配的灰浆（PCC）重新修复损伤的混凝土构件。此外，轨枕承轨台侧面隆起处的损伤，只要其支承层功能不低于50%，也可以用这种方式予以修复。其他维修方案，由于受损伤混凝土支承层范围尺寸（面积和深度）的限制，其适用范围有限。在这里，其损伤原因可能是施工缺陷、环境影响或事故（脱轨）。

由于所探讨的无砟轨道结构形式是有不规则裂纹的贯通形式配筋混凝土支承板式无砟轨道，因此裂纹是系统形式所决定的。大的裂纹可以损坏整个结构的耐久性，此外局部集中出现的深裂纹（裂缝）能够导致行车轨道刚度不可忽视的突变。在钢轨范围内不允许出现裂纹。对于槽形结构无砟轨道，无配筋槽壁上出现的裂纹因与宽度无关，不起关键作用。

此外，对裂纹宽度约达1mm的修复，建议采用灌注环氧树脂（EP-T）的方法。对此首先用金刚石砂轮把裂纹打磨约深5mm。对于注入打磨槽的环氧树脂的硬化时间，在恢复荷载前根据当时的温度、列车通过时裂纹宽度的变动和所使用的材料应定为0～12h。

出现更大宽度的裂纹时，建议采用环氧树脂压注法（EP-I）或聚氨酯压注法（PUR-I）充填裂纹。充填前需以适当的间距（一般情况下约 30cm），沿着裂纹把黏合物塞进裂纹，在裂纹的其他范围则填塞环氧树脂、聚酯材料或聚氨酯。压注硬化时间（0.5 ~ 8h）取决于温度情况、所使用的材料和所需的灌注压力。在裂纹填充物硬化时间之后，将调配的充填物（环氧树脂或聚氨酯）压入黏合塞中。为使充填物在线路开通之前得以硬化，根据当时的温度、列车通过时裂纹宽度的变动和所使用的材料，压注硬化时间应另规定为 0 ~ 12h。

一般来说，对在混凝土板内有裂纹的轨枕不准进行修理，而且在安装上层轨道板结构之前要清理出来。然而，对于已经安装了的混凝土板外部有裂纹的轨枕，则无论其宽度如何，都必须进行裂纹修复。唯一修复混凝土轨枕裂纹的方法是灌浆。使用的灌浆材料是环氧树脂或聚氨酯，这种方法必须由有自己的材料技术和装备的专业化公司来负责实施。

（四）混凝土枕肩碎裂

由于意外事故，上部结构的整体混凝土枕身通常会被挤碎，例如列车脱轨。

较为典型的轻度损害首先是部分枕肩被挤碎，如最大的损坏面积为 80cm² 的枕肩被挤碎的最大深度为 5cm。另外，枕肩承力功能的减少不能超过 50%。

另外，对于混凝土枕身严重的碎裂损坏（枕肩承力功能减少超过 50%，裂缝深度超过 5cm，损坏面积超过 80cm²）必须更换轨枕，并重新安装钢轨扣件进行修复。

在这种情况下，使用适当的材料和模具就能重新修整枕肩。对于这部分枕肩损坏的修复是没有标准的枕肩模具以供使用的，主要是因为枕肩的形状根据所采用的混凝土枕的类型不同而有所差异。因此，根据维修需要设计和准备适当的模具系统将是有用的。

（五）混凝土支承层的损坏

1. 混凝土支承层上有微小或表层裂纹的修复

根据相关调查研究显示，在混凝土支承层上裂纹宽度不超过 0.5mm 是可以接受的，不需要进行任何维修工作。然而，如果裂纹的宽度超过了 0.5mm 将被认为需要用饱和的环氧树脂来进行修理。

2. 混凝土支承层上有较宽或较深裂纹的修复

根据德国铁路股份公司编写的板式轨道系统的建设编目要求，混凝土支承层上的裂纹在宽度超过 0.5mm 的情况下必须进行修复，因为它们能起固化作用，防止和消除锈蚀，并增加混凝土板的稳定性。

（1）混凝土支承层裂纹的修复方法

修复混凝土板如此宽度的裂纹的合适方法就是使用环氧树脂或聚氨酯灌浆。这种方法必须由有自己的材料技术和装备的专业化公司来负责实施。

（2）混凝土支承层裂纹修复的工艺过程

胶黏剂封隔器（注射喷嘴）被固定（用适当的胶黏剂）在裂纹上面 20 ~ 30cm 处。全部裂纹必须用合适的注浆化合物密封起来（宽度大约为 10cm），以避免灌浆材料从混凝土板表面流出。仅在裂纹末端留一个通气孔。另外，需要准备速凝材料去修复可能在灌浆过程中发生的泄漏点。灌浆压力必须沿一个方向进行。

注浆必须从外层封隔器开始（与开的通气孔相反的末端）。如果灌浆材料从下一个封隔器流出，则前一个封隔器必须封闭，注浆能够在上述封隔器继续进行。这个过程将一直持续到末端的裂纹处，以确保完全填充。

3. 混凝土支承层浅表层损害

通常而言，混凝土支承层由于意外事故会受到损害，如列车脱轨的影响。典型的轻微损害是深度不超过 10cm 的擦伤。

这种损坏的具体修复方法如下：①所有松散的混凝土部分必须去除掉（用铁锤、钢丝刷或无油空气喷嘴）；②有缺陷的表面必须被清扫干净和适当润湿；③选择黏结层材料（如 Pagel 防锈蚀材料和 MS02 黏结材料或装备）刷在表面；④立即进行修复，用砂浆填入缺陷的孔洞中。

如果需要修复的孔洞较小，可以选择灌浆化合物和浮筒。

在修复工作完成后要保证适当的愈合时间，并采取一定的保护措施，以确保能达到所要求的修复质量。例如使用 PCC 砂浆的环境温度应超过 5℃，并需采取适当的蒸发保护措施。

4. 大面积更换混凝土支承层

如果由于混凝土支承层的损坏而无法保证轨枕或钢轨支承点的荷载的均匀分布和位置的稳定性，并且采用其他措施也不能修复时，则必须一段一段地完全更换混凝土支承层。在这种修复方式下，无论在何种情况下我们都应在最大程度上保证水硬性支承层的完好性。

首先在需要更新的轨道区段把钢轨锯断并拆下，与损坏区段的连接段，应对支承层采取必要的措施进行固定。在做好这些准备工作之后，用金刚石锯把损坏的混凝土支承层锯成可供运输的块段。通过剪切和抬升把混凝土块段与水硬性支承层分离，然后运走。在与相邻完好路段连接的过渡段，为便于钢筋搭接，连接钢筋应预留足够的长度。在下一步的施工流程中，应对裸露的混凝土表面进行预处理，并把适合的钢筋焊接到裸露的连接钢筋上。全部钢筋铺设和轨枕定位之后就可以铺设浇筑混凝土支承层的模板了。调整轨排和浇筑混凝土按无砟轨道的施工规定进行。这里应根据规定使用早强混凝土。在各种维修方案中，只有个别方案提出采用速凝混凝土。新浇混凝土应使用适宜的措施（覆盖薄膜、隔热、保湿）进行足够的养护。对相应的混凝土配比，根据温度的不同养护 2 ~ 6d 后就可以完全恢复荷载。

五、无缝线路作业

（一）跨区间无缝线路的养护

跨区间无缝线路的基本原理与普通无缝线路相同。因此，普通无缝线路的一切养护维修办法，都适用于跨区间无缝线路。但跨区间无缝线路因其轨条特长，也有一些不同于普通无缝线路的特点。

跨区间无缝线路一经锁定，其锁定状况因其跨区间而不易改变。例如，锁定轨温不准、轴向力分布不均匀时，只能进行局部调整，几乎无法进行整体放散。因此，"锁定轨温要准"对跨区间无缝线路来说格外重要。为此，必须做好以下几点：

1. 跟踪监控。大修换轨时，工务段要派遣分管无缝线路的技术人员，对施工中锁定轨温的设置实行跟踪监控。监控项目如下：施工单位确定的锁定轨温的依据是否可靠；新轨的入槽轨温和落槽轨温的测定是否准确适时；低温拉伸时，其拉伸温差和拉伸量的核定是否无误，拉伸是否均匀等，都要认真监视、检查和记录。

2. 严格验收。工程验交时，有关记录锁定轨温的资料必须齐全，同时要一一查对核实，如有疑问必须核查清楚。

3. 最终复核。工程验交之后，工务段要对验交区段的轨长标定进行一次取标测量，去掉可疑点，算出各分段的锁定轨温值。而后将跟踪监控、交验资料、取标测算三方面的情况进行一次最终核查，将查定的锁定轨温作为日后管理的依据。

4. 日常监测。在日常管理中，要对爬行观测桩和轨长标定的设标点进行定期观测，并互相核对。如发现两观测桩之间有位移，则需进一步对两观测桩之间的设标点进行取标测量，详细检查发生位移的实际段落所在。核定后进行局部应力调整，使之均匀。

为保证无缝线路有足够的强度、稳定性，防止胀轨跑道和钢轨折断，确保列车安全运行，其养护维修工作除必须遵守有关的特殊规定外，还要根据线路状态、季节特点、实际锁定轨温等，合理安排作业内容。

（二）无缝线路养护维修中应力放散

因锁定轨温的变化或纵向力分布不均，难免要进行应力放散。方法多样，如强制性撞击放散，用加热器加热放散，用拉伸器张拉放散，将轨条置于滚筒上的滚筒放散，等等，均难以达到放散均匀彻底，有的需占用很长的封锁时间。法国铁路用振动器进行振动、敲击钢轨的应力放散方法，苏联铁路采用摩擦系数很小的板材制成"摩擦对"置于钢轨与轨枕之间，列车限速运行的应力放散方法，效果较佳。

（三）胶接绝缘接头的养护

胶接绝缘接头拉开时，应立即复紧两端各 50m 线路的扣件，并加强观测。当绝缘失效时，应立即更换，进行永久处理。如暂时不能永久处理，可更换为高强绝缘接头进行临时处理并限速（速度不超过 160km/h）。进行永久处理时，应保证修复后无缝线路锁定轨温不变。

参考文献

[1] 魏强 . 高速铁路施工组织创新与实践 [M]. 北京：中国铁道出版社，2023.

[2] 陈善雄，李剑，余飞 . 艰险山区高速铁路服役期路基结构健康诊断技术 [M]. 北京：科学出版社，2023.

[3] 刁永锋，陈岗 . 高速铁路桥梁工程 [M]. 成都：西南交通大学出版社，2022.

[4] 周旺保，蒋丽忠，魏标 . 地震下高速铁路桥梁动力分析 [M]. 长沙：中南大学出版社，2022.

[5] 张智杰，朱福典，孙吉 . 高速铁路施工技术与项目管理 [M]. 武汉：华中科技大学出版社，2022.

[6] 唐达昆，王元清，王碧军 . 高速铁路深水基础施工技术 [M]. 北京：北京理工大学出版社，2022.

[7] 李向国，黄守刚 . 高速铁路：第 3 版 [M]. 北京：中国铁道出版社，2022.

[8] 禹凤军，赵群，严晓东 . 铁路桥隧养护与维修 [M]. 成都：西南交通大学出版社，2022.

[9] 谢强，赵文，郭永春 . 铁路岩石边坡工程研究 [M]. 北京：中国铁道出版社，2022.

[10] 李小珍，肖海珠 . 高速铁路桥梁 [M]. 北京：中国铁道出版社，2021.

[11] 孙树礼，周四思 . 高速铁路桥梁设计与实践：第 2 版 [M]. 北京：中国铁道出版社，2021.

[12] 曲思源 . 大国重器：高速铁路技术发展纵横 [M]. 成都：西南交通大学出版社，2021.

[13] 顾伟红 . 高速铁路施工组织与计价 [M]. 成都：西南交通大学出版社，2021.

[14] 苏伟，崔维孝 . 软土地区高速铁路建造技术 [M]. 北京：中国铁道出版社，2021.

[15] 梁庆国，欧尔峰，马丽娜 . 高速铁路隧道工程 [M]. 成都：西南交通大学出版社，2021.

[16] 赵维刚，朱永全 . 高速铁路基础设施健康监测与维护 [M]. 北京：中国铁道出版社，2021.

[17] 张运波 . 漫谈高速铁路桥梁工程施工 [M]. 北京：中国铁道出版社，2020.

[18] 勾红叶 . 高速铁路桥梁轨道变形映射与行车安全 [M]. 北京：科学出版社，2020.

[19] 周建庭，任青阳 . 进藏高速公路与铁路桥梁灾害环境及对策研究 [M]. 北京：科学出版社，2020.

[20] 曹保利，赵勇 . 高速铁路钢混叠合连续梁桥建造技术 [M]. 上海：同济大学出版社，2020.

[21] 冯涛 . 铁路桥涵构造与施工维修 [M]. 成都：西南交通大学出版社，2020.

[22] 马艳霞，马悦茵 . 高速铁路桥梁工程施工技术 [M]. 北京：中国铁道出版社，2019.

[23] 孟庆文，蔡德钧，张千里 . 地面沉降与高速铁路 [M]. 成都：西南交通大学出版社，2019.

[24] 潘芳连 . 高速铁路概论 [M]. 成都：电子科技大学出版社，2019.

[25] 穆阿立，扈涛，张少铖 . 高速铁路轨道施工与维护 [M]. 成都：西南交通大学出版社，2019.

[26] 朱士宾 . 铁路桥涵设计 [M]. 北京：中国铁道出版社，2019.

[27] 高军，林晓 . 高速铁路特殊结构桥梁力学特性与施工技术 [M]. 武汉：中国地质大学出版社，2018.

[28] 高军，胡隽，林晓 . 高速铁路岩溶地质桥梁桩基施工检测技术 [M]. 武汉：华中科技大学出版社，2018.

[29] 王继斌 . 高速铁路桥梁工程建造工艺技术 [M]. 北京：中国建筑工业出版社，2018.

[30] 任晓春 . 高速铁路精密工程测量技术 [M]. 成都：西南交通大学出版社，2018.